[加]
马尔科姆 · 格拉德威尔
（Malcolm Gladwell）著
钱清 覃爱冬 译

The Tipping Point:
How Little Things Can Make a Big Difference

引爆点

中信出版集团 | 北京

图书在版编目（CIP）数据

引爆点 /（加）马尔科姆·格拉德威尔著；钱清，
覃爱冬译 . -- 5 版 . -- 北京 : 中信出版社，2020.8（2025.3重印）
书名原文：The Tipping Point: How Little Things
Can Make a Big Difference
ISBN 978-7-5217-1938-3

Ⅰ . ①引… Ⅱ . ①马… ②钱… ③覃… Ⅲ . ①社会心
理学—通俗读物 Ⅳ . ① C912.6-0

中国版本图书馆 CIP 数据核字（2020）第 096662 号

引爆点

著　　者：[加] 马尔科姆·格拉德威尔
译　　者：钱清　覃爱冬
出版发行：中信出版集团股份有限公司
（北京市朝阳区东三环北路27号嘉铭中心　邮编　100020）
承 印 者：北京通州皇家印刷厂

开　　本：880mm × 1230mm　1/32　　印　　张：10.25　　字　　数：227 千字
版　　次：2020 年 8 月第 5 版　　印　　次：2025 年 3 月第 13 次印刷
京权图字：01-2009-4340
书　　号：ISBN 978-7-5217-1938-3
定　　价：69.00 元

所获赞誉

《引爆点》当属那类难得一见，且可以说是改变你对所有事物的思考方式的著作。它充分解释了人类的某些行为模式及其原因，而且让人惊喜的是，马尔科姆·格拉德威尔竟有如此之智慧与魄力写就此书。

——杰弗里·图宾，《大阴谋》作者

格拉德威尔的观点是——微小的转变可以对个体、组织和社区产生重大的影响。他的作品充满激情，雄辩有力，构思缜密，文笔老练。

——巴里·格拉什那，《洛杉矶时报书评》

想要不信服格拉德威尔的理论可不是件容易的事。他不仅列举了大量引人入胜的事例——从保罗·里维尔的影响到密克罗尼西亚群岛自杀事件的盛行——来支持他的观点，还把所有的论据紧密地联系起来，以解释人类的行为。还有，我们很赞赏其理论所支持的乐观主义，正如另一位学者曾经对它的评价：这就是星星之火。

——戴安娜·布雷迪，《商业周刊》

读完这本书，我深刻地反省了自己的事业经历。现在我可以从小型的线下项目中看到更多的价值。这本书值得市场营销人员和诸如人类学等学科的学生们一读。

——菲尔·莱利，《市场营销》（英国）

格拉德威尔的思想抓住了你的想象。

——乔恩·加勒，《波士顿凤凰城报》

格拉德威尔的理论惊人且极具说服力……格拉德威尔可能将掀起一股知识热潮，那可能会改变我们对很多事情的看法，从卖鞋一直到城市规划这种宏观问题。这实在太棒了！他把那么多的奇闻逸事和真实案例精心安排在一起，阐述了一个让人信服的状况：与当前针对大众潮流和焦点小组市场营销的盛行哲学不同，一个小群体或一桩单独、偶然的事件可以在社会中迅速传播并引起大规模跟风，从而大大地改变流行文化。

——丽兹·西摩，《参赞》

这本书引人入胜。《引爆点》是一本大受欢迎的早期科学作品，内容涉及传播学、心理学、社会学及团体动力学，同时它也是非常有价值的作品，因为它把这些知识都综合在一起，展现了作者对这些不同领域的深刻思考，并且这些思考被投放到了当代社会行为及文化潮流中。这样的知识若运用得当，也许便会产生巨大的能量。

——葆拉·歌耶，《芝加哥论坛报》

写得非常好，生动活泼。《引爆点》非常有趣地向我们展示了借鉴传染病的理论来思考社会生活是一种多么管用的方法。

——马赛鲁斯·安德鲁，《浮现》

任何对流行风尚感兴趣的人都不应错过《引爆点》。这本书野心勃勃，文笔流畅，它讲述的是一个看似微不足道的想法如何改变世界。

——卡梅拉·丘拉鲁

这是一本伟大的读物。格拉德威尔笔下那些勾勒出引爆点特征的奇闻逸事真是引人入胜。《引爆点》的确是一部引人深思的作品。

——布莱克·伊丽莎白·纽马克，《耶路撒冷邮报》

这是一部有趣的作品。格拉德威尔成功地将这些相关的、有趣的材料收集并编排在一起，简单明了地展示出来，这本书可读性强，让人难忘。

——比尔·杜耶，《圣彼得堡时报》

格拉德威尔从一个有趣的角度看待人类学和商业这些不同领域的研究，极有说服力地印证了150这一神奇数字的存在。一旦超过这个数字，人类团体便会功能失调。

——加里·肯顿，《新闻与记录》（北卡罗来纳州格林斯伯勒）

这本书是我在过去一段时间里读过的一部有益且发人深省的作品。格拉德威尔的论据和例子都很有说服力，讲述儿童电视节目的那章更是非常有趣。

——罗伯特·伍斯特，《今日管理》（英国）

通过把科学和文学分析结合在一起，格拉德威尔证明了：无论是在时尚界、艺术界还是在政界，潮流的传播和病菌的散播如出一辙。格拉德威尔的风格——无论是他的文笔还是他的为人——之中最突出的莫过于他表达主题时让人耳目一新的惊喜。

——凯西 · 格林菲尔德，《新闻日报》

将人们曾用于伟大的埃德蒙 · 威尔逊身上的那些评价用在格拉德威尔身上再合适不过——“他告诉了我们一些关于行为价值的观念”。他那精彩的著作讲述了一个引人深思的观点，而这会改变每一个热衷于思考的人看待世界的方式。

——迈克尔 · 刘易斯，《说谎者的扑克牌》作者

这本书确实非常吸引人，且一如作者向来的作品——一鸣惊人。它能为你提供有趣的谈资，足以让你和朋友分享一段时间。另外，这本书是一个潜力惊人且非常实用的工具，值得那些从事传播想法工作的人或促销活动者一读。

——《苏格兰星期日报》（英国）

《引爆点》所罗列的论据涉及范围如此之广，从儿童发展、市场营销到社会流行病学，它把这些内容抬升到一个角度，让这些相距甚远的观点彼此连接。格拉德威尔真可谓一个别出心裁的向导。

——理查德 · 拉卡尤，《时代》

格拉德威尔的书推崇的是一个看似细微的动作可能会惊人地、迅速地产

生巨大的效果。《引爆点》对那些政治活动家来说也许是一部影响深远的文字作品。

——蒂莫西·诺亚,《华盛顿月刊》

这是一部时髦且充满希望的作品。《引爆点》一书正如它所形容的观点：精练、高雅，但蕴藏着为社会贡献的力量。这是一部任何关心社会是如何运作的，以及思考如何能让我们的社会变得更好的人都不应错过的作品。

——乔治·斯特凡诺普洛斯，《人之常情》作者

1

2

3

4

5

6

7

8

系列推荐序

格拉德威尔的世界

得到 App 总编辑

李　翔

一

2000 年，35 岁的马尔科姆·格拉德威尔出版了自己的第一本书《引爆点》。

在此之前，他是一个留着“爆炸头”发型的记者，喜欢在家附近的麦当劳工作。他有一个数学家父亲和一个心理学家母亲，出生在英国，在加拿大长大并读大学，后来到美国工作。他是一个注定要走上写作这条路的人。6 岁的时候他就开始阅读，最初的读物是《圣经》。16 岁的时候，他写了一篇小说，在这篇虚构的作品里，他采访了上帝。这篇小说为他赢得了一项写作奖。

不过，后来格拉德威尔说，他从来没想过自己要成为一个作家。大学快要毕业的时候，他想去广告公司工作。于是他向多伦多的 18 家广告公司都投了简历，结果没有一家公司觉得他是从事广告工作的料。他也想过读研究生，但是他没信心自己能考上。他想申请一份奖学金，到海外去游学一年，结果也失败了。

无奈之余，在多伦多大学拿到历史学位之后，格拉德威尔在印第安纳州出版《美国观察者》（*The American Spectator*）的一家小杂志社谋得了一份编辑的工作。不过，他仍然不怎么走运，被杂志社开除了，据他自己说是因为他经常睡过头。在做了几年的自由撰稿人之后，他又在《华盛顿邮报》找到了一份记者的工作，报道的领域包括商业、科技和医药。1996 年，他从《华盛顿邮报》跳槽到了《纽约客》，这份杂志可以给他充分的空间来写那些他感兴趣的话题。

在《纽约客》，按照他的编辑亨利·菲德尔的说法，格拉德威尔发展出了一种新的文体——“格拉德威尔式文体”。这种文体的特征是，以观念探索为驱动，在个人经历、社会事件和历史场景中来回转换，使人们开始重新思考早已默认的观念。

举两个例子。在《番茄酱之谜》这篇文章里，格拉德威尔试图解释一个在美国人的生活里很常见但是却没人仔细去探究过的问题：为什么人们能够接受不同口味的芥末酱，因此让一个更高端的品牌——贵普朋（Grey Poupon）得以崛起，人们也能够接受不同口味的意大利面酱（事实上，格拉德威尔在 TED① 演讲中说，有 7 种不同的醋、14 种不同的芥末酱和 71 种不同的橄榄油），但是，自从亨氏推出番茄酱，这个产品就再也没有产生过什么变化？

在《天才神话：“聪明人”是否名过其实》这篇文章中，格拉德威尔用心理学原理和案例分析对麦肯锡公司和它的客户们颇为推崇的人才识别系统发起挑战：“麦肯锡需要的是那种能够跳出既有框架思考的人，可是他们从未想过，如果每个人都需要跳出框架思考，那么就应该是这个框架本身需要被调整了。”

---

① TED 是美国的一家私有非营利性机构，该机构以它组织的 TED 大会著称，会议的宗旨是“传播一切值得传播的创意”。——编者注

在《引爆点》里，格拉德威尔把自己的这种风格发挥到了极致。他从暇步士（Hush Puppies）休闲鞋的意外走红和纽约犯罪率的突然下降开始谈起，然后发展出了自己的一套用来解释事情突然变化的理论。简而言之，这套理论就是用来解释为什么某个事物突然开始流行，或者流行的趋势突然发生变化的。

尽管格拉德威尔总是谦逊地说，他一直认为只有自己的亲戚朋友才会花钱去买一本《引爆点》，但是它在《纽约时报》的畅销书排行榜上停留了28周，卖出了170万册。格拉德威尔本人也从一名《纽约客》的作者摇身一变，成为无数经理人眼中的“营销上帝”。用他自己的话说，他开始在电脑键盘和麦克风之间摇摆：作为《纽约客》的作者，他每年要为这本杂志撰写5万到6万字的文章，题材任选；作为炙手可热的《引爆点》的作者，他每年要做25场演讲（他的出场费用已经高达每场4万美元）。《时代》杂志把他评选为“全球最具影响力的100人”之一；在咨询公司埃森哲（Accenture）列出的50位管理大师名单中，格拉德威尔名列第27位，排在他后面的包括第37位的杰克·韦尔奇和第45位的理查德·布兰森［维珍（Virgin）品牌的创始人］；商业杂志《快公司》称赞格拉德威尔是“21世纪的彼得·德鲁克”。

二

从《引爆点》出版到现在，格拉德威尔已经出版了六本书，每一本都是超级畅销书。

在《引爆点》中，格拉德威尔分析了一个事物如何变得流行，掀起一股浪潮，或者如何抑制一个事物——比如疾病——的流行。他提出了流行三法则：个别人物法则、附着力法则和环境威力法则。个别人物由三类人构成：联络员、内行和推销员。联络员是善于结识人并且会介绍这些新结识的人相互认识的人，我们认识的人中大多数都是通过联络员介绍认识的；内行是对某种事物——比如汽车、手机甚至肥皂——感兴趣并且极其了解的人；推销员则是生活中那些不停推荐我们买什么样的东西、去哪家餐馆的人。附着力法则意味着，事物本身的微小改变可以改变它的命运，比如一款商品在设计上的微小变动就可以让它大卖。环境威力法则意味着，环境的微小改变能够引起巨大的变化，最好的例子莫过于纽约地铁犯罪率的突然下降——警方只是简单地将地铁站的涂鸦清洗掉，并且严禁逃票，结果所有重大犯罪的犯罪率都下降了。《引爆点》旨在证明格拉德威尔的一种简单想法，即改变这个世界并没有我们想象的那样困难，有时候，仅仅需要找到恰当的方法，并不需要太多成本，我们就能改变世界。

在 2005 年出版的《眨眼之间》（*Blink*）里，格拉德威尔详细解释了人们所忽略的另外一种思维方式。我们非常重视理性的推论，并且我们接受的所有教育也都在培养这种思维方式，可是我们却忽略了另外一种思维方式——我们的直觉、我们的瞬间判断力。格拉德威尔要阐释的就是这种新的思维方式。他在书的序言中就举了一个典型的瞬间决断的例子：博物馆买下了一座雕像，专家们使用各种仪器对其进行研究，认为它是古希腊时期的，可是一位来访的教授第一眼就认定它是现代仿品，后来它果然被证明是现代仿品。

2008 年，格拉德威尔出版了《异类》。这本书的内容是研究成功。不过，正如书的副标题说的那样，他要写的是“不一样的成功启示录”。格拉德威尔在书里面推翻了天才的神话。他把“10 000 小时定律”普及开来：这个定律指的是，在任何领域要想取得出类拔萃的成就，必须要经过至少 10 000 个小时的练习。他要指出的另一个关于成功的不一样的地方在于，你出生的年代，甚至你出生的月份，会在很大程度上影响你的人生。美国最富有的人中有 14 个都生活在镀金时代[①]，包括比尔·盖茨和乔布斯在内的计算机大亨也都出生在20世纪50 年代。你出生的年代决定了你在一次新的技术浪潮来临时，是否站在了一个恰当的位置上。

2013 年的《逆转》讨论的是强弱对比的问题。在格拉德威尔看来，有些劣势可以成为优势，而有些旁人认为的优势其实是劣势。他从探讨大卫和歌利亚的决斗出发来解释这一点。大卫之所以能战胜歌利亚，一个很重要的原因是他拒绝遵守决斗规则。大卫拒绝了以色列军队统帅扫罗要借给他的铠甲和利剑，因为披上厚重的铠甲并手持利剑之后，行动速度就会降低，而且这会迫使他不得不像一个步兵那样和步兵中的佼佼者歌利亚来决斗。他选择在离对手有一段距离的位置向其没有遮挡的前额投出石块，从而成功击晕了歌利亚这个巨人，然后快速接近他并用歌利亚的剑斩下其头颅，而不是面对面地用兵器和歌利亚拼个你死我活。回到我们生活的世界，患上阅读障碍症的人也得到了补偿：有的人变得更会倾听，有的人变得更加善辩、更加具有说服力，而且他们都更能接受失败。相反，很多优势却未必会一直是

① 镀金时代指从南北战争结束到 20 世纪初的美国历史时期。——编者注

优势。比如，并不是班级越小，教学质量就越高；不是你考入的大学越好，你就会越成功。

《逆转》出版六年之后，格拉德威尔出版了《陌生人效应》。这本书要探讨的主题是，陌生人之间为什么会产生误解、轻信和冲突。为什么一名古巴间谍能够潜伏中情局很多年，能够成功骗过其他经验丰富的情报官员？并且更让人吃惊的是，当事后反思时，人们其实能够发现其有过无数的破绽。为什么尽管不断有人向美国证监会等机构举报麦道夫，但他的庞氏骗局依然能够维持那么多年？为什么交通警察会开出那么多罚单，并且很容易跟司机发生冲突？

除了以上五本书，格拉德威尔还把他为《纽约客》写的文章结集出版为一本书——《大开眼界》。我前面提到的《番茄酱之谜》就被收录在这本书里。这本书还收录了他对《黑天鹅》一书的作者塔勒布的采访。

格拉德威尔的每一本书都在探讨一个每个人都会关心的问题，并且能给出一个不同的思考维度：某个事物为什么会流行？人们是如何思考和决策的？什么样的人能够取得世俗成功？优势和劣势如何互相转换？人们为什么会轻信他人，又为什么会跟他人发生冲突？

他的每一本书都是典型的“格拉德威尔式文体”，用讲故事的方式来介绍最新的科学研究，以解释生活中司空见惯的事，并改变你对这些事情的看法。格拉德威尔在一次采访中盛赞另一位非虚构作家迈克尔·刘易斯为天才，其实，他自己又何尝不是一个天才呢？

格拉德威尔曾经说，他写作的动力之一就是想知道，如果用另一个人的眼睛、另一个人的头脑去看、去思考某个问题，他会得到什么样的答案——无论是关于番茄酱、“挑战者”号航天飞机事故，还是一桩公司丑闻。如今，通过他的书，我们有了一条捷径，可以透过他的眼睛和头脑去看、去思考问题。

我强烈推荐你随便翻开一本格拉德威尔的书，走进格拉德威尔的世界。他一定会改变你对事物的既有看法。

推荐序一

理解流行

得到 App 总编辑

李 翔

1

2004 年前后，我在《经济观察报》供职。当时我有一个关系很好的同事，大家都叫他小新。他是 IT（互联网技术）部和商业评论部的记者，而我是隔壁评论部门的记者。

作为一个报道科技公司的记者，他把很大一部分精力集中在科技公司的产品上。必须承认，他是我们身边"谷歌"式的人物，我们可以从他那里获知各种产品信息，比如有趣的"谷歌地图"、新款的苹果电脑和苹果公司的新款 iPod 音乐播放器。他知道在哪里能以媒体价买到 iPod，以及中国大陆和香港特区的各个版本的 iPod 分别是多少钱。当时在报社编辑部里，有 10 多个人和他用同样款式的多普达手机，有 6 个人和他用同样型号的惠普笔记本电脑——甚至其中有很多人就是托他买的。他会把自己的 iPod 借给同事听，直到同事终于下定决心自己也买一部 iPod。

每天中午，起床很晚的小新总把自己的惠普笔记本电脑"扛"在肩上，一只手扶着它，另外一只手紧紧攥着他的多普达手机，脚步轻快地走进办公室，大声对我们喊："Hello!"（大家好！）然后就开始讲最新的电影、音乐，或者跟用同一款手机的同事分享这款手机的新乐趣，包括从网上下载的每一个适用于这款手机的软件，或者是他刚发现的这款手机的某一种新功能。这些都是可以拓展交流的话题。

后来，我们又同时跳槽到了另一家公司工作，这次我们坐到了一个办公室中。真是不幸，这意味着我必须忍受他每天带来的地毯式轰炸般的信息。但是也很幸运，因为我们会共同面对新的工作环境和一群新同事，而他能帮助我适应新环境，并成为我与新同事沟通的桥梁。我发现，他除了在网络和技术方面是个内行，还是个高效的联络员和沟通能手。我的一个同事形容他为一名快乐的"间谍"，每次露面他都会带着微笑和最新的情报回来。由于他有这两项特长，因此，调试办公室的音响设备及处理同公司其他部门和新同事的事务，我们都很放心地交由他来做。他能很快弄清楚公司的各项恼人规定并熟知如何应对，以及如何安装传真机、电话、无线网络。

你我身边都有这样的人。你会认为这样的人可有可无吗？如果你这样想，并且过高估量自己的能力，认为没有这样的内行和联络员，自己也能搞定一切，那你就错了。我想，这就是大多数人对自己的最大误解。我曾经也是这样认为的，但当我不得不独自面对各种烦琐事务时，我才明白，这样的人才是我们和外部世界联系的那一根重要的"电话线"。

这一点，在我读完马尔科姆·格拉德威尔的著作《引爆点》之后变得更加明晰。

我对同事小新的称呼——"联络员"和"内行"——是格拉德威

尔在《引爆点》中所用的两个名词。这两个名词代表了两种人。格拉德威尔介绍的其实还有另一种人：推销员。联络员、内行和推销员，这三种人是我们每个人同外部世界联系的纽带——无论我们是否承认。在我们的朋友中，大多数人可能是由联络员介绍给我们认识的；内行热衷于帮助我们处理生活上的一些琐事，比如购买笔记本电脑、耳机、音响等；推销员的天赋则在于把他认为值得推销给大家的信息和产品推销出去——想一想你身边有没有特别热衷于给别人推荐餐馆的人？

仔细思索一下，我们生活中的大多数东西，都跟这三类人有关。

2

联络员、内行和推销员，这还只是格拉德威尔的流行理论的一部分。

我曾经在一篇文章中写道，“流行”“时尚”“潮流”“时髦”“品位”等词语（我将它们视为同义词，随时拿来替换以避免重复）所表示的是人类社会的一个妙不可言的现象。这个现象反复无常、难以捉摸，几乎无人能够如气象员那样准确预测它的风向，更多的人只是做事后诸葛亮般的经验总结。

比如说，人类学家曾经在非洲某个部落发现了一个奇妙的时尚变化现象。稍早一些的时候，部落酋长的妻子们的时尚观是戴着沉重的金属链子作为装饰品，高傲而缓慢地行走在烈日之下。沉重的金属链子被看作悠闲的象征，就好像古代的中国文人留长长的手指甲作为不事劳作的象征，17 世纪的欧洲贵族穿没有口袋的衣服作为有仆人侍奉左右的象征一样。重金属链、长指甲和没有口袋的衣服都是风行之物，伴随着这些时尚的是人们对缓慢而悠闲的状态的推崇。而当欧洲工业文明入侵之后，部落酋长的妻子们则开始喜欢坐在豪华轿车中，在烈日下疾驰而过，她们隔着扬起的灰尘隐约看到车外一脸羡慕的女人们，后者在树荫下乘凉，无事而悠闲。豪华轿车和与之相随的速度又成为新的时尚。

你可能觉得这只是某种茶余饭后的谈资或者人类学家、社会学家热衷于研究的话题。但是当我们进入大众市场的年代之后——其实并没有多久，对于整个世界而言，也只不过是最近 200 年左右的事——商人们对这个问题越来越着迷。因为“为何流行”这个问题，决定着哪些东西会被购买，哪些东西会无人问津。资本主义甚至专门发明了广告和营销行业来解决这个问题。

随之而来的困惑是：谁引领了流行趋势？流行的奥秘何在？如何才能引领流行趋势？

这三个关于流行的问题，即 who（何人）、why（为何）和 how（如何），是关于流行的 3W 难题。提供解决 3W 难题的答案，就仿佛提供了一个流行风向的方向盘和加速器。无论对何人来说，这都是一个令人难以抗拒的诱惑。如果能解答这三个问题，商家便可以轻而易举地让自己的商品风靡一时；思想家、哲学家便可以让自己的作品及其中传递的观念被大众接受，以真正发挥观念改变世界的作用；小说家和出版商便可以让自己的作品成为畅销书；餐馆便可以让自己的口碑飙升……大到一种观念、一样发明，小到一种产品、一家新开业的饭店，无所不及。而从另一个角度来讲，解答了这三个问题，也可以有的放矢地遏制一些不好的风潮，比如离婚潮、青少年吸烟问题等。

世界的奥秘宛若近在我们眼前。

了解了这一点，就不难理解为何格拉德威尔的著作《引爆点》能够激起如此多人的兴趣了。

格拉德威尔的流行理论包括三个部分。第一法则是个别人物法则，其关键就是我前面讲到的包括我的同事小新在内的三类人：联络员、内行和推销员；第二法则是附着力因素法则，这条法则讲的是流行事物本身应具备的要素，它应该具备让人过目不忘或者至少给人留下深刻印象的附着力，比如苹果产品的外观；第三法则是环境威力法则，意思就是发起流行潮的环境极其重要。注意，不是重要或者很重要，而是极其重要，哪怕是外部环境的一个微小的变化，都能决定某个事物流行或者不流行。格拉德威尔举的一个例子是，纽约地铁站墙壁上的涂鸦对地铁站犯罪率的升高有很大影响。清洗涂鸦，并且对小错误（例如逃票行为）严加惩处之后，地铁站的严重犯罪行为就开始减少了；再如，格拉德威尔引用了一个社会心理学上的例子——150法则，其意思就是，当一个组织的规模超过150人时，组织成员之间的沟通就会开始出现问题，层级之间的分界也会变得严格。

格拉德威尔在这本书中传递的一个核心思想是，流行潮的兴起与消退——比如卖出一件产品或消灭禽流感，主要取决于流行事物的性质——很多时候取决于一些微小的因素。这些看似微小的因素往往能够影响世界。

在这本书的结尾，格拉德威尔意气风发地说，别看我们身处的世界看上去很坚固，或者说很顽固，雷打不动、火烧不化，其实只要找到那个点，轻轻一触，世界就会倾斜。这个点，就是格拉德威尔所说的“引爆点”。希腊神话中，扛天的巨人是半人半神的提坦族的一员，名字叫阿特拉斯，引爆点就像是阿特拉斯身体上的敏感部位，一碰触这个部位，阿特拉斯就会发笑，而阿特拉斯耸耸肩，我们的世界就会发生变化。

3

格拉德威尔自1987年开始供职于《华盛顿邮报》，他报道的领域是商业和科技。随后，他成为《华盛顿邮报》纽约分部的主编。从1996年开始，他成为《纽约客》杂志的专栏作家。2000年，他出版了这本《引爆点》。

《引爆点》也“引爆”了格拉德威尔的知名度。他创造的名词“引爆点”和他的流行三法则，已经成为商业理论上的新经典。2005年，《时代》杂志将格拉德威尔列入“全球最具影响力的100人”名单——这个名单为关心世界的人所熟知，被列入其中的有多位政治家、大企业领导者及具有深远影响力的学者和思想家。也是在这一年，他出版了《眨眼之间》。《眨眼之间》和《引爆点》一样，在出版后受到报纸、杂志的疯狂追捧，而且在很长一段时间内高居《纽约时报》非虚构类畅销书的榜首，格拉德威尔标志性的“爆炸头”也出现在各种媒体上。

世界对格拉德威尔的这种喜爱并不出人意料。所有人生来都有一种冲动和好奇心，我们想要了解我们身处的这个纷繁的世界究竟是如何运行的，我们该如何去理解它，以及我们同这个世界的关系究竟是什么样的。普通人对这些问题的回答，很少能超出那几种人类大脑早已做出的界定：亚当·斯密的“看不见的手”、凯恩斯的“调控”、哈耶克的“自发生成秩序”、马克思的辩证唯物主义和历史唯物主义、弗洛伊德的心理分析……

而变革者则提出理解世界的新方法：凯恩斯对亚当·斯密的理论进行了修补；弗洛伊德另辟蹊径；毕加索挑战马蒂斯；爱因斯坦修订了牛顿针对大自然的“立法”；德鲁克对组织进行研究，提出“知识工人”与受雇阶层的理论。

把格拉德威尔和那些伟大的名字列在一起似乎为时尚早。但在本质上，格拉德威尔和他们是一类人，都属于有新意的变革者。对一位有新意的变革者来说，重要的是提出理解世界的新方法，甚至因此而改变人们的生活方式。从这个角度看，他的专业背景反倒显得无足轻重了。格拉德威尔的这两本书都是各种学科的结合体，包含心理学、管理学、社会学等学科的理论。

正如以赛亚·伯林所说，值得尊敬的知识人是提供理解世界的钥匙的人。格拉德威尔的流行理论就是一把新钥匙，一把理解世界的新钥匙。这把钥匙颇有“万能”的意味。在当下，对格拉德威尔的理论反响最热烈的是企业界和商界人士。因为在企业界和商界，格拉德威尔的理论对商业决策很有帮助，这种帮助有时甚至是非常直接的。而他在《引爆点》一书中所引用的例子，有很多也是商业案例。但是，格拉德威尔的流行理论并不仅仅局限于商业管理——其提供了一种理解世界的普适方法。而这种方法，举个简单的例子，可以被拿来解释为什么突然人人都开始谈论一本书，比如雷·达里奥的《原则》（*Principles*）。它让我们认识身边的“小新”，发现什么是“地铁站的涂鸦”，什么是流行事物的“附着力”。

你可以试着读完这本书，然后用它的理论来分析身边的流行事物，比如某个品牌的畅销球鞋、很多人谈论的一档综艺节目等。届时你会发现，关于这个世界的一扇新的大门向你打开了。

推荐序二

在每个人都想成为网红的时代，如何创造“红”

财经作家、“890 新商学”“蓝狮子出版”创始人

吴晓波

马尔科姆·格拉德威尔留着蓬松的“爆炸头”发型，好像时刻准备着去引爆点儿什么。出生于 1963 年的他常年生活在纽约，是《纽约客》的一名专栏作家。2005 年《时代》杂志评选出的“全球最具影响力的 100 人”，格拉德威尔赫然在列，这让很多人觉得意外。

在那一年的《纽约时报》全美畅销书排行榜上，精装本和平装本的第一名，都是格拉德威尔的书，这是前所未有的事情。其中一本就是《引爆点》，而事实上它出版于 2000 年，已经位列畅销书榜单整整三年了。

格拉德威尔发明了“引爆点”这个新名词。在《引爆点》一书中，他首先讲了一个故事。

暇步士是一个创办于 1958 年的休闲鞋品牌，在很多年里，它一直不温不火的。直到 1995 年秋，它的一款单价 30 美元的拉绒山羊皮鞋不知为什么突然在曼哈顿东村和苏荷区流行了起来，甚至有人开了售卖暇步士产品的二手小店。两位时装设计师把它带到了纽约时装周，在接下来的两年里，暇步士的销量增长了二十多倍。1996 年，暇步士获得了美国时装设计师委员会颁发的最佳配饰奖。公司总裁在发表获奖感言时，颇有些迷茫地说，其并没有为赢得这项荣誉做出

任何努力——完全是被潮流赶上，而非主动追赶潮流。

格拉德威尔的问题是：暇步士没有投放巨额广告，没有聘请大明星代言，也没有制造轰动性事件，那么，它为什么会赶上这样的“狗屎运”？

《引爆点》这本书就是从这个故事出发，去探寻一个十分有趣的商业课题的：所有的潮流都存在着一个引爆点，它与观念、产品、信息和行为方式相关，它的到来虽出人意料，却有迹可循。

格拉德威尔认为，巨大的效果都是由一个很小的变化引起的，微小的转变可以对个体、组织和社区产生重大的影响。一个遵循流行规则的世界与我们眼中自己现在生活的世界截然不同。

在书中，他提出了引爆流行的三个法则：个别人物法则、附着力因素法则和环境威力法则。

一场流行潮的发起是由少数人驱动的，但是它未必来自一个中央系统，甚至也不是来自超级人物，而是来自一个“角色组合”。格拉德威尔把这个组合里的角色定义为联络员、内行和推销员。

联络员是指那些交际广泛，一旦传递信息，就有无数人接收到的人；内行是那些对某个领域研究得特别透彻的意见领袖；推销员则是乐于传播的活跃分子。在流行过程中，内行是数据库，他们可以为其周围的人提供信息；联络员是社会黏合剂，他们会四处传播信息；推销员则负责说服大家。

这一功能性的“角色组合”一旦运转起来，其病毒式的传播力是惊人的。格拉德威尔计算出了一个数字：假设关于一个事物的信息被一个人哪怕只传播给了两个人，如果这两个人每人再传播给另外两个人，到第 50 次传播时，被传播人数将是 1 125 899 906 842 624。

附着力因素法则指的是流行事物本身应该具有让人过目不忘或者至少给人留下深刻印象的附着力。

20 世纪 60 年代，美国心理学家霍华德·莱文瑟做了一个关于恐惧的实验，实验目的是说服耶鲁大学的高年级学生去注射破伤风疫苗。实验将学生分为三组，实验组织者让第一组学生阅读关于破伤风这一疾病的危害的宣传资料，并呼吁他们去校医院卫生中心注射疫苗；第二组学生除了要看第一组学生看的宣传资料，还会看到一系列展现破伤风病人的痛苦的图片；第三组学生除了要看第二组学生所看的内容，还会看到一张通往校医院卫生中心的地图。

实验结果大大出乎人们的意料。第二组学生虽然比第一组学生更加强烈地感受到了破伤风的可怕之处，但仍然和第一组一样，只有 3% 的人去了校医院卫生中心注射疫苗；第三组学生看的资料只是多了一张简单的地图，就把实际行动的人数比例增加到了 28%。这是因为人出于本能不仅更容易接收那些视觉化的东西，而且更愿意去做那些可操作性强的行为。

环境威力法则是指发起流行潮的环境极其重要。在经济学上有一个“破窗理论”：如果一条街道上有一辆汽车的窗户被打破，并且在一段时间里没有被修复，那么很快就会有越来越多的汽车窗户被破坏，直至整条街道破烂不堪。

格拉德威尔在书中举了一个生动的例子。

在 20 世纪 80 年代的纽约，一年要发生 2 000 起以上谋杀案，纽约地铁更是地狱般的重灾区。为了降低地铁里的犯罪率，新上任的地铁总监不顾所有人的反对，将大部分的地铁警力都用在了清洗地铁涂鸦和严查逃票现象上。

事实证明，这样的做法真的很有效：20 世纪 90 年代末和 90 年代初相比，地铁上的重大犯罪事件减少了 75%。这些不起眼的涂鸦和逃票现象，正是引爆纽约地铁犯罪流行潮的那扇“破窗”，也可被称为“引爆点”。

《引爆点》还引用了英国人类学家罗宾 · 邓巴的论文，提出“150 法则”。邓巴在调查了遍布全球的 21 个原始狩猎族群之后，有了一个惊人的发现：这些原始部落都有一个几乎相同的人数规模，即 150 人左右。格拉德威尔据此认为，当一个社群的规模超过 150 人时，组织成员之间的沟通就会开始出现问题，协作便走向低效。因此，150 人是环境威力发挥最佳效用的边界。

《引爆点》自出版之后，一直畅销不衰。格拉德威尔的文笔优美流畅，新奇案例不胜枚举，这是这本书如此受欢迎的很重要的原因之一。他把流行病、人类学、犯罪心理学和城市治理等方面的知识进行了一次“乱炖”，通过跨界式写作，揭示了商业流行在去中心化的互联网时代可能会被引爆的场景和可能性。

就如同克里斯 · 安德森在《长尾理论》中对帕累托法则的颠覆一样，格拉德威尔敏锐地发现了信息传播和社交趋势的微妙改变——他在 2002 年就提出“我们正在进入一个口头传播信息的时代”。流行不再自上而下地发生，它有可能是一场由群众发起的群众运动，同时，流行的颗粒越来越细小，越来越小众化并呈现脉冲式。这些特点在智能手机普及的移动互联网时代表现得更加显著。

推荐序三

“刷屏”时代的流行方法论

中国传媒大学经济与管理学院副教授

BBI 商务品牌战略研究所副所长

孔清溪

卡尔维诺在《为什么读经典》的开篇便指出：“经典是你经常听人家说的‘我正在重读……’的书，而不是‘我正在读……’的书。”我想格拉德威尔的这本《引爆点》大抵可以算得解读流行现象的经典读本了，即使人们已经进入信息更新速度越来越快的“刷屏”时代，书中呈现的流行方法论依然适用并时时发挥作用。

我第一次读《引爆点》这本书还是在 2004 年，当时我正在攻读广告学专业的硕士，刚刚开始关注为什么有些商品会因一则广告而突然热卖，为什么某个新的消费趋势会突然受到追捧，为什么某卫视的一档选秀节目会突然席卷全国……而书中提到的“引爆点”这个概念给我留下的印象至深，我隐隐觉得这些流行的倏忽而至，就好像是触动了一个魔盒的开关，“咔嗒”一声便开启了一个崭新的世界，而这个魔盒的开关便由书中提到的“个别人物”“附着力因素”“环境威力”共同构成。

我长期从事品牌领域的教学和科研工作，主要集中在品牌传播和品牌危机管理这两个方面。我通常将这两者合称为品牌的“攻守之道"：品牌传播的终极目标是通过传播活动扩大品牌的知名度，形成品牌的美誉度，从业者们每天都绞尽脑汁希望能够做出"刷屏"的优秀案例，让其服务的品牌能用最小的投入获得最大的收益；品牌危机则是时时悬在品牌头上的"达摩克利斯之剑"，尤其是移动互联网技术的普及更是加快了品牌危机暴发的速度并加剧了其对品牌的危害程度，这使品牌危机管理工作成为众多企业在现阶段不可回避的一个颇为棘手的问题。

随着研究案例的增多，我发现用"个别人物法则""附着力因素法则""环境威力法则"竟能解释当下品牌乃至众多社会热点事件的传播和扩散规律。

众多品牌借助明星代言，尤其是"流量小生"们在粉丝群体中的号召力而一夜走红；某品牌口红的某个色号单品可能在网红主播的推荐下被秒杀至断货；即使是众多小众品牌，也可以借助网上的众多KOL（关键意见领袖）、KOC（关键意见消费者）及美妆App（手机软件）上素人的推荐而悄然成为流行风尚……这些具有强大号召力的"爱豆"（偶像）、带货红人及众多的KOL、KOC和UP主（网站音视频文件上传者），正是格拉德威尔笔下的"个别人物"。他们或自带光环并具有强大的社交能力，或具备某个领域的专业知识，或具有超强的人格魅力和情绪感染力，他们充当了"联络员""内行""推销员"的角色，让消费者甘之如饴地去关注他们每天"投喂"的信息，并在其"买它、买它、就买它"的号召下踏上他们制造的"流行花车"。

仅仅找到以上这些关键人物并不是引发流行的全部，关键人物只是传播过程中信息的分发者和加速器，而什么样的信息才会吸引这些关键人物的关注并使其持续向外分享呢？这就有赖于信息内容本身具备的魔力，即“附着力因素”。

纪录片《我在故宫修文物》能在某视频网站走红，某护肤品牌的广告《她最后去了相亲角》能被刷屏转发，都是因为其内容本身具备较强的附着力，能够最大限度地调动观众的兴趣，引起他们的情感共鸣。除了寻求信息本身具有的附着力和感染力，格拉德威尔认为，我们还可以通过对内容进行包装或者做一点儿“小动作”而令内容充满附着力，这一点在当下的营销环境下依然有效。例如，某购物App在推广初期在微信群的“帮忙砍价”策略和某咖啡品牌在朋友圈的“裂变拉新”策略（当然，该品牌近期爆出的财务造假的信息同样具备强附着力，因而迅速成为人们热议的新闻热点），建军节期间在微信刷屏的“军官照”活动，以及建国70周年庆典期间刷屏的“微信，请给我一面国旗”活动，与书中展示的“直销员旺德曼的金盒子”案例有异曲同工之妙，它们都是通过巧妙设计某个互动环节，将传播过程的信息灌输转变为日常生活中嵌入式的互动和游戏。

这些设计使普通的信息开始变得具有附着力，它们或能满足受众物质上的“趋利性”，或能满足受众心理上的“优越感”，或因为有趣而成为受众的“社交货币”，只有这些具备了强附着力的信息才有可能在当下信息爆炸、注意力稀缺的传播环境下，成为人们热议并转发的素材，从而引发新的流行。

我最近一次重读此书正值新型冠状病毒肺炎疫情期间。突如其来的疫情打破了学校的正常教学计划，新学期最开始的前两周为读书周，在学校为学生推荐阅读书目时这本书被再次提及。无论是“新冠”疫情本身的传播，还是由此带来的谣言及恐慌情绪的感染等现象和规律，在本书中均可以找到解释和答案。疫情强行让我们的生活和工作改变了底色，这也可以说是格拉德威尔认为的特定的“环境威力”。在疫情期间，公众更易于相信谣言，更易于感到恐慌和焦虑，当然也更易于被打动。在本次“新冠”疫情中，公众的所有焦点都围绕疫情展开，因此各种信息都会被放置在疫情的背景之下赋予意义。例如，众多品牌在疫情期间的社会责任表现，无论是为防疫、抗疫提供后勤保障，迅速转产、生产医用物资的企业，还是为保障民生而坚守在工作一线，乃至积极创新营销方式来满足消费者需求的企业，都获得了消费者的广泛认同和赞扬。正是这种特殊的环境威力，使疫情期间有所作为的企业的形象得到了大幅提升，也不乏在此过程中“出圈”并走红的品牌。

5G、AI（人工智能）、大数据和区块链等技术变革带来的是传播方式的创新和舆论生态的重新解构，流行的现象、观念、亚文化及商品等也会不断地被颠覆和取代，但是为什么流行、如何制造流行及如何消解负面流行的原理却是不变的。格拉德威尔在书中为我们提供了基本的思考框架和经典的案例解读，而如何塑造新的时代特征和形式多样化的表达方式，可能就需要我们自己去探索和发现了。

前 言

暇步士品牌的主打产品是拥有轻型绉胶鞋底的美式经典拉绒山羊皮鞋。对于该品牌来说，引爆点出现在 1994 年年底至 1995 年年初的某个时间点上。

在引爆点出现之前，这个品牌一直默默无闻，产品主要依靠偏远的经销店和小城镇的家庭商店来进行销售，年销售量仅仅处在 3 万双的低水平线上。当时，生产暇步士的渥弗林集团（Wolverine）甚至已开始考虑停产这种日后将使公司成名的休闲鞋，但是后来却发生了一些奇怪的事情。

在一次时装发布会上，暇步士的两位经理欧文·巴克斯特和杰弗里·刘易斯遇到了一位来自纽约的时装设计师。这位设计师告诉他们，经典款暇步士鞋在曼哈顿街区的各俱乐部和酒吧里突然成为时髦鞋款。巴克斯特回忆说："他告诉我们，在曼哈顿东村和苏荷区这两个街区，已经出现了专卖暇步士鞋的二手商店。人们涌向那些仍然在出售暇步士鞋的家庭小商店，将这些鞋子抢购一空。"巴克斯特和刘易斯起初对此迷惑不解，这些明显过时的鞋子怎么能够重领潮流呢？"对方还跟我们说，艾萨克·米兹拉希[①]本人就穿这种鞋。但当时我们并不知道艾

① 艾萨克·米兹拉希（Isaac Mizrahi），著名时尚设计师。——译者注

萨克·米兹拉希是谁，这在当时来说是情有可原的。”刘易斯说道。

到了 1995 年的秋季，更多意想不到的事情迅速发生了。先是设计师约翰·巴特利特打来电话说，他想在自己的春季时装展中采用暇步士鞋作为搭配。紧接着，另一位曼哈顿设计师安娜·苏也来电说希望能够在自己的作品展中使用暇步士鞋。在洛杉矶，设计师乔尔·菲茨杰拉德把一只 25 英尺[①] 长的充气巴塞特猎犬——暇步士品牌的标志——放在他好莱坞门店的顶部，并且将邻近的艺术长廊改装成了一家暇步士专卖店。当他还在刷墙漆和整理货架的时候，演员皮威·赫尔曼走了进来，说要购买一双暇步士鞋。“我绝对没搞错。”菲茨杰拉德回忆说。

1995 年，渥弗林集团共销售了 43 万双经典款暇步士鞋，第二年的销售数字是这一年的 4 倍，第三年的销量更高。销量增长一直在持续，直到暇步士重新成为美国男青年衣着打扮中的重要组成部分。1996 年，在林肯中心举办的时装设计师委员会颁奖晚宴上，暇步士获得了最佳配饰奖。该公司总裁和卡尔文·克莱恩、唐娜·凯伦站在同一领奖台上接受了这一荣誉，尽管他自己首先就得承认，公司并没有为赢得这项荣誉做出任何努力——完全是被潮流赶上，而非主动追赶潮流。暇步士占据了流行潮的制高点，而这一切仅仅始于曼哈顿东村和苏荷区的几个年轻人穿上暇步士鞋。

这一切究竟是如何发生的？不要管这些最先穿上暇步士鞋的小青年是什么人，他们肯定不是在帮助暇步士促销。他们穿上这种鞋的原

---

① 1 英尺约为 0.31 米。——编者注

因只是没有人愿意穿。接下来，这些年轻人对暇步士的喜好传递到两位时装设计师那里，他们用暇步士来搭配出售其他高级时装。暇步士鞋仅仅是用于搭配的附件，也没有任何人在着意推动暇步士鞋成为时尚潮流。但是，它却真的成了最新的时尚潮流。在暇步士鞋越过了某个点之后，潮流被引爆，暇步士鞋就流行了起来。从成为曼哈顿商业区几个赶时髦的年轻人和时装设计师的时尚之选，到走上全美国所有商场的货架，这种单价 30 美元的鞋子是如何在短短两年之内完成这一巨变的？

1

在距今不远的过去，每到黄昏时分，纽约市的两个极度贫困的街区——布朗斯维尔和东纽约就仿佛变成了鬼城。人行道上看不到普通的上班族，没有孩子敢在街上骑自行车，房屋门前或是公园的长椅上也不会坐着老人。布鲁克林区充斥着猖獗的毒品贸易和黑帮之间肆无忌惮的冲突械斗，大多数人在夜幕来临时只能待在家里以求平安。

对 20 世纪 80 年代和 90 年代初在布朗斯维尔街区工作的警官们来说，这就意味着，太阳一下山，他们的无线电接听器里就会充满巡逻警员和调度警官之间喋喋不休的对话，话题涉及所有人能够想象到的暴力和严重犯罪行为。1992 年，纽约市共发生了 2 154 起谋杀案和 626 182 起恶性犯罪事件，布朗斯维尔和东纽约等地区是发生这些犯罪事件的重灾区。[1] 但是，接下来发生了一些奇怪的事情。在一个神秘的关键点上，犯罪率开始下降。该点被引爆了：5 年之内，谋杀案的发生率下降了 64.3%，在该地区仅发生了 770 起；犯罪案件总数减少到了 355 893 起，下跌了将近一半。在布朗斯维尔和东纽约，人行道上重新挤满了行人，自行车又开始出现在大街小巷，老人也重新出现在自家门前的台阶上。负责在布朗斯维尔街区巡逻的警探爱德华·梅萨德里说："曾经有一段时间，如果听不到像越南某处丛林中发生激战时那样急促的枪声，人们就会觉得不正常。"

纽约警察会告诉你，发生这一变化的原因在于城市警力部署显著加强；犯罪学家将其归功于在政府严厉打击之下，不法交易的减少和人口的老龄化；经济学家则认为，20 世纪 90 年代以来，纽约市的经济状况日趋好转，就业率上升，是工作机会把很多人从犯罪边缘拉了回来。以上这些都是可以被拿来解释各种社会问题加剧或缓解的传统理由。

但归根结底，这些解释没有一个能让人满意。这就像在解释暇步士再度风行的原因时，把东村几个年轻人的无意之举夸大一样牵强。毒品交易、人口和经济变化都是历时很久才能产生作用的因素，而且这些变化都发生在全美范围内。它们无法解释，为什么纽约市的犯罪率比起全美其他城市能下降得如此明显且迅速。当然，警察所做的努力很重要，但令人迷惑的是，警力加强的程度和布朗斯维尔、东纽约这些街区状况的改变程度不成比例，因为后者的变化太大了。无论怎么说，纽约犯罪行为的严重程度并非是随着各种条件的逐渐改善而慢慢缓解的，相反，它的变化是暴发式的。那么，几个经济和社会指数的变化，是怎样让谋杀案发生率在 5 年内就下降 2/3 的呢？

2

《引爆点》描述的只是一个简单的概念。但这个概念却能成为我们理解流行潮何以出现的最佳思维方式，比如犯罪率的升降、默默无闻的书忽然成为畅销书、青少年吸烟率的上升趋势、口头信息的快速传播，以及其他给日常生活带来影响的神秘变化。它们对日常生活的影响就像流行性感冒一样，让人不得不注意。观念、产品、信息和行为方式，都会像病毒一样传播和流行开来。

暇步士休闲鞋销量的上涨和纽约市犯罪率的下降都是本书所选择的流行潮的实例。尽管两者听起来好像没有什么相通之处，但是它们却有着一个相同的内在模式。首先，两者都可以被归为流行潮蔓延的案例。没有人会打出广告告诉大家，传统式样的暇步士休闲鞋酷毙了，大家都应当穿上这种鞋。最开始穿上这种鞋子的年轻人仅仅是穿着它出入俱乐部和咖啡馆，或走在纽约商业区的大街上，他们这样做不过是向其他人展示自己独特的时尚观。但他们这样做却相当于把暇步士“病毒”传播开来。

纽约市犯罪率的下降也是由同一种方式造成的。这绝不是因为1993年那些有可能成为杀人犯的人突然良心发现，决定不再做任何违法犯罪的事情，也不是因为警方在很多情况即将发生之前的干预具有奇迹般的作用，避免了本可能产生的严重后果。事实是，在警方或者其他新的社会力量能够产生影响的少数情况下，少数人开始做出与众不同的行为，并且把这种行为传染给了其他面对相同情况的人。这些人本来很有可能选择以犯罪方式来对付所面临的问题，但他们在被

“传染”后，都不再用犯罪方式来解决问题。在短时间内，纽约的大多数人就以某种方式“感染”了一种反犯罪病毒。

这两个案例的第二个明显特征是，巨大的效果都是由一个很小的变化引起的。所有可能引起纽约犯罪率骤降的原因都是在边缘发生的变化，这些变化都具有边际效益递增的效果。不法交易案情平稳下来，人口又老化了一点儿，警力再增强了一点儿，但这引发的效果却是巨大的。暇步士案例也是如此，最初有多少男孩开始在曼哈顿商业区穿暇步士鞋？20个？50个？顶多100个吧？但是他们的行为却像是一手掀起了一场国际流行潮。

最后，这两个案例中的变化都是剧变，而不是缓慢稳健地发生的变化。20世纪60年代中期至90年代晚期纽约市的犯罪率变化曲线图就很具说服力，这条曲线就像一个巨大的拱门。1965年，纽约市内的犯罪案件共计20万起，此后犯罪案件数量急剧上升，两年内翻了一番，并且几乎不间断地保持上升势头，直到1975年前后达到65万起，但之后20年的犯罪率却一直停留在这个水平线上。到了1992年，犯罪率开始以30年前的上升幅度急剧下降。犯罪案件数量不是逐渐缓慢减少的，而是在抵达某一点时突然来了个急刹车。

麻疹在一个小学班级中的传播，以及冬季流感的流行也具备这三个特征：第一，传染性；第二，微小的变化产生巨大的效果；第三，变化是突发式的而非渐进式的。在这三个特征中，最后一个尤为重要，即流行潮是全面暴发的。正是由于第三个特征，我们才能够意识到前两个特征的存在，也正是通过第三个特征，我们才能够深入观察现代社会中许多变化的发生方式。流行潮全面暴发，以及一切变化同时产生——这一极具戏剧性的时刻，我们把它命名为“引爆点”。

3

一个遵循流行潮规则的世界，同我们所理解的世界截然不同。思考一下感染性这个概念，如果我跟你说起这个词，你会想到风寒和流感，或者是更危险的东西，例如艾滋病或者埃博拉出血热。在我们的观念里，感染性是一个生物学意义上的特指概念。但如果存在犯罪流行病和时尚流行病，那就一定会存在各种各样像病毒一样具有传染效力的事物。试想一下打哈欠这一动作，它是一种具有惊人感染力的行为。[2]仅仅因为你们在前面这句话中读到了“打哈欠”这个词语——本句话中“打哈欠”又出现了一次——就会有很多人在随后几分钟内打哈欠。即使是在这样写的时候，我也已经打了两次哈欠。如果你在公共场合阅读这段话，而且你打了哈欠，那么那些看到你打哈欠的人很有可能也会开始打哈欠。以此类推，打哈欠的圈子会越变越大。

打哈欠的感染性很惊人。仅仅是通过写出“打哈欠”这个词语，我就已经让你们在阅读的时候开始打哈欠了。那些看到你打哈欠的人也会做出相同举动，仅仅因为看到你打了哈欠。这是第二种感染类型。他们也可能会因为听到你打哈欠而打哈欠，因为打哈欠也可以通过听觉来传染：如果你给盲人播放打哈欠的录音，他们也会开始打哈欠。最后一点是，如果你在阅读本文时开始打哈欠，你脑海中是否会闪现自己可能累了这样一个念头？我想肯定有人会这样想，这意味着打哈欠也具有情绪上的传染效力。通过简单地写出一个词语，我可以给大家植入一种感觉。流感病毒能否做到这一点呢？换句话说，感染性是一种所有事物都具备但却难以被预知的性质。如果我们想要识别并且“诊断”出潮流的变化，我们就必须谨记这一点。

我们对流行潮的第二个特征——变化微小但效果巨大——的理解也相当片面，高度社会化的人类对因果关系有着粗糙的理解。如果我们想传达一种强烈的感情，比如我们想使别人相信我们爱他们，那么我们在说话时就会显得热情直率；如果我们要告诉别人坏消息，我们就会声音低沉，措辞谨慎。社会规训我们且使我们相信，在我们处理事情，身处某种关系或某种体系时，先后发生的两件事情之间必然有直接联系。

请思考下面这个令人困惑的例子。我给你一大张纸让你折叠一次，然后，把叠起来的纸再折叠一次，如此反复折叠 50 次，这时候你认为这张被叠起来的纸有多高？为了回答这个问题，大多数人会在想象中来叠这张纸，并猜测结果将会有电话簿那样厚，而如果他们勇气十足，他们会说叠起来将会有冰箱那么高。但正确的答案是，这张叠起来的纸的高度同地球到太阳的距离差不多。如果再折叠一次，那高度就相当于从地球到太阳的往返距离。这是数学上几何级数增长的一个例子。

流行病是呈几何级数增长的另一个例子：当病毒在人群中传播时，它的数量就像那张被我们折叠的纸的厚度一样呈几何级数增加，只需 50 个步骤，它就象征性地能从一张平面的纸叠到能抵达太阳的高度。人们很难理解这个过程，因为最终结果和初始原因实在不成比例。要理解流行潮的威力，我们就需要抛开对这种比例上的天壤之别的关注。对于一件小事引起的巨变和剧变，我们要有心理准备。

剧变是引爆点这个概念的核心，可能也最难让人接受。引爆点这个词最初被广泛使用是在20世纪70年代，它被用来描述美国东北部旧城区的白人突然纷纷迁往郊区的现象。① 社会学家们发现，当迁入某一居民区的非裔美国人的比例达到一个特定的点——20%时，整个社区就会被“引爆”：仍居住在这一社区的白人们会立即迁离。引爆点是质变来临前的关键一点，就像沸点和临界点。[3] 20世纪90年代早期纽约暴力犯罪率骤降之前有一个引爆点，暇步士休闲鞋再度风行前也有一个引爆点，同样地，在每一项新技术被引进的过程中都有一个引爆点。1984年，夏普公司首度推出低价传真机，头一年在美国卖出了8万台。随后3年，传真机的销售数量逐渐稳步上升。到了1987年，拥有传真机的人的数量已经足以让每个人都觉得自己应该拥有一台传真机了。所以1987年成为传真机流行的引爆点，当年共售出100万台传真机。截至1989年，又有200万台新传真机投入生产。手机销售也遵循着相似的轨迹。整个20世纪90年代，手机都在朝着更小巧、更便宜、服务更好的目标发展，直到1998年，这项技术到达了引爆点，突然之间，每个人都拥有了一部手机。

所有的流行潮都有一个引爆点。伊利诺伊大学的社会学家乔纳森·克雷做过一项关于社区中楷模的数量对该社区青少年影响的研究。这些楷模包括统计调查局认定的具有较高社会地位的人群——专业人员、经理和教师。当楷模占比达到社区人口的5%至40%时，该社区

① 该现象指美国20世纪70年代的郊区化运动。——译者注

青少年的早孕率和辍学率不会发生什么变化。但是，当楷模人数所占比例低于 5% 时，问题就被引爆了。比如，当楷模人数所占比例下降 2.2 个百分点，即从 5.6% 下降到 3.4% 时，学龄儿童的辍学率就会增加一倍多。在这个引爆点上，未成年少女的早孕率也几乎成倍增加，而在未到达引爆点时，早孕率几乎保持不变。我们通常凭直觉认定，社区环境的变化和社会问题的减少是一个缓慢而稳定的过程，但事实上有时候它们并不按照这个节奏变化。引爆点出现时，学校会对学生失去控制，学生的家庭生活将立即崩溃。

我记得小时候自家的小狗第一次看见雪的情景。它又惊又喜，急切地摇着尾巴，对这种陌生松软的物质嗅来嗅去，为雪的神秘而低声嗷嗷叫唤不止，它完全被折服了。但它第一次看到雪的那个早上并不比前一夜冷多少。前一天晚上大概是 34 华氏度（约为 1 摄氏度），而那天早上则是 31 华氏度（约零下 1 摄氏度）。气温几乎没有发生什么大的变化。但令人惊奇的是，一切都改变了，仅仅因为 3 华氏度的温度变化，雨变成了另外一种完全不同的东西——雪！在内心深处，我们都是渐进主义者，我们的期望值是以时间嘀嘀嗒嗒的稳定消逝为基础的。但在引爆点的世界中，出乎意料的事情会变成现实，剧变也不仅仅停留在可能的层面——同我们所有的预期相反，这些都具有必然性。

为了深入了解这一极端概念，我将带着你们去巴尔的摩，了解那里的梅毒疫情；我将向你们介绍三类有趣的人，我称他们为内行、联络员和推销员，他们在口头发起流行潮方面起着举足轻重的作用，而这些口头风暴则能够操纵人们的品位、社会趋势和时尚走向；我会带着你们去了解儿童系列节目《芝麻街》(*Sesame Street*)和《蓝狗线索》(*Blue's Clues*);我会带你们进入哥伦比亚唱片俱乐部创办人的神奇世界，去了解如何制造能对听众产生最大影响力的信息；我会带你们去特拉华州的一家高科技公司，看看那些控制人群生活的引爆点；我们将到纽约市的地铁站，去了解犯罪率如何得到遏制。

我们做这些事情的目的是得到两个问题的答案，这两个问题困扰着所有想成为成功的教育家、父母、市场部经理、商人和政策制定者的人。这两个问题是：为什么有些观念、行为和产品能流行起来，而其他的却不能？要想有目的地发起流行潮并让流行潮具备积极作用，我们究竟有什么好办法？

1

流行三法则：个别人物法则、附着力因素法则和环境威力法则

无论是暇步士的时尚潮，还是流行病的传播，都是流行三法则——个别人物法则、附着力因素法则和环境威力法则共同作用的结果。

疫情引爆危机

20 世纪 90 年代中期，一场梅毒疫情袭击了巴尔的摩市。自 1995 年至 1996 年的一年内，携带病毒的新生儿人数就增加了 500%。巴尔的摩市的梅毒发病率曲线图显示，多年来该曲线一直保持稳定，但到了 1995 年，梅毒发病率几乎呈直线上升态势。

巴尔的摩市的梅毒疫情因何被引爆？美国疾病控制和预防中心（以下简称疾控中心）认为，问题就出在强效可卡因上。强效可卡因会大大增加高风险性行为的发生率，而高风险性行为则会导致艾滋病和梅毒的传播。强效可卡因的诱惑让许多人到贫民区购买毒品，这一做法增加了他们把病毒携带回家传染给家人和邻居的可能性。强效可卡因改变了邻近地区之间的社会关系模式。疾控中心表示，强效可卡因正是梅毒肆虐的推动力。[1]

巴尔的摩市约翰 · 霍普金斯大学研究性传播疾病的专家约翰 · 詹尼曼则认为，发生梅毒疫情的原因在于该市贫民区糟糕的医疗服务。

詹尼曼说：“自 1990 年至 1991 年，到全市传染病诊所就医的人数为 36 000 人。随后，由于预算问题，该市决定缩小性病诊所的规模。临床医生的人数从 17 人减少到 10 人；内科医生本来有 3 位，实际人数后来降为零；就医病人则减至 21 000 人；到发病地进行外勤服务的工作人员相应减少。许多人忙于玩弄权术，许多应该做的事情都被搁置，比如计算机软硬件需要升级，却无人处理。这是城市官僚机构管理失灵的一个最严重的案例。药品都快被人们用光了。”

换句话说，当巴尔的摩市性病诊所的就医人数达到 36 000 人时，梅毒的蔓延保持着相对稳定的状态。按照詹尼曼的说法，当就医人数为 21 000~36 000 的某一数字时，疫情就暴发了。它从市中心开始蔓延，通过街道和高速公路传播到城市的各个角落。突然之间，那些可能已感染一周但是还没接受治疗的人，在被治愈之前有两三周甚至 4 周的时间四处传播病毒。糟糕的医疗状况使得梅毒成为比以往任何时候都要严重的问题。

还有一种理论由美国流行病学权威专家约翰·波特雷特提出。他认为，疫情暴发的祸根在于，这些年的物质条件变化对于巴尔的摩市的东西部城区有很大影响。巴尔的摩市中心是梅毒高发区域，在市中心两端的东西城区经济均严重萧条。在 20 世纪 90 年代中期，巴尔的摩市曾大张旗鼓推行一项政策，即拆毁东西城区 20 世纪 60 年代风格的旧式高层住宅。其中最引人注目的两个工程是拆毁西城区的列克星敦叠式大楼和东城区的拉斐特宫，而这两栋居住着上百户居民的大楼则扮演着犯罪中心和传染病中心的角色。随着拆迁工程的进行，人们从东西城区的这些老楼中搬走，犯罪和传染病的流行情况也开始恶化。

“实在是触目惊心，”波特雷特在第一次到巴尔的摩东西城区巡视时说，“50%的联排房屋都用木板封得严严实实，有一处建筑物都已经被毁坏了。政府要人们撤离等于加快了人群的流散。多年以来，在巴尔的摩，梅毒都被控制在这个相对封闭的特定地区，性关系也被高度限制在特定的社会群体内。但是拆迁工程却迫使这些人搬迁到巴尔的摩市的其他地区，他们因而把梅毒连同其他行为一起随身带走了。”

有趣的是，这几种解释中所提到的事情都不是突然发生的。疾控中心认为强效可卡因是问题的根源所在，但1995年并不是强效可卡因首次流入巴尔的摩市的时间，它在该市早已存在多年。疾控中心的意思是20世纪90年代中期强效可卡因问题所带来的后果有所加剧，而这一变化足以促成梅毒疫情的暴发；同样地，詹尼曼并没有说巴尔的摩市的性病诊所都被关闭了，而只是说其规模缩小，临床医生人数从17人减少到10人；波特雷特没有说整个巴尔的摩都在进行大迁徙，他只是说，一些拆迁工程使一些住户搬离了城区的住房，让梅毒疫情达到顶峰。只需要发生一些微小的变化，流行病原本所处的稳定状态就有可能被打破。

还有一点更有趣，这些解释都在描述一种引爆流行病的完全不同的方式。疾控中心关注的是疾病暴发的大背景——毒品的流入和增长是如何改变一个城市的环境，从而引爆疾病流行的。詹尼曼谈论的是疾病本身。诊所规模缩小等于给了梅毒一线生机，它原本是急性传染病，现在成了慢性传染病；它原本仅能在人体内逗留几天，现在却能延续好几个星期。波特雷特则把注意力集中在携带梅毒病毒的人身上。在他看来，梅毒的传染源是巴尔的摩市特定的一类人，这些人极度贫困，可能吸毒，性行为频繁。如果这种人突然从他们生活的街区迁移到一个原本不存在梅毒问题的新街区，疫情就有可能被引爆。

换句话说，引爆一种流行病并不是只有一种途径。流行病暴发需要三个条件：能传播传染病病原体的人、病原体本身和其产生作用所需的环境。当一种流行病暴发时，这三个条件就失去了原有的平衡。疫情被引爆，是因为一些事情的发生让其中一个甚至两三个条件发生了变化。我将这三个变化条件称为：个别人物法则、附着力因素法则和环境威力法则。

极少数人引爆的流行潮

纽约东村的几个年轻人掀起了暇步士流行潮，几栋居民楼的住户的搬迁足以引发巴尔的摩梅毒大流行，当我们谈论这些事情时，我们所指的其实正是在事情发展过程中，某些人比其他人更为关键。这看起来并不是一个特别极端的观点。经济学家经常谈到的“80/20 法则”的意思就是，在所有情况下，一项工作中大约 80% 的部分都是由工作团队中 20% 的人完成的。80% 的犯罪活动系 20% 的犯罪分子所为；80% 的交通事故由 20% 的司机造成；80% 的啤酒被 20% 的饮酒人士喝掉。[2] 这个法则表现在流行病上就更为极端了——极少数人引发了流行病的传播。

例如，波特雷特分析过科罗拉多州科罗拉多斯普林斯市的淋病疫情，他用了6个月研究每一位到公共健康诊所治疗淋病的患者。他发现，其中约有一半病人来自4个街区，这4个街区大约占整个城市面积的6%。生活在这6%的地区的病人中，有一半人把相同的6家酒吧作为主要社交场所。波特雷特把768人分组并对其进行访谈，他发现，其中600人或者从未把淋病传染给他人，或者只传染给了一个人。他把这些人称为非传染者。那些使淋病流行的人则是剩下的168人，他们把淋病传染给了两三个人，甚至四五个人。[3]换句话说，在人口超过10万的科罗拉多斯普林斯市，淋病疫情的暴发就是因为这168个人，他们的住所集中在4个街区内，并且他们常常出没于相同的6家酒吧。

这168个人是谁？他们不是寻常之辈。他们每晚都要出门，性伴侣远远多于常人，他们的生活习惯、行为举止都不同寻常。比如，20世纪90年代中期，在密苏里州圣路易斯市东区的各家台球厅和室内滚轴溜冰场上，有一个名叫“老板”达内尔·麦吉的人经常出没。他是个大块头，身高有6英尺，相貌英俊，具备溜冰天赋，他在溜冰场上的娴熟技巧能赢得姑娘们的尖叫。他特别喜欢十三四岁的小姑娘，所以他给她们买首饰，开着凯迪拉克带她们去兜风，让她们吸食强效可卡因，使她们染上毒瘾，然后与她们发生性关系。从1995年开始到1997年他被神秘枪杀之前，他至少和100名女性发生过关系，据统计，他至少让其中30人染上了艾滋病病毒。

同样是这两年间，在1 500英里①以外的纽约州布法罗市附近，另一名男子——他跟“老板”是同一类货色——穿梭于詹姆斯敦贫困的街区。他名叫努沙恩·威廉斯，人们也称他“飞思”（Face）、“私睐”（Sly）和“下体客”（Shyteek）。威廉斯玩弄了几十个女孩，他在市区的不同地点有三四处公寓，他全靠从布朗克斯走私毒品维持生计。（一位了解该案的流行病学家向我坦言：“这家伙真是个天才。如果我照他那样做而且逃脱了制裁，那我这辈子都用不着再上一天班了。”）像“老板”一样，威廉斯外表充满魅力。他买玫瑰花送给女友们，让她们拨弄他的长发。在他的公寓里，他通宵达旦提供大麻和麦芽酒以助大家狂欢作乐。威廉斯如今被关在监狱里，而他至少让曾经的16个女友染上了艾滋病病毒。这还不是最出名的。在《乐队继续演奏》（*And the Band Played On*）一书中，兰迪·希尔茨详尽探讨了一个所谓的艾滋病病毒携带者。他是一个名叫盖藤·杜加斯的加拿大籍法国人，是一名客机乘务员。他声称他在整个北美洲有2 500个性伙伴，并至少同加利福尼亚州和纽约州最早发现的40例艾滋病病例有关。[4]正是这一类人使流行病一触即发。

社会流行浪潮的发展过程与此相似，它们也是由少数几个人驱动的。在驱动社会流行浪潮方面，这些人之所以与众不同，并不是因为他们性欲旺盛，而是因为他们擅长社交，精力旺盛，博学，以及在同类中有足够的影响力。在暇步士案例中，最让人困惑不解的就是，那些鞋是如何从仅由几个引领时尚的曼哈顿潮人穿在脚上，发展到进入

---

① 1英里约为1.61千米。——编者注

全美各家购物商场的货架上销售的。东村与整个美国中产阶级之间有什么关系?

个别人物法则给出的回答是这样的：在这些特别人物中，有人意识到了时尚趋势，通过自己的社交能力、活力、热情和魅力把“暇步士”传染给大家，就像盖藤·杜加斯和努沙恩·威廉斯之流把艾滋病病毒传播出去一样。

强大的附着力

在巴尔的摩，当市内的公共诊所规模缩小时，梅毒原来在城市贫困地区传播的特点就发生了变化。这种病原本属于急性传染病，也就是说，大多数患者原本能迅速得到治疗，因而没有机会将病毒传染给他人。但是，由于诊所规模的削减，梅毒逐渐转变成了慢性病，患者能够传播病毒的时间比以前增加了三四倍，甚至5倍。疫情暴发一般是由几个特别患者发挥的特别作用所致，但有时其暴发原因也可能是出现了意外情况，从而使病原体本身发生了变化。

这是病毒学中的一个著名原理：每年冬天，流感在开始传播时的病毒与流感结束时的病毒差别很大。最著名的流感疫情是1918年暴发的全球性大流感。人们首次发现该病毒是在当年春季，当时情况相对比较稳定。但是，夏天过后，该病毒通过某种奇怪的途径发生了变化，在之后的6个月内竟使全世界2 000万至4 000万人丧生。病毒的传播方式并没有丝毫改变，然而病毒本身却突然变得如此致命。

荷兰艾滋病研究员杰普·古德斯米特坚持认为，艾滋病病毒也会产生同样的剧变。古德斯米特研究的重点是肺孢子菌肺炎（简称PCP）。我们每个人在出生时或出生后不久，体内都会携带这种肺孢子菌，它对大多数人来说是无害的。我们的免疫系统能轻而易举地控制住这种细菌。但是如果某种病毒，如艾滋病病毒，破坏了我们的免疫系统，那么这种细菌就会失控，从而引发一种致命的肺炎。PCP在艾滋病患者中非常普遍，事实上，这种病几乎被认为是患上艾滋病的征兆。古德斯米特的工作就是去查找医学文献，收集并研究PCP病例，但他的发现令人不寒而栗。第二次世界大战刚结束，一场PCP疫情便在波罗的海港口城市但泽暴发，之后疫情传播到中欧，夺去了成千上万个儿童的生命。

古德斯米特分析了PCP疫情最严重的一个小镇海尔伦。该镇位于荷兰的林堡省，是个矿业镇。海尔伦镇有一家名叫“瑞典兵营”的助产妇培训医院，在20世纪50年代，它是一家面向低体重儿和早产儿的专科医院。自1955年6月至1958年7月，有81名出生在瑞典兵营的新生儿患有PCP，其中24名婴儿因此夭折。古德斯米特认为这就是艾滋病病毒流行的早期情况。病毒通过某种渠道进入医院，随后，医院在给新生儿输血或注射抗生素时，多次重复使用同一针头，由此把病毒从一个婴儿身上传播到另一个婴儿身上。他写道：

> 最可能的情形是，一名来自波兰或捷克斯洛伐克，又或是意大利的煤矿工人把病毒带到了林堡省。这名成年人悄无声息地死于艾滋病……但他却把病毒传染给了他的妻子和其腹中胎儿。受

到感染的妻子在瑞典兵营生下了带有艾滋病病毒的婴儿，但这名婴儿看上去很健康。这样，未经消毒的针头和注射器就把病毒从一个婴儿身上传播到了另一个婴儿身上。[5]

并不是所有的新生儿都因此夭折了，这是该故事中真正令人感到奇怪的事情。有 1/3 的婴儿死亡，其他婴儿却活了下来，这在今天看来似乎是不可能的。他们战胜了艾滋病病毒，并将其从体内清除，继而健康地生活着。换句话说，20 世纪 50 年代流行的艾滋病病毒与今天的艾滋病病毒存在很大差异，尽管其传染能力完全相同。当时的病毒威力不大，大多数人，哪怕是很小的孩子，都能战胜它并活下来。艾滋病疫情暴发于 20 世纪 80 年代初，简单地说，这不仅仅是同性恋群体在性行为上的巨大变化导致的，尽管这种性行为可能造成病毒的快速传播；艾滋病病毒的流行也与病毒本身的变化有关。由于某种原因，病毒的杀伤力已经大大提高了，所以，人一旦被感染，病毒就会附着在体内，再也清除不掉了。

在流行病暴发过程中，病毒的附着力因素对于我们所讨论的社会流行潮的暴发同样具有启发意义。人们常常花费大量时间思考如何使信息更易传播，即如何使我们的产品或者观念让尽可能多的人知道。但是要把消息传播出去，一个关键点在于怎样确保接收者不会左耳进右耳出。信息有了附着力就意味着它会对人产生影响，这样你就不能把它从你的脑海中赶出去，也不能把它从记忆中清除。

1954 年春，当温斯顿牌过滤嘴香烟面世时，公司打出的广告标语是：“温斯顿，正同烟的味道。”这句话里使用了不合语法的“同”

字，而不是“像”字，这在当时引起了小小的轰动，这句话也成了人们日常谈论的话题，就像 1984 年人们谈论著名的温蒂汉堡的广告语“牛肉在哪里？”① 一样。理查德·克鲁格② 在他的《烟草的命运》中写道，美国雷诺烟草控股公司的温斯顿香烟销售商“对人们的这种关注喜出望外”，并且“认为这句在电视和收音机上听到的，有点不符合人们表达习惯的广告语带有一种灵活自如的韵味，还扭曲事实地将其辩解为一种口语化的表达方法”。[6]

在这种香烟被推出后的数月之内，借助于这句令人难忘的广告语的力量，温斯顿香烟的销售势头一触即发，它在美国香烟市场上的销售量迅速超过了国会牌（Parliament）、健牌（Kent）和 L&M 牌香烟，仅次于总督牌（Viceroy）香烟。短短几年，它成了美国最畅销的香烟品牌。如今，如果你对大多数美国人说“温斯顿”，他们会顺口说出那句广告语的后半句“正同烟的味道”。这是一句拥有附着力的一流广告语，它所含的附着力是产品能够广为流行的关键所在——除非你听进去了我说的话，否则你为什么要改变自己的习惯，买我的产品或者看我制作的电影呢？

附着力因素法则告诉我们，有一些特别的方式，能够使一条具有传染性的信息被人记住。只要在信息的措辞和表达上做一些简单的修改，就能在其影响力上收到显著的效果。

---

① “牛肉在哪里？”（Where's the beef？）已成为美国俚语，是人们在对某种缺乏生气的事物表示失望时所说的口头禅。——译者注

② 理查德·克鲁格（Richard Kluger），美国著名记者、作家，曾数次获美国国家图书奖提名。他的著作《烟草的命运》获得了普利策奖。——译者注

环境威力

在巴尔的摩市，每当有人因梅毒或淋病前来公共诊所就医时，约翰·詹尼曼就会把病人的地址录入他的电脑，这样该病例就以一颗黑色小星星的形式出现在他的城市地图上。这幅地图很像警察局墙上所挂地图的医用版本，上面带有大头针，用来标记“案发”位置。詹尼曼的地图显示，在巴尔的摩市中心两端的东西城区，黑色星星的数量比较集中。疾病从这两个地区沿着两条主路向外辐射，这两条主路正好横穿东西两个城区。在夏季，性传染病的发病率达到最高峰，在巴尔的摩市东西两区主路上的黑色星星也就更加集中，显示疾病正在蔓延，但是，到了冬季，地图会发生另一种变化。由于天气寒冷，巴尔的摩东西城区的居民很可能只是待在家里，远离酒吧、夜总会及街角一类进行性交易的场所，所以地图上这两个城区的黑色星星就变少了。

季节变化对患病人数变化的影响非常大。不难想象，在巴尔的摩市，一个寒冷而漫长的冬季就足以大幅度减缓梅毒发展的势头，至少在这一季节如此。

詹尼曼的地图表明，流行病在很大程度上受到它们所处的外部环境、它们发生作用的条件和它们“运转”所需的特殊环境的影响。这是显而易见的。然而，有趣的是，这一法则到底能在多大程度上产生作用。这绝不仅仅是像影响行为的天气那样简单的致病因素造成的，即便是最小的、最不起眼的和最出乎意料的因素也可能影响我们的行为方式。比如，纽约历史上最臭名昭著的案件之一发生在1964年，一个生活在昆士区的年轻女人基蒂·吉诺维斯被人用刀捅死。吉诺维斯在大街上被人追赶，在半小时内遭到3次袭击，她的38位邻居在自家的窗前目睹了这一切，但当时却没有一个人报警。该案引起了社会广泛的自责和自省，它成了冷漠和人性缺失的城市生活的象征。亚伯·罗森塔尔（后来成为《纽约时报》总编辑）在他的一本书里这样描述这个案件：

> 为什么当吉诺维斯小姐遭到袭击时，38位邻居之中居然没有一个人拿起电话报警？没人说得清楚原因，就连目击者本人也说不明白。可以设想，他们的冷漠完全是大都市众生相的一种。这几乎是一种基于生存所需的心理：如果一个人周围生活着数百万人，这必定带给他生存上的压力，而防止别人侵犯的唯一办法就是尽量漠视周围的人群。生活在纽约和其他大城市中，人们对邻居及其困难的漠视是他们条件反射式的思维所致。[7]

这个从环境角度所做出的解释听起来很有道理。生活在大城市中，人们因彼此之间的陌生和疏远而变得冷酷无情。然而，吉诺维斯一案的真相要比这更为复杂一些，也更令人好奇。纽约市的两名心理学家——哥伦比亚大学的比布·拉塔内和纽约大学的约翰·达利在案发之后进行了一系列研究，目的是弄清楚他们所称的“旁观者问题”现象。为了看看究竟谁会前来帮忙，他们在不同地方上演了各种紧急突发事件。他们的其中一项发现令人大为震惊，即在突发事件发生时，目击者人数的多寡竟能帮助我们预测他们的助人表现。[8]

例如，在一个实验中，拉塔内和达利让一个学生独自待在一个房间里，然后让其假装癫痫发作。当隔壁房间里只有一个人时，这个人在听到声音后，有 85% 的可能性会冲进这位学生的房间提供帮助。但是，当实验对象觉得还有其他 4 人也听到了有人癫痫发作的声音时，他们每个人去帮助这名学生的可能性却只有 31%。另一个实验的结果则显示，如果有人独自看到黑烟从门下冒出，他有 75% 的可能性去报警，但如果当时他与一群人在一起，他去报警的可能性就只有 38%。换句话说，当人们处在人群中时，他们会分摊责任。他们会设想，其他人会去报警；既然其他人都不采取行动，这个明显存在的问题——隔壁传来的疾病发作声或门下冒出的黑烟——就不是什么大不了的问题。像拉塔内和达利这样的社会心理学家认为，在基蒂·吉诺维斯案中，我们要吸取的教训并不是尽管有 38 人听到了尖叫但无人报警，而是正因为有 38 人听到了尖叫所以才没人报警。具有讽刺意味的是，如果吉诺维斯当时是在一条僻静的街道上遭人袭击，而且只有一个目击者，那她或许还有活命的可能。

换句话说，人们是否能够关注身边的不幸者，有时取决于人们身边细微的环境因素。环境威力法则认为，人们对自己周围环境的敏感程度比他们所想象的更为强烈。

小结

引爆点所涉及的这三条法则，即个别人物法则、附着力因素法则及环境威力法则，给我们提供了理解流行潮的一种方法。它们能引导我们找到引爆点。本书接下来的内容就是用这些观念来破解其他一些令人不解的事件，以及我们周围世界中所发生的流行潮。这三条法则是如何帮助我们理解诸如青少年吸烟现象、流言蜚语现象、犯罪现象及畅销书现象的？答案可能会让你大吃一惊。

• 2

个别人物法则：联络员、内行和推销员

一个银匠为什么能够引爆美国历史上最重要的一场战争——美国独立战争？因为他是一个同时具备内行和联络员天赋的男子。

谁引爆了美国独立战争

1775年4月18日下午，在波士顿一家马房干活的一个小伙子，无意中听到一名英国军官对另一名军官说“明天要好好教训美国人”之类的话。之后小伙子朝着波士顿北区一路小跑，来到银匠保罗·里维尔家并把听到的消息告诉了他。[1] 里维尔严肃地听着，这并不是他当天听到的第一条传闻。在此之前，还有人告诉他，波士顿的长码头聚集了大量英国军官，他们在低声谈论着什么事情。停靠在波士顿港的英国皇家海军军舰“萨默塞特”号和“保尼”号周围停泊着一些小船，有人发现这些小船上的英国船员个个行色匆匆。那天早上，还有人看到几个英国水手在岸上跑动。这一切看上去都像是某一重大行动开始前的准备工作。等到下午的时候，里维尔和他的朋友约瑟·沃伦越来越相信当时谣传了很久的事情，即英国人马上就要采取一次重大行动，进军位于波士顿西北的列克星敦镇，逮捕殖民地领袖约翰·汉考克和塞缪尔·亚当斯，然后继续进军康科德镇，去夺取当地民兵存放枪支弹药的军火库。

接下来发生的事情已经成为历史传奇，这也是每个美国儿童都听过的故事。当天晚上10点，沃伦和里维尔会面，他们决定警告波士顿周边地区的居民：英国人已开始采取行动。这样他们就可以激起当地民兵对英国人迎头痛击。里维尔情绪高涨，他穿过波士顿港，来到查尔斯敦轮渡口，纵身跳上一匹马，开始了他去往列克星敦的“骑马夜行”。他仅用两个小时便跑完了13英里。沿途每路过一个小镇——查尔斯敦、梅德福、北剑桥、梅诺托密——他都敲门传话，告诉当地的民兵首领“英国人就要来了”，并让首领们再把消息传达给其他人。教堂响起了钟声，同时也传出了鼓声。当那些从保罗·里维尔口中得知情报的首领把自己的骑兵派出去时，这个消息就像病毒一样传播开来，整个地区都拉响了警报。凌晨1点，消息传到了马萨诸塞州的林肯市；凌晨3点，消息传到萨德伯里市；凌晨5点，消息传到波士顿西北方向40英里以外的安道弗市；到了早上9点，消息已传到很偏远的伍斯特市附近的阿什贝镇。英国人在4月19日早上果真向列克星敦进发，而令他们大为吃惊的是，他们的突袭刚进入乡村就遭到了猛烈的有组织的反击。当天，英国人在康科德同殖民地民兵对阵，被打得落花流水，这次交战演变成了一场大规模战争，这就是历史上著名的“美国独立战争”。

保罗·里维尔的“骑马夜行”，可能是历史上口头快速传播消息最著名的一个实例。它使一条特别的新闻在很短的时间内翻山越岭传到远方，使整个地区都武装动员起来。当然，并非所有口头信息的传播经历都如此精彩。不过，即便在今天这样一个通信发达和广告耗资巨大的时代，我们仍然可以说，口头传播仍是人们互通消息的重要方式。想一想你最近去过的高价餐馆，买下的昂贵服装，以及看过的电影。我们在做“去何处消费”的决定时，有多少次因为朋友的推荐而深受影响？有相当一部分广告经理认为，正是由于如今市场推广活动铺天盖地，口头传播信息才反而成为唯一具有说服力的办法，我们大多数人都会对其做出响应。

但尽管如此，口头信息传播之道仍然是个难解之谜。人们实际上始终都在相互交流和传播信息，但是只有在个别情况下，这种交流才能引发口头传播浪潮。在我家附近有一家我非常喜欢的小餐馆，6个月以来，我一直在向自己的朋友们推荐这家餐馆。但是，现在里面仍有一半位置是空着的。显然，我个人的认可还不足以掀起一场口头信息传播浪潮。还有一些我认为根本比不上这家餐馆的饭店，仅在开业几周之内顾客就越来越少了。为什么某些观念、风潮和信息能“一触即发”，而其他的就不行？

在保罗·里维尔“骑马夜行”事件中，答案似乎很简单。里维尔所传播的是一则重大消息——英国人要打过来了。但是，如果你仔细研究一下那天傍晚发生的一系列事件，你就会发现，这种解释还是没能揭开谜底。

在里维尔骑着马朝波士顿西北方向前进的同时，另外一位革命者——制革工人威廉·戴维斯，也肩负着同样的紧急任务出发了。他穿过波士顿以西的一个个城镇，向列克星敦进发。他带来了与保罗·里维尔传播的完全相同的信息，经过了同样多的城镇，奔跑了同样长的路程。但是，戴维斯却没能把经过的农村地区“点燃”，没能促使当地民兵首领们提高警惕。事实上，在他经过的一个大型集镇沃尔瑟姆镇上，第二天只有几个人出来迎战。后来的历史学家据此断定，该镇一定极度亲英。而实际上沃尔瑟姆镇并不亲英，镇上的居民只是没有察觉英国人真的要来了，而后来发现时已经太晚。如果在口头传播浪潮中只有消息本身最为关键，那么戴维斯现在应该和保罗·里维尔同样出名。但他仍然不为太多人所知。为什么里维尔成功了而戴维斯却失败了？

答案是，成功发起任何一种社会流行潮，在很大程度上都取决于信息传播者所特有的社交天赋。尽管是传播相同的信息，里维尔能引爆流行，而戴维斯没有做到这一点，这是因为他们两个人不是同一类人。这就解释了我在前一章里简要概括的个别人物法则。当时我只是举了性滥交和性侵犯一类事件的人物例子，这些人对于性传染病的流行至关重要。本章将要介绍几种对社会流行潮至关重要的人物，探讨一下保罗·里维尔与威廉·戴维斯这两类人的不同之处。这两种人在我们身边随处可见，我们常常不能充分认识到他们在生活中所扮演的角色。我把这些人分别称为联络员、内行和推销员。

神奇的六步分离法

20世纪60年代后期，心理学家斯坦利·米尔格拉姆为了揭开“小世界现象”之谜，做了一个实验。“小世界现象”是指：人们是如何相互联系的？我们是否分别属于各自孤立的世界，顺着自己的轨道同时生活着，因此，世界上任何地方的任何两个人之间的关联都相当小，并且心理距离很远？还是说，我们所有人都被编织在一张无所不包、彼此紧密相连的大网上？[2]在某种程度上，米尔格拉姆所要探寻的问题与本章开头所提的问题属于同一类，就是一种观念、一股潮流或者一条消息（如“英国人要来了！”）是如何在人群中传播开来的。

米尔格拉姆想用连锁信来探究这个问题。他搜集了160位内布拉斯加州奥马哈市居民的姓名，给他们每人都寄出一封连锁信。信中附有一位马萨诸塞州股票经纪人的姓名和地址信息，此人在波士顿市工作，在沙伦市住。他在信中要求每个人把自己的姓名和地址写在信封上，然后再把它寄给离这位经纪人最近的朋友或熟人。比如，你住在奥马哈，你的一位堂兄住在波士顿城外，你就把信寄给他，即便堂兄本人并不认识这位股票经纪人，并且他很可能还要再绕几步才能把信送到那位股票经纪人手里。当这封信最终到达股票经纪人家时，米尔格拉姆想看看这封信的经手人名单，以此来研究从某一地区随机选出的人与另一地区的另一个人之间联系的紧密程度。米尔格拉姆发现，大多数连锁信经过了五六个人之后最终才到达股票经纪人处。“六步分离法则”这一概念就来自该实验。

人们如今对这一概念耳熟能详，以至于很容易就把米尔格拉姆的惊人发现忘在脑后。多数人的朋友圈子并不大，而且涉及的领域也不广。在一项著名的研究中，一组心理学家要求住在曼哈顿北区达科曼住宅小区的居民说出与他们关系最亲密的朋友的姓名，结果发现在这些居民所谈到的朋友中，有88%都与被调查者住在同一栋楼，有一半甚至与被调查者住在同一层。总的来说，人们所选的朋友往往与自己属于相同年龄段和相同民族。但是，如果这个朋友就住在隔壁，年龄和民族就变得不那么重要了。可见，朋友之间的近距离比他们拥有的共性更为重要。[3]

另一项针对犹他州大学的一些学生所做的研究发现，如果某人被问到为何会对另外一个人友好，他给出的回答是因为他和这位朋友对事物的看法相似。但是，研究者如果真的测试这两个人对事物的看法，就会发现他们的共同之处其实就是他们参加过共同的活动。我们常常会同那些与自己共事的人或与自己做事方式相似的人成为朋友。换句话说，我们并不是在挑选朋友本身。我们往往和那些与自己生活、工作在同一个小空间的人发生联系。因此，生活在奥马哈的居民就不会与远在马萨诸塞州沙伦市的居民成为朋友。

米尔格拉姆当时写道："我问我一个非常聪明的朋友，连锁信需要经过多少人才能最终抵达目标人物处，他的估计是，从内布拉斯加到沙伦，这封信需要经手100个甚至更多的中间人。许多人的估计与此相近。当他们得知平均只需要5个中间人时，他们都感到非常意外。不知为何，答案与我们的直觉不一致。"这封信到底是如何只经过5步就到达沙伦的？

答案是，在"六步分离法则"之中，并不是说所有分离的步数是等量的。比如，当米尔格拉姆在分析自己的实验时，他发现许多连锁信都是沿着相同的不对称路线从奥马哈传到沙伦的。有24封信被送到了股票经纪人在沙伦市的家中，其中16封信是由同一个人送到他手里的。此人是一位服装商，米尔格拉姆称他为雅各布斯先生。其余信件被送到了这位股票经纪人的办公室，其中大多数信件是经两个人之手送到办公室的，米尔格拉姆称这两个人为布朗先生和琼斯先生。所有信件中有一半都是由这三个人送到股票经纪人手中的。大家可以想一想，从中西部的一座大城市中随机选出的几十个人，他们各自把连锁信寄出去。有些人把信传给了以前的大学同学；有些人把信传给了亲戚；有些人把信传给了老同事。每个人所想的办法都不一样，但是最终，当这些散落在不同的人手里的信件即将结束旅程时，有一半信件却都被传到了雅各布斯、琼斯和布朗手里。"六步分离法则"并不是说每一个人与其他人之间仅仅只有几步之隔。它的实际意义是，某些个别人物与其他所有的人相隔仅几步之遥，我们就是通过那几个个别人物与外部世界联系起来的。

有一个简单的办法可以验证这一说法。列出一份包含40人的自己的朋友圈的名单（不包括家人和同事），并且往回推想你同每一位朋友建立友谊的过程，直到倒推至某人发起活动而最终使你和该朋友建立友谊为止。

比如，与我交往时间最长的朋友布鲁斯，他是我在小学一年级认识的，我是主动的一方，这很简单。我遇到知己奈杰尔是因为他读大学时住在我朋友汤姆的宿舍隔壁，而我认识汤姆是因为大一那年他邀请我打触身式橄榄球。奈杰尔成为我的朋友，是因为汤姆的关系。当你把所有的关系回想一遍，你就会发现一个奇怪的现象，即有几个相同的名字总会反复出现。我有一个朋友叫埃米，在她的朋友凯蒂（也是我的朋友）带她进一家餐馆时，我正在那里进餐，所以我就认识了她。我认识凯蒂是因为她是我的一位朋友拉丽莎最要好的朋友，而我认识拉丽莎是因为我们俩共同的朋友迈克A邀请我去拜访她，我认识迈克 A 是因为他和我的另一个朋友迈克 H 是同学，而迈克 H 又曾经与我的朋友雅各布在一家政治周刊编辑部共事。如果我不认识雅各布，我就不会结识埃米。相同地，我结识萨拉 S 是在一年前我的生日晚会上，当时她与一位名叫戴维的作家在一起，而戴维是应其代理商蒂娜的邀请参加晚会的，我是通过我的朋友莱斯利认识蒂娜的，我认识莱斯利是因为她姐姐尼娜认识我的朋友安，而我结识安是通过我以前的室友莫拉，莫拉成为我的室友是因为她与一位名叫萨拉 L 的作家共事，萨拉 L 又是我的朋友雅各布在大学时代的朋友。可见，如果我不认识雅各布，我就不会结识萨拉 S。事实上，当我顺着这份写着 40 位朋友的名单一个个回忆时，我与其中 30 位朋友的相识缘由最终都回推到了雅各布。实际上，我的社交圈子并不呈环形，而是呈金字塔形。金字塔的顶部只有一个人，那就是雅各布，因为有了他，我生活中的大多数关系才得以形成。我的社交圈子既不是环形的，也不属于“我”，它属于雅各布。它更像是雅各布邀请我加入的一家俱乐部。

这些特定的人把我们与外部世界联系起来，为奥马哈和沙伦搭起桥梁，把我们引入社交圈子。这些我们在生活中非常依赖的人，就是“联络员”，他们具有把全世界的人联系在一起的天赋。

他们什么人都认识

成为一名联络员应该具备什么条件？首要的也是最显而易见的标准是：联络员结识的人非常多。他们属于那种什么人都认识的人。大家都会结识某个这种类型的人。但是，我觉得我们并没有用足够的时间去思考这类人的重要性。我甚至都不敢肯定，是否大多数人真的会相信，我们所说的那种什么人都认识的人，真的就认识所有的人，但实际情况正是如此。

要说明这一点非常简单。下面列举了大约 250 个人的姓氏，它们都是从曼哈顿的电话簿上被随机选出的。顺着名单往下读，每次读到和你知道（这里对“知道”一词的界定是广义的。例如，如果你乘火车时与某人相邻而坐，他向你做了自我介绍，你就知道了他的姓名，他也知道了你的姓名）的人同姓之人时，给自己加 1 分。如果你知道姓这个的人不止一个，那就更好了。当你读到约翰逊这个姓氏时，如果你知道 3 个姓约翰逊的人，那么你就得 3 分。在该测试中的得分高低基本上反映了你的社交能力。这也是估算一个人所拥有的朋友和熟人数量的简便方法。

阿尔加齐，阿尔瓦雷斯，阿尔珀恩，阿米特拉诺，安德鲁斯，埃朗，阿恩斯坦，阿什福德，贝利，巴劳特，班伯格，巴普蒂丝塔，巴尔，巴罗斯，巴斯克维尔，巴西里，贝尔，博克基斯，布兰道，布拉沃，布鲁克，布赖特曼，比利，布劳，博恩，鲍恩，博苏克，布伦铎，巴特勒，卡尔，坎特韦尔，卡雷尔，钦伦，科克，科恩，科拉斯，库奇，考力格，卡尔卡特拉，库克，凯里，卡斯尔，陈，钟，克拉克，考恩，卡顿，克劳利，柯博罗，德拉马拿，戴兹，迪拉，邓肯，达戈斯蒂诺，德拉卡斯，狄龙，多纳希，戴利，道森，埃德瑞，埃利斯，埃利奥特，伊斯门，伊斯顿，费莫斯，弗明，菲尔克，芬克尔斯坦，法伯，福尔金，范曼，弗里德曼，加德纳，吉尔皮，格拉斯考克，格兰德菲尔德，戈林鲍姆，格林伍德，格鲁伯，盖利尔，戈夫，格莱德韦尔，格里纳普，甘农，甘肖，加西亚，吉尼斯，杰勒德，杰里克，吉尔伯特，格拉斯曼，格雷泽，高蒙迪奥，冈萨雷斯，格林斯坦，古格雷尔莫，戈曼，哈伯肯，霍斯金斯，赫赛恩，哈姆，哈德威克，哈勒尔，豪普特曼，霍金斯，亨德森，海曼，希伯拉，赫曼，赫布斯特，赫奇斯，霍根，霍夫曼，霍罗威茨，许，休伯，艾克兹，雅罗斯基，约翰，雅各布斯，贾拉，约翰逊，凯塞尔，基根，库罗达，卡瓦诺，凯勒，凯维尔，科尤，金布罗，克林，科索夫，考兹兹基，卡恩，基斯勒，科瑟，科特，莱博维茨，林，刘，洛伦斯，伦德，劳克斯，利弗，梁，莱文，利伍，洛克伍德，洛格伦诺，洛内斯，劳维特，拉博，伦纳蒂，马滕，麦克莱恩，迈克尔斯，米兰达，莫伊，马林，缪尔，墨菲，马罗顿，马托斯，门多萨，穆拉基，内克，尼达姆，诺保，纳尔，奥弗林，奥尼尔，奥洛夫斯基，珀金斯，皮珀，皮埃尔，庞斯，普拉斯卡，波里诺，波珀，波特，珀普拉，帕尔马，佩雷斯，波特卡莱罗，庞维斯，雷德，兰金，雷，雷耶斯，理查森，里特，鲁斯，罗斯，罗森菲尔德，罗思，拉瑟福德，拉斯廷，拉莫斯，里甘，赖斯曼，兰克特，罗伯茨，罗恩，勒内，罗莎里奥，罗思巴特，萨珀斯坦，舍恩布罗德，施韦德，西尔斯，斯泰托斯基，萨特芬，希伊，西尔弗顿，西尔弗曼，西尔弗斯坦，斯克拉，斯洛特金，斯佩罗斯，斯托曼，萨多夫斯基，施利斯，夏皮罗，西格戴尔，斯诺，斯潘塞，斯坦科尔，斯图尔特，斯泰尔斯，斯道普尼克，斯通希尔，塔伊斯，蒂尔尼，坦普尔，托菲尔德，汤森德，特里宾，特琴，维拉，瓦西洛弗，沃达，韦林，韦伯，温斯坦，王，韦吉蒙特，威德，维肖斯。

我至少给12组人做过这个测试，其中一组是曼哈顿城市大学世界文明专业一年级一个班的学生。这些学生的年龄全都是20岁上下，其中许多人是美国的新移民，家庭收入水平属于中低阶层。这个班的平均得分是20.96分，也就是说，全班平均每人认识21个与名单上的人同姓的人。

我给一些健康教育家和大学教师也做了这个测试，当时他们正在新泽西州普林斯顿市参加一次会议。这组人大多数四五十岁，基本上都是白人，受教育程度非常高——许多人都拥有博士学位，身体也很健康。他们的平均得分是39分。

然后，我又给一组随机选出的朋友和熟人做了该测试，他们大多数是记者和专业人士，年龄在30岁上下。他们的平均得分是41分。

这些测试结果并不让人感到意外。年轻的大学生自然不会像40多岁的人那样拥有那么大的关系圈子。20岁的人和40岁的人相比，后者结识的朋友人数应该增加大约一倍，而且高收入的专业人士应该比低收入的移民结识的人多，这一点大家都能理解。在每一组中，人们的得分情况也有所区别，有人得分高，有人得分低，我想这一点也不难理解。房地产营销工作者自然比电脑黑客认识的人多。但让人感到意外的是，他们之间的差距太大了。在那个大学班级里，最低分是2分，而最高分却是95分；在我的随机朋友组里，最低分是9分，而最高分是118分。甚至在普林斯顿会议组里，除了个别例外情况，那些从事相同职业而且年龄、受教育程度和收入都相仿的人差距也会非常大，最低分是16分，而最高分却是108分。我总共给大约400人做了这项测试。其中，约有24人的得分低于20分，有8人高于90分，还有4人高于100分。

还有一个令人意想不到的情况是，每组中都有得高分者。城市大学学生的平均分数低于社会人士的分数，但在社会人士这一组内部，个别人的社交圈子比其他人要大4倍，甚至5倍。也就是说，各行各业中都有一些交友能力超凡之人，这些人就是联络员。

在我的社交关系调查中，得分最高者之中有一个人叫罗杰·霍肖，他是位来自达拉斯的成功商人。霍肖创建了Horchow Collection公司，这是一家商品邮购公司。他在百老汇也非常有名。他赞助了名剧《悲惨世界》和《歌剧魅影》的演出，还因制作了获得大奖的、由格什温作品改编而成的音乐剧《为你疯狂》（*Crazy for You*）而名声大噪。他的女儿是我的朋友，我是通过她才认识霍肖的。我去看过他位于曼哈顿的临时住所，这所公寓非常雅致，位于第五大道北边。霍肖身材修长，神态稳重。他讲话速度不快，略微带有得克萨斯州人说话慢吞吞的味道。他喜欢说反话，这让他更显得魅力十足。假如你乘坐飞机飞越大西洋，旁边坐着罗杰·霍肖，那么飞机在跑道上开始滑行时，他就会开始跟你搭话；从安全带指示灯熄灭开始，你就会一路笑个不停，直到不知不觉中飞机着陆。当我把从曼哈顿电话簿上抄来的名单递给霍肖时，他快速浏览了一遍，一边在纸上记着，一边低声读着名字。他得了98分。我想，如果再给他10分钟回忆，他的得分会更高。

为什么霍肖的得分这么高？在第一次见到他时，我就发现，广泛交友是一项技能，某些人能有意识地把它展示出来，并不断完善它。这种技巧是人们能否广泛交友的关键所在。我多次询问霍肖，他生活中的人际关系在他的商务活动中发挥了多大作用，因为我认为这二者之间必定有联系。

但是，我的问题似乎令他不解。不是因为他的这些人际关系对他没什么帮助，而是因为他并没有把与人交往作为自己的商务策略。他只不过把交友看成一件挺平常的事（他乐于此道），他就是这样一个具有建立社会关系的本能和天赋的人。他在这方面也并没有做得过分积极，他不是那种过分主动进行社交，让人觉得他别有所图的人，而更像是一个旁观者，一个阅历丰富而且热心的局外人。他只不过是乐于与别人待在一起，而且他采取了真诚而有效的方式，他觉得与人们相识和交往具有无穷的乐趣。我和霍肖见面时，他向我讲述了他赢得格什温的音乐剧《疯狂女郎》（*Girl Crazy*）重演权，并把该剧改名为《为你疯狂》的过程。整个过程只花了20分钟，而这只是其中一部分。他听上去似乎工于心计，其实不然。霍肖在讲述事情经过时，语气中带着温和与自嘲。我想他在有意表现自己的个性，但这却生动地反映了他的内心——也反映了一个联络员应该具备的特点——我觉得他的讲述确实体现了这一特点：

> 我有一个名叫米基·香农的朋友，他住在纽约。他说，我知道你喜欢格什温的作品。我见过乔治·格什温以前的女朋友埃

米莉·佩利。她也是艾拉·格什温[①]的妻子勒诺的妹妹。她住在维利奇，邀请我们去共进晚餐。因此，不管怎么说，我见到了埃米莉·佩利，而且我看到了格什温给她画的肖像画。她的丈夫卢·佩利早些时候曾与艾拉·格什温和乔治·格什温一起进行创作工作，当时，艾拉·格什温仍然自称阿瑟·弗朗西斯。那算是一层关系……

我和一个名叫利奥波德·盖道斯基的家伙一起吃过午餐，他是弗朗西丝·格什温的儿子，弗朗西丝·格什温又是乔治·格什温的妹妹，她嫁给了一位名叫盖道斯基的作曲家。阿瑟·格什温的儿子当时也在场，他名叫马克·格什温。当时，他们是这样说的——那么，我们凭什么把《疯狂女郎》的重演权交给你呢？你是什么人？你从来没有介入过舞台剧。然后，我就开始摆出一堆巧合之事。我说我去过你姨妈埃米莉·佩利家，还谈到了我披着披肩与她的合影照片——你们见过那张照片吗？我把所有挨得上边儿的关系都抖了出来。然后，我们一起去了好莱坞，还顺道去拜访了格什温夫人，我对她说见到她非常高兴，而且我认识她的妹妹，我很喜欢她丈夫的作品。然后，我又把我洛杉矶的朋友也抖了出来。当我在马库斯公司[②]工作时，有一位女士出过一本食谱，她名叫米尔德里德·克诺夫。她的丈夫叫埃德温·克诺夫，

① 艾拉·格什温（Ira Gershwin），美国抒情诗人，美国著名作曲家乔治·格什温的兄长。——编者注

② 尼曼·马库斯公司（Neiman Marcus），现为美国一家以经营奢侈品为主的高端百货商店，该公司于 1988 年收购了霍肖所创建的 Horchow Collection 公司。——编者注

是一位电影制片人，他制作过奥黛丽·赫本的电影，他的兄弟就是这本食谱的出版商。当我们在达拉斯推销她的这本书时，米尔德里德成了我们的好朋友。我们非常喜欢她，我每次去洛杉矶都要去拜访她。我总是与朋友们保持联系。后来，我却意外发现埃德温·克诺夫是乔治·格什温最要好的朋友，他把格什温的照片挂得满屋子都是。当格什温在北卡罗来纳州阿什维尔市创作《蓝色狂想曲》时，克诺夫正和他在一起。克诺夫先生现已过世，而米尔德里德仍然健在，她已98岁高龄。所以，当我去拜见李·格什温时，我们向她谈及我们刚去看望过米尔德里德·克诺夫，她说——你们认识她呀！哎呀，咱们以前怎么就没有见过面呢？于是她当即就把重演权给了我们。

在我们谈话的过程中，霍肖喜欢一遍又一遍地把他生平所遇到的人物联系在一起。在他70岁生日时，他竟设法找到了自己60年未曾谋面的小学同学博比·亨辛格。他给自己所能查到的每一位名叫博比·亨辛格的人寄去一封信，询问他们是否是那位曾经住在辛辛那提市1号巷4501号的亨辛格。这种做法不是正常的社交做法，甚至听上去有点儿疯狂。霍肖积攒人脉的方式与别人积攒邮票的方式相同。他能记住60年前与他一起玩耍的那群孩子、成长过程中最要好的朋友的地址，甚至大学时的女朋友在海外旅游邂逅并迷恋了一段时间的那位男士的姓名。这些细节对于霍肖来说都极为重要。他在电脑上记录了1 600个人名和地址，在每个人名旁边都详细记录了当时他遇见此人的情况。在我们俩交谈时，他取出一个微型日记本，说：“如果我遇见你，也喜欢你这个人，而且你无意中提及自己的生日，我就会写下来，这样未来你就会收到寄自罗杰·霍肖的生日贺卡。瞧瞧这里，周一是金吉尔·布鲁姆的生日，也是威滕伯格斯的结婚一周年纪念日。艾伦·施瓦茨的生日在这周五，我们的园丁的生日是在这周六。”

我想，大多数人对这种结交朋友的方式会感到不舒服。我们都有自己的朋友圈子，也非常忠实于自己的朋友。但我们对泛泛之交还是会保持一定距离，不会给自己不太在意的人寄生日贺卡，这是因为我们不想让自己背负陪他们吃饭，陪他们看电影或在他们生病时前去看望的义务。对于大多数人来说，结识他人的目的是看看自己是否想让对方成为自己的朋友。我们会觉得，自己没有足够的时间和精力与每个人都保持亲密关系。霍肖却是个与众不同的人。那些人的信息被他记入日记和输入电脑，尽管他们与他仅是泛泛之交——这些人可能每年与他只见一面，或几年才见一面，但他却没有回避自己对这种关系的义务。他把握住了社会学家所说的“微弱关系”，即一种随意的社交关系。此外，他对这种微弱关系感觉很好。与霍肖结束会面之后，我还是有点儿困惑不解。我想更加深入了解此人，但又不知道是否还会有此机会。我想他不会与我有同样的困惑，因为他是那种在简单交往中就能感觉到价值和快乐的人。

为什么霍肖与我们一般人存在如此大的差异？他自己也不清楚。他认为这与他年幼时父亲经常外出有关。但是，这也解释不清楚原因。也许我们最好把这种性格简单地称为联络员的冲动，这也只不过是一种能把人与人区别开来的性格特征。

我遇见了最棒的人

联络员的重要性并不仅仅在于他们认识的人多，还在于对于他们认识的人来说，他们具有很大的作用。理解这一点的最好方法也许是做“凯文·贝肯六步游戏”。

该游戏要求大家设法把任意一名演员——通过他出演过的电影——与演员凯文·贝肯联系起来，其中不能超过6步。如，O. J. 辛普森与普丽西拉·普雷斯利一起演过《白头神探》（*The Naked Gun*），而普丽西拉·普雷斯利和吉尔伯特·戈特弗里德一起演过《福特·费尔兰历险记》（*The Adventures of Ford Fairlane*），吉尔伯特·戈特弗里德又与保罗·赖泽一起演过《妙探出差2》（*Beverly Hills Cop II*），而保罗·赖泽又与凯文·贝肯一起演过《餐馆》（*Diner*）。这样一共就用了4步。玛丽·皮克福德与克拉克·盖博一起演过《荧屏快照》（*Screen Snapshots*），而克拉克·盖博与托尼·罗马诺一起演过《美国战斗》（*Combat America*），托尼·罗马诺在35年之后又与贝肯一起出演了《从头再来》（*Starting Over*）。如此一共才用了3步。最近，弗吉尼亚大学的一位电脑专家布雷特·扎登收集了大约25万个上过电视屏幕或演过电影的男女演员的名单，计算了他们的“平均贝肯步数”，得到的答案是2.831 2步。也就是说，任何一个做过演员的人平均用不了3步就能与贝肯联系到一起。

这听起来令人震惊。然而，扎登又从头做了一项更加繁杂的计算，他算出了每一位曾在好莱坞上镜的演员的平均联系步数。[4] 比如在好莱坞，每人平均需要几步才能与罗伯特·德尼罗、秀兰·邓波儿或者亚当·桑德勒联系起来？当扎登把好莱坞所有男演员按照“关联度”顺序排列出来时，他发现贝肯仅排在第669位。相比之下，马丁·辛能用2.636 81步就与所有其他男演员联系起来，这使他领先贝肯将近650个名次；埃利奥特·古尔德能与其他人联系得更快，他只需要2.636 01步。排在前15名的有罗伯特·米彻姆、吉恩·哈克曼、唐纳德·萨瑟兰、谢利·温特斯和伯吉斯·梅雷迪斯等，而关联度排名最高的男演员却是罗德·斯泰格尔。

为什么凯文·贝肯远远落后于这些演员？其中一个重要原因就是贝肯比他们大多数人年轻得多，因此，他出演的电影数量相对比较少，但这只能解释某些差异。还有许多人也参与演出了很多电影，但他们的关联度排名却不是特别高。比如，约翰·韦恩在他60年的演艺生涯里出演了179部电影，却仍然排在第116位，他的“平均贝肯步数”是2.717 3步。问题就在于，约翰·韦恩一半以上的电影都是西部片，也就是说，他总是与同一群演员出演同一类电影。

但是，我们来看看斯泰格尔的情况：他出演过一些很棒的电影，比如获奥斯卡大奖的《码头风云》（*On the Waterfront*），也演过一些烂片，比如《无妄之灾》（*Carpool*）。他因在《炎热的夏夜》（*In the Heat of the Night*）中的出色表演荣获奥斯卡奖。他还出演过“黄色”电影，糟糕的是，这些片子都直接被录制成了录像带。他扮演过墨索里尼、拿破仑、彼拉多和艾尔·卡彭。他先后出演过38部剧情片、12部喜剧犯罪片、11部惊险片、8部动作片、7部西部片、6部战争片、4部纪录片、3部恐怖片、2部科幻片和1部音乐剧，以及其他电影。罗德·斯泰格尔是历史上关联度排名最高的演员，因为他扮演了演员职业中出现的各种不同角色，涉及各个领域、各种亚文化背景、各种职业和各种社会地位。

联络员就应如此，他们应该是日常生活中的罗德·斯泰格尔。他们应该是大家用不了几步就能找到的人，因为不论原因如何，他们在不同领域、不同亚文化背景及不同职业的人群中都占有一席之地。就斯泰格尔的情况来看，他的高关联度正与他多才多艺的演员天赋有关，可能他的运气也比较好。而对于联络员来说，他们之所以能跨入许多不同的领域，是因为他们的天性在发挥作用，这种天性集好奇心、自信心、社交能力和活力于一体。

有一次，我在芝加哥遇见一位名叫洛伊丝·韦斯伯格的一流联络员。韦斯伯格在芝加哥市文化局工作，她把拥有不同经历和不同事业的人们联系在一起也是最近的事情。20 世纪 50 年代初期，韦斯伯格在芝加哥经营一家戏剧团。1956 年，她决定举办一届戏剧节，以纪念乔治·萧伯纳百年华诞，然后就开始出版一份萧伯纳专刊，专刊后来变成了一份两周一期的非正式报纸——《萧报》。每周五晚上，整个芝加哥市里对该报感兴趣的人们汇聚一堂，讨论报纸的编辑工作。威廉·弗莱德金是讨论会里的常客，后来他执导了《法国贩毒网》和《驱魔人》两部电影，埃尔默·格茨律师（他是内森·利奥波德案件的律师之一）和位于同一条马路前方的《花花公子》杂志社的编辑们也常来参加讨论。如果阿特·法默、塞勒纽斯·蒙克、约翰·柯尔及莱尼·布鲁斯这些人没有外出，他们也一定会来参加讨论的。（布鲁斯实际上与韦斯伯格一起生活过一段时间。韦斯伯格曾经说："我母亲对我们俩住在一起火冒三丈，尤其是有一次当她按了门铃后，布鲁斯裹着浴巾出来开门。我们的走廊上有一扇窗户，因为他没有钥匙，所以这扇窗户总是为他开着。那栋房子有不少房间，里面常常高朋满座，而我并不知道有那么多人待在那儿。我受不了他的玩笑话，也不喜欢他的行为。我甚至受不了他讲的所有话。”）

办完《萧报》后，韦斯伯格去了一家伤后康复研究所从事公关工作。之后，她开始在一家名叫 BPI 的公益法律公司任职。在 BPI 公司工作期间，她发现芝加哥的公园变得越来越脏乱，也没人对此表示关心。她对这件事情非常关注，于是就把各种各样的环境爱好者召集在一起，其中有历史学家、市民中的积极分子和家庭主妇，她因此创建了号称“公园友谊会”的宣传组织。后来，她得知密歇根湖南岸一条从南本德到芝加哥市的通勤铁路即将关闭，感到十分震惊，所以就又把各行各业的关心铁路事业、环境保护和需要通勤的人士召集在一起，创建了“南岸娱乐会”，从而挽救了这条铁路。此后，她成了芝加哥律师学会的执行理事，该学会是一个法律进步组织。接着，她负责举办了一次地方议会竞选活动，而且她曾在芝加哥第一任黑人市长哈罗德·华盛顿任期内担任特殊事务部部长一职。后来，她辞去了政府官员职务，在一个跳蚤市场租了一个小摊位。再后来，她成为理查德·戴利市长任期内的芝加哥文化局局长并工作至今。

如果你回顾韦斯伯格的这段工作经历，并计算一下，你就会发现她涉足过 8 个领域，即演艺领域、写作领域、医务领域、法律领域、公园保护领域、政治领域、铁路保护领域及跳蚤市场领域。当我请韦斯伯格本人列出一份清单时，她写了 10 个领域，因为她增加了自己目前涉足的建筑领域和礼仪领域。但是，她很可能还是有意表示谦虑，因为如果你再仔细研究一下韦斯伯格的生平，你就可能把她的经历划分成15个领域或者20个领域，但是这些领域并不是互不相干的。联络员的特点就是：涉足许多不同领域，并把所有这些领域联系到了一起。

20世纪50年代中期，有一次，韦斯伯格一时兴起，就坐上火车去纽约出席一个科幻作家大会。会上，她遇见一位名叫阿瑟·C.克拉克的年轻作家。克拉克对韦斯伯格颇有好感，他在再次去芝加哥时给她打了电话。韦斯伯格回忆说："他当时在公用自动收费电话亭，他问我，在芝加哥有没有他应该去见一面的人，我就让他到我家来。"韦斯伯格有半个世纪的吸烟史，嗓音被尼古丁熏得又低又刺耳，她在两句话之间总要停顿一下，以便猛吐一口烟。即便在没吸烟的时候，她也会习惯性地停顿，好像还在进行吸烟动作。"我打电话给鲍勃·休斯。鲍勃·休斯给我的报纸撰写过文章。（停顿）我说：'你在芝加哥有没有朋友乐意与阿瑟·克拉克交流交流？'他说：'有呀，艾萨克·阿西莫夫就在本市。还有罗伯特这家伙，罗伯特·海因莱恩。他们都过来了，就坐在我的书房里。'（停顿）然后，他们来我家串门，他们说，洛伊丝……我记不清他们是怎么说的。总之，他们对我说了些什么，好像是说我是那种能把朋友召集在一起的人之类的。"

这是关于洛伊丝·韦斯伯格人物原型的一些写照。首先，她能主动去联系自己领域以外的某个人，比如，在她从事演艺工作时，阿瑟·克拉克在创作科幻小说。同样重要的是，她联系到的那个人会对她的主动联系做出回应。我们许多人也会主动与一些从事其他职业，比较知名、比较成功的人士联系，但是这种姿态却不是双方都具有的。当阿瑟·克拉克来到芝加哥想要与别人联络时，韦斯伯格就为他推荐了阿西莫夫，她说阿西莫夫恰好也在芝加哥。但是，即便阿西莫夫不在芝加哥，韦斯伯格也会为克拉克联系到其他人的。

20 世纪 50 年代，韦斯伯格举办的周五夜沙龙活动给人们留下了难忘的印象，因为这些沙龙活动总能轻而易举地把不同种族的人聚集在一起。问题的关键并不在于如果没有这些沙龙活动，黑人就无法与住在北区的白人进行社交往来。虽然当时黑人与白人之间的接触非常罕见，但它却实实在在地发生了。问题的关键是，在 20 世纪 50 年代的芝加哥，黑人与白人进行交际不是因为他们偶然相识，而是因为某人的介绍。这正是阿西莫夫和克拉克在谈及韦斯伯格时所提到的她那种把人们联系在一起的特点，无论这种特点叫什么。

温迪·威尔里奇为韦斯伯格工作过，她评价说："韦斯伯格一点儿都不势利。我和她一起去过一家专业摄影工作室。有许多人给她写信，她会把所有的信都读一遍。那家工作室的老板邀她出去，她就答应了。这位老板是位婚纱照摄影师，于是她决定考查一下他的水平。当时我想，天啊，我们是不是得在摄影棚里摆上 45 分钟的姿势呀？可实际上我们是在飞机场旁边的空地上拍摄的。她可是芝加哥文化局局长啊！但是，她当时觉得工作室老板是个很有趣的人。"

他是否真的那么有趣？谁知道呢。关键在于韦斯伯格发现他很有趣，因为，从某种意义上来说，她觉得每个人都很有趣。她的一个朋友告诉我："韦斯伯格总是说：'哦，我遇见了最棒的人。你一定会爱上他的。'她对此人的感兴趣程度就好像这是她在人世间碰到的第一个人那样，而且她所说的情况通常都符合事实。"她的另一个朋友海伦·多里亚告诉我说："洛伊丝能看到你身上的一些特点，而这些特点甚至是你本人都没有发现的。"

这实际上从另一个角度说明了我的观点，即由于某种奇特的天性，韦斯伯格和其他像她这样的人能把他们自己遇见过的所有人都联系在一起。当韦斯伯格望向外面的世界，或者罗杰·霍肖登上飞机坐在你身旁时，他们眼里的世界与我们所看到的世界不一样。他们能发现许多可能性，而我们大多数人却在忙于选择自己喜欢的朋友，排除自己看不顺眼的人或住在机场附近的人，或者我们65年来都未曾与之谋面的人，而韦斯伯格和霍肖却喜欢所有这些人。

微弱关系的威力

社会学家马克·格兰诺维特的作品中有一个关于联络员发挥作用的精彩例子。在他1974年的著名研究课题"找到一份工作"（Getting a Job）中，格兰诺维特采访了波士顿郊区几百名职业工人和技术工作者，详细了解了他们的就业经历。[5]他发现，有56%的受访者是通过个人关系谋得工作的，另外18.8%的人是利用正规渠道——招聘广告、猎头公司——找到工作的，还有大约20%的受访者是自己直接去申请职位的。最好的求职办法是利用人际关系，这一点并不令人感到意外。但是，最让格兰诺维特吃惊的是，他发现这些人利用的人际关系大部分都属于"微弱关系"。利用人际关系找工作的人中，只有16.7%与自己所求助的牵线者（如果此人是自己的好友）"经常"来往，有55.6%的人只不过是"偶尔"见到牵线者，还有28%的人"很少"见到帮自己牵线的这个人。而且，人们通过朋友介绍通常都找不到工作，反而一般都是靠仅有一两面之交的人找到工作的。

这又是为什么？格兰诺维特认为，要想了解新工作的有关情况，或者有关工作的新信息或新想法，“微弱关系”总是比牢固关系发挥的作用更大。毕竟，熟悉的朋友与你自己所了解的情况差不多。他们可能是你的同事，就住在你附近，你们去相同的几家教堂，上相同的几所学校，参加相同的聚会。所以，能有多少事情是他们知道而你却不清楚的？而你的那些“泛泛之交”，从另一方面来说，顾名思义，他们的圈子与你生活的圈子大不一样，他们很可能知道一些你不了解的情况。为了表达这一明显矛盾说法的准确含义，格兰诺维特自己创造了一个精辟的短语：微弱关系的威力。简而言之，认识的人数代表一个人的社交能力，认识的人越多，说明你的社交能力越强。像洛伊丝·韦斯伯格和罗杰·霍肖这类善于运用微弱关系的人，都属于社交能力不同寻常的联络员。就是依靠他们，大家才有机会去了解那些与自己不相关的领域。

当然，这一法则还适用于个人求职以外的其他领域，诸如餐饮、电影、时装潮流，以及任何借助于口头信息传播就能推动流行的现象。这不仅仅意味着当个人离联络员越近，他的社交能力就会越强，他也会更富有，并且得到更多机会，还意味着当一种观念或一种产品离联络员越近时，这种观念或产品得到推广的可能性也就越大。这是否也是暇步士鞋骤然风行的原因之一呢？从东村到美洲中部，一路上一定有一个或者几个联络员突然对这种鞋一见倾心，由于他们拥有庞大的社会关系网、长长的微弱关系人名单，由于他们在各个领域和亚文化社会中均占有一席之地，所以他们一定能立刻使这种鞋广为人知且风靡。在某种意义上，暇步士鞋很走运。无数在某些地区流行的时尚不能进入美国主流时尚行列，也许其原因之一仅仅是运气不佳，因为它们无缘受到某位联络员的青睐。

霍肖的女儿萨莉给我讲述了她带父亲去一家新开张的日本餐馆的经历，她的一个朋友在这家餐馆做厨师。霍肖非常喜欢这里的饭菜，所以他在回家后就打开电脑，把住在附近的相识们的名字调出来，并给他们每人发送了一条消息，告诉这些人他发现了一家很棒的新餐馆，大家都应该去品尝一下那里的饭菜。这就是一种口头传播信息的方式。这并不像我把新开餐馆饭菜美味的消息告诉你，你再把这条消息传播给一个朋友，这位朋友转而再把消息传播给他的一个朋友那么简单。口头信息传播是从这条链的某个关键点开始的，这个点就是有人把消息传播给罗杰·霍肖这类人的那一刻。

成为事件中心人物的不可思议的天才

这里我要解释一下为什么保罗·里维尔的“骑马夜行”能把消息迅速传开，而威廉·戴维斯的“骑马夜行”却没有达到同样的效果。保罗·里维尔是那个时代的罗杰·霍肖或洛伊丝·韦斯伯格。他是一位联络员，一个非常善于社交的人。他去世时，出席葬礼的队伍——用当时一家报纸的话说——“是一支送葬大军”。他既喜欢垂钓，也喜欢打猎；他既喜欢玩牌，又喜欢看戏；他经常光顾酒吧，又是一位成功的商人。他活跃在当地的共济会，也是好几家入会资格要求严格的社交俱乐部的会员，还是一位实干家。戴维·哈克特·费希尔在他著名的《保罗·里维尔骑马夜行》(*Paul Revere's Ride*)一书中，把保罗·里维尔描写成一位“成为事件中心人物的不可思议的天才”。费希尔写道：

> 1774 年，波士顿市引进首批路灯时，保罗·里维尔受命安排这件事情。当时政府需要规范波士顿市场，保罗·里维尔被任命为市场规范管理员。独立战争结束后，一场疾病疫情暴发，此时他又被任命为波士顿市卫生官员和萨福克县验尸官。当火灾几乎摧毁了这座以木质建筑为主的城市时，他积极参与了马萨诸塞州火灾保险公司的创立，他的名字也首次出现在法人组织合同书上。当新建共和国的贫困问题日趋严重时，他组织会议，组建了马萨诸塞州福利协会，并当选为首届会长。当波士顿社会被骇人听闻的谋杀事件搅得人心惶惶时，保罗·里维尔又被任命为陪审团主席。

如果从 1775 年波士顿人口普查名单中随机抽取 250 个人的姓氏交给里维尔，毫无疑问，他的得分会超过 100 分。

1773 年波士顿“倾茶事件”发生之后，北美殖民地居民普遍对英国统治者感到非常不满。在新英格兰地区涌现了几十个由愤怒的殖民地居民组成的委员会和代表大会，他们并没有正式的组织，也没有有效的联络手段。但是，保罗·里维尔很快就为那些分布广泛的革命小组扮演起了联络员的角色。他常常骑着马南下费城或纽约，或者北上新罕布什尔州，把情报从一个小组传递到另一个小组。在波士顿市内，他同样扮演了一个特殊角色。在那个革命年代，波士顿有 7 个由革命者组成的“辉格党”小组，其成员数量达到 255 人。但其中 80% 以上的人只属于一个小组。没有一个人同时属于这 7 个小组，只有两个人同时属于其中 5 个小组，保罗 · 里维尔就是其中之一。

因此，当英军在 1774 年发起秘密战役，打算一举铲除独立战争游骑兵所掌握的武器和军火库时，里维尔便成了一个非正式抗英情报交换枢纽。这一点并不令人感到意外，因为他认识每一位游骑兵士兵。1775 年 4 月 18 日的那个下午，你如果是那个马童，无意中听到两名英国军官谈到第二天要采取行动，自然也会跑去告诉里维尔。那天晚上，里维尔骑马前去列克星敦时，他心里就已经明白该如何把消息最大限度地扩散出去，这毫不奇怪。他在沿途见到行人时，便会不由自主地施展自己的社交魅力，停下来把消息告诉他们。每到一座城市，他很清楚应该去敲谁家的门，谁是当地民兵首领，谁是城里的关键人物，因为大多数人他以前都见过，而这些人也认识他，尊重他。

但是，威廉 · 戴维斯又是怎么回事？费希尔认为戴维斯既然骑马跑了 17 英里到列克星敦，他一路上不可能没有与任何人讲过话。但是戴维斯显然没有里维尔的那种社交天赋，因为几乎没有任何记录说明那天晚上有人见到他在散布消息。费希尔写道：“保罗 · 里维尔北上沿途每经过一个市镇，都马上会有地方官员和工厂领导拉响警报。而威廉 · 戴维斯南下沿途路过的地方则只是到后来才开始防备，而且至少有一个小镇根本就没有任何戒备。戴维斯也没有引起罗克斯伯里、布鲁克莱恩、沃特敦或者沃尔瑟姆等市镇的地方官员和民兵首领对此事的警觉。”这是为什么？原因是罗克斯伯里、布鲁克莱恩、沃特敦和沃尔瑟姆这几个小镇不在波士顿地区。戴维斯很有可能只是一个拥有正常社交圈子的人，也就是说，他和我们大多数人一样，一旦离开了家乡，就不知道该去敲谁家的大门。戴维斯骑马经过之处，只有一个很小的社区得知了这一消息，即沃尔瑟姆农场附近聚居的几个农场主。但是，仅那几户人家相信他的情报，根本不足以拉响警报。快速口头传播信息只有联络员才能做得到，威廉·戴维斯不过是普通人而已。

绝对内行

然而，如果认为只有联络员才能在社会流行浪潮中发挥关键作用，那也是错误的。罗杰·霍肖发出去了几十封电子邮件，这些邮件赞扬了他女儿的朋友所开的新餐馆。他并不是自己发现这家餐馆的，而是别人在发现后告诉他的。暇步士鞋在流行起来的过程中，也存在着被联络员发现的那一刻，然后此人就开始最大范围地将其进行传播，暇步士鞋因此流行起来。但是，是谁把暇步士的信息传递给这位联络员的？联络员完全有可能是在无意之中获得新信息的，也可能是因为他们认识那么多人，所以他们无论身在何处，都能得到新信息。然而，我们如果认真研究一下社会流行浪潮被引爆的情况，就会清楚这样一个道理：正如我们是依靠一些个别人物才与其他人联系起来的一样，我们也是依靠一些个别人物才能与信息联系在一起的。这个过程中既存在人际沟通专家，也存在信息传播专家。

当然，有时候这两种专家能合而为一。比如，保罗·里维尔就不仅仅是一个信息传播专家，他也会积极地去获取有关英国人的情报。1774年秋天，他组建了一个秘密小组，该小组定期在绿龙酒馆开会，目的在于及时监视英国军队的活动。那年12月，小组得到一条消息，英国军队打算夺取殖民地民兵存放弹药的军火库，军火库位于波士顿以北50英里的朴次茅斯海港入口处。12月13日那个寒冷的清晨，里维尔骑马北上，穿过冰天雪地，把英国军队出发的紧急情报传达给地方民兵队伍。他不仅参与了这一情报的获取工作，也把情报传播了出去。保罗·里维尔是个联络员，同时，他是一个内行，这是发起口头信息传播浪潮所涉及的三类人中的第二类。

“内行”的英语单词“maven”来源于意第绪语，意为积累知识的人。近几年，经济学家致力于研究内行人士，原因显而易见，如果市场运作依赖信息，那么掌握最多信息的人就必定是最重要的人物。比如，有时候，一家超市如果想要提高某种商品的销量，就会在该商品上贴一张促销条，上面写着“每日特价！”之类的文字。实际上，所谓的“特价”与原价并没有差异，但是，这种做法却把该产品凸显出来了。如此一来，商场就会发现该商品的销量骤然上升，这与降价出售该商品效果相同。[6]

想想这种做法，真让人感到不快。在销量背后或者在商场特别推出某些商品背后，商家持有这样的观念：消费者对商品价格的变化非常敏感，并会将这种敏感表现为相应的消费行为：价格低，消费者就多买一些；价格高，消费者就少买一些。但是，如果某种商品没有降价而我们还在大量购入，那又是什么因素使商场不采取降价措施呢？什么因素能让商场不使用“每日特价”这类毫无意义的文字来欺骗消费者呢？答案是，尽管大多数人并不会去比较各家商场的价格，但是每一位零售商心里都明白，仍然有极少数人会这么做。而且，如果他们发现什么偏差，如一场并非真正意义上的促销活动，他们就会采取一些行动来应对。一家商店如果在销售上玩太多花招，就会被这极少数人识破，他们会去有关管理部门投诉，并且提醒自己的亲朋好友和熟人别再光顾那家商店了。市场之所以对顾客讲诚信，部分是因为这些人在发挥作用。从首次提出顾客中存在这样一群人以来的10多年间，经济学家始终努力对他们进行研究。他们发现，这类人存在于各行各业及各种社会组织、经济组织里。他们有“价格警戒员”的称号，另外还有一个更常见的称号是“市场内行”。

琳达·普赖斯是内布拉斯加大学的营销学教授，也是内行研究的倡导者。[7]她对一些内行进行了访谈，并把访谈过程制作成录像带。在其中一盘带子上，一位衣着考究的男士兴奋地讲述着自己的购物方式。下面是他讲述的一个片段：

> 我总是密切关注着报纸财经版上的消息，所以我总能看出一些商品的价格走势，咖啡就是一个极好的例子。10年前，当首次出现咖啡危机时，我对巴西的霜冻天气的关注已经有一段时间了，并一直在思考这种天气对咖啡价格可能造成的长期影响，所以我决定要多买一些咖啡储存起来。

访谈进行到这里时，此人脸上洋溢着笑容：

> 我最后一共大约储存了35罐到40罐咖啡。我买入时的价格很低，3磅[①]一罐的是2.79美元，也有2.89美元的……如今，3磅一罐的咖啡售价大约为6美元。我觉得做这种事情很开心。

大家注意到他的执着程度了没有？他竟然还记得10年前自己购买的咖啡的价格，而且能精确到美分。

但是，内行与众不同的关键之处在于，他们并不是被动地接收信息，更不是仅仅关注尽可能少花钱买咖啡的办法，而是一旦发现了这种办法，他们就想把它散布出去。普赖斯说："一个内行能掌握许多不同产品、价格、商场的信息。他常常喜欢主动与消费者讨论这些情况，并对别人的请求做出回应。他们在商场里助人为乐，分发商家的优惠券；他们乐意带着大家购物，有时他们自己购物也是为了大家……他们分发的商家优惠券的数量大概是其他人的4倍；他们把公众与市场连接到一起，对各种市场信息都烂熟于心；他们知道各家零售商场洗手间的位置。这些都是他们要掌握的情况。"他们不仅仅作为专家来谈价格，普赖斯表示，例如，一个专家"谈论汽车，这是因为他本人就很喜欢汽车，但是他绝不会因为你喜欢汽车，而且想要帮助你决策才谈论汽车。而市场内行这么做是因为他们与别人谈话是出于社交动机"。

---

① 1磅约为0.45千克。——编者注

普赖斯认为，一半以上的美国人都认识一位内行，或者认识某个与内行性格相近的人。实际上，普赖斯提出这一概念是因为她自己在研究生院读书时遇到过这样一个人，此人深深地印在了她脑海中，以至于现在他的个性成了营销学一个独立研究领域的基础研究内容。

普赖斯说："我在得克萨斯大学攻读博士学位时，还没有意识到这一点。但是当时我却遇到了一位绝对内行，他是一个犹太人。那天是复活节，我正到处找一家卖火腿的店，正好遇见他，就顺便向他打听一下。他说：'你知道吗？我是犹太人。不过我可以给你推荐一家熟食店，我还可以告诉你这家店的火腿价格。'"普赖斯回忆到这里，开始放声大笑，然后说："大家应该去拜访一下他。他叫马克·阿尔珀特。"

近乎病态的助人行为

马克·阿尔珀特 50 多岁，身形修长，精力充沛。他一头黑发，鼻梁高耸，眼睛不大，但却炯炯有神，仿佛满是智慧。他语速较快，表意准确，而且带着绝对权威的口气。他是那种不会说昨天天气炎热，而只会说昨天最高气温为 30℃的人。他并不会走着上楼梯，而是会像小男孩一样跑着上楼梯。他给人的感觉是，即便他到了这个年龄，他还是对一切都充满了兴趣和好奇心，如果你送给他一套儿童智力玩具，他会高兴地马上就地坐下来，拼凑出什么稀奇古怪的东西来。

阿尔珀特在美国中西部地区长大，他的父亲是北明尼苏达州第一家折扣商店的经营者。他在南加州大学获得博士学位，如今在得克萨斯大学工商管理学院任教。但是，他的经济学家身份与他的内行素质毫无关系。即使阿尔珀特是一名管道工，他同样会深谙商场运作方式，并对商场要求苛刻。

我们俩约好了在一家餐馆吃午饭，这家餐馆位于奥斯汀市的湖滨地区。我提前到达并选了一张餐桌。他紧接着就到了，并说服我换了位置，因为他认为另一张桌子更好。他说得对，这张餐桌的确比我选的那张好。

我问他平时是如何购物的，他便打开了话匣子，向我解释他用有线电视而不用卫星天线的理由；他告诉我伦纳德·麦尔丁新片指南的内幕；他告诉了我曼哈顿中央公园酒店一位熟人的名字，而此人后来在交易方面给了我很大的帮助。（“马尔科姆，住这家酒店只需要花99美元房费，而门市价竟然达到189美元！”）他解释了什么是门市价（即如果某人想租用酒店的一间客房，对方用温和的声音脱口报出的单日价格）。他用手指着我的录音机说：“我想磁带已经转到头了。”他说对了。他向我解释了我不应该购买奥迪车的理由。（“他们是些德国人，所以与他们做交易是一件痛苦的事。因为他们会在一段时期内私下发给你一张购车保修单，然后就不再这么做了。得到保修单的人不多，所以实际上你很难享受到保修服务。我喜欢开奥迪车，但我不买这种车。”他说我应该开一辆福特水星汽车，因为这种车开起来很像欧洲豪华家用轿车。“这种轿车销量不高，所以你可以使劲儿砍价。你应该去找一位批量购车主，去车市的日子得选在某个月的25号。你得清楚这一点……”）然后，他开始讲述自己购买一台新彩电的经过，他一共为此花了好几个月，这听起来简直漫长得不可思议，其间还发生了一些搞笑的事情。

如果我或者大家有同样的经历——比如退回电视机，费力地对那些最细小的电子零件进行比较，以及澄清保修单上有限制性质的附属细则——我想我们都会觉得这些事情让人受不了。但显然阿尔珀特却觉得其中乐趣无穷。

在普赖斯看来，内行都是《消费者报告》（*Consumer Reports*）的忠实读者。阿尔珀特还属于给《消费者报告》写信纠正其错误的那类人。“有一次，报上说，奥迪 4000 轿车是在大众冲击者轿车的基础上设计的。冲击者轿车是在 20 世纪 70 年代后期制造的，而奥迪 4000 的体积比它大。于是我就给他们写了一封信纠正其错误之处。后来又出现了奥迪 5000 的大挫败事件。《消费者报告》把这种轿车列在大家不应该购买的汽车名单上，原因是这款车出现了紧急加速的问题。但是，我阅读了汽车文献并认真思考了这个问题，然后我断定这个问题是人为编造的……所以，我就写信给他们，告诉他们应该认真调查一下这件事情。我还给他们提供了一些参考资料，但是却没有收到回复，这真把我给气坏了。他们假装不知道此事。”他生气地摇了摇头。他的行为超越了内行经典书中所描述的内容。

应该说明的是，阿尔珀特并不是一个讨厌的假装什么都懂的人。当然，你很容易看出他是哪类人，甚至他自己心里也非常明白。阿尔珀特告诉我：“有一次，在超市里，我站在一个孩子旁边，他得出示身份证才能买香烟。当时我就很想告诉他我被诊断得了肺癌。从某种意义上说，那种想帮助和影响别人的渴望——无论是什么样的帮助或影响——简直太强烈了，它能使人变成好管闲事者。我试图做个消极被动的内行……因为我得牢记那是别人要做的决定，那是别人的生活。”他从来都避免给人以爱炫耀的感觉。他涉足市场完全是一种不由自主的、条件反射的行为，而非刻意行为。它类似于霍肖和韦斯伯格的社交天性。

阿尔珀特还讲述了他的另一段复杂经历，这是关于他如何利用商家的优惠券在百视达租借录像带的事。然后，他自己停下来，好像意识到了自己在说些什么，捧腹大笑。“瞧，能节省整整1美元！一年中，我节省的钱可能只够买瓶酒喝。”阿尔珀特的助人为乐到了近乎病态的程度，他总是不由自主地做这些事情。阿尔珀特说：“内行总是通过解决自己的问题达到解决别人问题的目的。”

他说得对。尽管我觉得这句话反过来说也是正确的，即内行是通过解决别人的问题来达到解决自己的问题——自己的情绪需求——这一目的。如果他得知我是根据他提供的信息购买了彩电、汽车或者入住了纽约某家酒店的，他就会得到一种满足感。

利·麦卡利斯特是阿尔珀特在得克萨斯大学的同事，他告诉我：“马克·阿尔珀特是一个很不错的人，他没有一点儿私心杂念。在我来到奥斯汀后，可以说是他帮我节省了15 000美元。他为我购房出谋划策，因为他清楚房地产的‘游戏规则’；当我需要购买洗衣机时，他帮我搞到了一台物美价廉的洗衣机；当我需要购买汽车时，我打算买一辆沃尔沃，因为我想和马克开同一种车，于是他给我出示了一份价格清单，这是在线服务商在整个得克萨斯州销售的所有沃尔沃轿车的价格清单，他还陪我一起去买车；他帮助我在得克萨斯大学复杂的退休计划方案中选择了适合我的方案。他把一切都简单化了，因为每一件事情他都考虑过。马克·阿尔珀特就是这样一个人，市场内行就是这样的人。愿上帝保佑他，是他这类人保证了美国市场体制的健康发展。”

内行传播信息的威力

促使马克·阿尔珀特这类人在流行浪潮暴发中扮演如此重要角色的因素到底是什么？显然，他们掌握了一些不为人知的信息。他们读过的杂志和报纸比常人多，而且只有他们才可能去仔细阅读邮寄的宣传品。马克·阿尔珀特恰巧又是一位电子设备行家。如果电视或摄像机出了新款，而你又是他的朋友，那你肯定会马上听说这一切的。内行了解内情，也有能力把信息迅速口头传播出去。但是，内行的与众不同之处并不在于他们掌握了这么多的内情，而在于他们把内情散播出去的方式。不为别的什么目的，而仅仅出于助人为乐的原因而帮助他人，这反而是一种能更有效地引起别人注意的方式。

这在一定程度上解释了为何保罗·里维尔的情报在他骑马夜行的晚上发挥了如此巨大的作用。英国军队计划开战的消息不是通过传真或群体电子邮件的方式被传过来的，也不是在充斥商业广告的晚间新闻时间被报道出来的。这一消息是由一个人，一个关心同胞自由的志愿者，在没有预先安排自己日程的情况下，在寒冷的黑夜里骑着马传播出去的。

暇步士鞋的情况也一样，可能是这种鞋恰好引起了几个联络员的关注，因为这种鞋当时并不在商业时尚行列之内。可能有一位时装界内行去东村找寻新思路，结果却在某个折扣商店发现了这种物美价廉的暇步士鞋，然后他把这件事情告诉了他的朋友们。正因为他是这样一位内行，大家对于他对这种皮鞋所发表的个人的、无私的、专家级的意见洗耳恭听，因而为自己买了一双这样的鞋。

那么查格餐馆指南[①]为何如此广为流行？一部分原因是这份指南收录了特定城市所有餐馆的信息，为人们提供了便利的指南。但其真正原因在于，指南中的评论内容都是志愿者的感受，即那些想要与大家分享自己意见的用餐者的感受。不管怎么说，这种餐馆指南与从事餐馆评估的专家的意见相比，更加容易让人信服。

在与阿尔珀特交谈的过程中，我提到自己几周后要去洛杉矶。他立刻说："在韦斯特伍德有一个我非常喜欢的地方，叫世纪威尔希尔。它是一家提供早餐的酒店，房间都特别棒，还有热水浴池，有地下停车场。我上次去那里是五六年前的事，当时房间是从 70 多号开始排的，普通套间是从 110 号开始排的。他们给你按周计价。还有一个 800 号房间呢。"

因为这位内行的推荐，我在到达洛杉矶后就住在世纪威尔希尔。这家酒店与他说的一点儿不差，而且我感觉比他跟我描述的还好。在回家后的一两周内，我一改自己往日的行事作风，把世纪威尔希尔推荐给了自己的两个朋友。在同一个月内，我又把它推荐给了另外两个朋友。当我想象，在我告诉过的朋友中，又有多少人会把酒店情况告诉别人，还有多少人会像我这样，将马克·阿尔珀特了解到的有关这

---

① 查格餐馆指南（Zagat Restaurant Guide），著名餐饮指南。——译者注

家酒店的情况告诉他人时，我意识到，自己已经身处马克·阿尔珀特发起的小小的口头信息传播浪潮之中。

当然，阿尔珀特很可能没有联络员罗杰·霍肖认识的人多，所以他没有霍肖那么大的原始信息传播能力。但是，如果罗杰·霍肖在你去洛杉矶的前一天晚上与你交谈，他可能不会建议你住在哪家酒店，而阿尔珀特就会这么做。如果霍肖真的给你一个建议，那么你可能接受，也可能不接受。你对待他的建议会与对待其他朋友的建议一样。但是，如果是马克·阿尔珀特的建议，人们总是会接受的。当一个联络员向 10 个朋友推荐洛杉矶的一家酒店时，其中可能有 5 个人会采纳他的建议；一个内行可能只向 5 个朋友推荐洛杉矶的这家酒店，但只要他介绍得引人入胜，这 5 个人就很可能都会接受他的建议。这两种类型的人是出于不同的理由发起流行潮的，但他们这两类人都具有发起口头信息传播浪潮的能力。

推销员的“催眠能力”

内行并不是一种善于做说服工作的人。阿尔珀特的动机是告诉别人并且帮助别人，但他不是那种强人所难的人。实际上，在我们的交谈过程中，有好几次他都试图从我这里了解我所掌握的情况，这样他就可以把这些信息增补到他庞大的数据库里。

内行就像一位老师，但是，他在更大程度上又像一个学生。内行是真正的信息经纪人，他们与人们共享信息，交流信息。但要想发起一场社会流行潮，就得说服一些人去做一些事。

比如，大多数购买暇步士鞋的年轻人，他们曾几何时打死也不愿意穿这样的鞋子。同样地，保罗·里维尔传播完情报之后，可以想象，所有的民兵都会集合在一起，计划在第二天清晨应战英国军队。但是，这并不是一个必然的过程。一些人准备好了要齐心协力应战，而一些人则可能会心存疑虑，认为让土生土长的民兵去对抗训练有素的职业军人并不是一个明智之举。还有一些根本不认识里维尔的人则可能会怀疑情报的准确性和可靠性。但是最终，几乎人人表现得齐心协力，这要归因于从众心理的压力。但从众压力并不总能自动产生或很容易就产生，人们经常会去找自己的同伴，并且对对方施加压力。在社会流行潮中，内行就是数据库：他们为大家提供信息；联络员是社会黏合剂：他们四处传播信息。

但还有另外一个特定的群体——推销员。如果人们对传来的信息并不相信，他们就有能力说服大家，而且，与其他两种人一样，这些人对于发起口头信息传播浪潮也至关重要。这些推销员到底是什么人？他们擅长说服他人的秘诀是什么？

汤姆·高是加州托兰斯市（洛杉矶南边的一个城市）的一名金融理财师。他所在的卡文希－高公司在南加州是业内规模最大的一家金融公司，也是美国最知名的金融公司之一，他的年收入达数百万美元。行为心理学家唐纳德·莫因写过许多有关说服行为的书。他让我去拜访一下高，他说高具有“催眠能力”。他果真如此，如果他愿意，他真的能把所有东西都推销出去。如果我们想弄明白极具说服力的人的性格特点，从汤姆·高谈起就再合适不过了。

高 40 来岁，相貌英俊，但颇具男子气概。他个头适中，身材偏瘦，乌黑的头发有点蓬松，留着络腮胡，表情中好像带着一丝忧郁。如果给他一匹马和一顶帽子，他看上去就是一个典型的牛仔，他长得像演员萨姆·埃利奥特[①]。我们见面时，高主动与我握手。但他后来告诉我，他平常在与人见面时都会拥抱对方，如果对方是女性，他还会给对方一个礼貌性的亲吻。正如大家所料想的那样，推销员天生精力充沛。

高说："我爱自己的客户，你能明白这一点吗？我愿意为他们做出让步，我把客户都视为自己的家人。我告诉客户们，我有两个家庭。我有自己的妻子和孩子们，我也有他们。"高语速快，说话抑扬顿挫。他总是一会儿急语，一会儿慢声细语。有时候当他低声言语时，他的语速变得更快，好像是自己在给自己接话，他还用了许多反问句。"我热爱自己的工作，我是个工作狂。我早上 6 点或者 7 点来上班，晚上 9 点才离开办公室。我负责管理大笔资金。我属于国内工作效率比较高的那类人，但我从不会告诉客户们这些事情。我来这儿上班不是为了炫耀，我是来帮助大家的，因为我喜欢帮助别人。其实我不必来上班，因为我在经济上已足够宽裕。可是我为何还要在这里工作这么长时间呢？因为我喜欢帮助别人，我爱大家。这是一种人际关系。"

高的推销方法就是告诉客户，自己公司的服务水准和专业技术水平是其他公司难以匹敌的。他的办公室对面是一家法律服务公司，附属于卡文希－高公司。这家法律公司的业务包括办理遗嘱、生前信托

① 萨姆·埃利奥特（Sam Elliott），出演过电影《绿巨人》。——编者注

及其他所有与金融理财相关的法律事务。高聘用了保险业专家负责与保险有关的业务，股票经纪人负责与投资款项有关的业务，精通办理退休事宜的专家负责解决老年客户的问题。他提供给客户的建议合情合理。莫因在与高合作期间总结了高的做法，并将其写成一本被称为“理财专家手稿”的书。莫因的观点是，一个精明能干的推销员的与众不同之处在于，他们对客户提出的消极看法总能给予充分的、高质量的答复。莫因在和高坐在一起交谈时，把高所有的回答都记录了下来，后来把相关内容写入一本书。莫因与高计算了一下，发现一个理财专家需要准备应对大约 20 个问题。比如，“我自己就做得了”是其中之一，针对这句话，书上就列举了 50 种回应方式。比如：“难道您就不担心自己安排失误，又没人帮得了您？”或者：“我确信您擅长理财，但您难道不知道大多数妻子都比丈夫寿命长吗？如果丈夫出了意外，妻子能自己处理好一切吗？”

可以想象，有人在买了这本书后，会拼命去记住每一个回答；也可以想象，此人在通过一段时间的记忆熟悉了书里的材料后，开始考虑对于不同的客户应该使用哪种回应方法。如果把此人与客户之间的交谈记录下来，我们就会发现他说的话听上去简直就像汤姆·高说的一样，因为他使用的都是汤姆·高的语句。根据我们衡量一个人的说服能力的标准方法——衡量说话的逻辑性和妥当性——跟着这本书的内容照做的人应该都像汤姆·高一样能说服他人。但是，实际情况果真如此吗？高身上有一点很有趣：他表现说服力的方式和表达的内容之间有很大的差别。他身上似乎有一种难以描述的特征，一种强大的、有感染力的、不可抗拒的东西，这种东西的力量超越了他语言的力量，能让见到他的人乐意赞成他的观点。那就是他的朝气、热情、魅力、可爱，正是这些东西在起作用，当然还有其他方面。当我问他过得是否幸福时，他竟一下子就从椅子上蹦了起来。

“太幸福了。我可能是你所能想象的最乐观的人，我比你所认识的最乐观的人还乐观一百倍。因为你也知道，人一旦有了积极思考的力量，就能克服许多困难。消极悲观的人太多了。如果有人说我做不了这件事，我就会问，这话到底是什么意思？5年多以前，我们一家搬到了俄勒冈州阿什兰市。我们看中了一套非常喜欢的房子。这房子已经出售一段时间了，价格有点高。我跟妻子说，看我的吧，我开的价格会低得可笑。妻子说，人家绝不会接受你的开价。我说，可能如此，但我们没有任何损失。大不了就是人家不接受我的开价，我又不是侮辱他们，我只是要告诉他们我这样做的一点儿理由，我会说清楚自己的想法。后来，你猜怎么着？他们竟然接受了我的开价。”在高讲述这件事情时，我眼前便出现了他来到阿什兰并说服房主把自己漂亮的房子低价卖出的情景。高说：“天哪，如果不去尝试，你永远不会成功。”

微妙的暗示

到底是什么因素使一个人或一件事具有说服他人的能力？这一问题远不像人们表面看到的那么明了。我们常说眼见心明，但事物的本质并不总是显而易见的。试看下面来自心理学文献的两个例子。第一个例子是在1984年罗纳德·里根和沃尔特·蒙代尔参加总统竞选时的一个实验。大选前的8天里，一群心理学家在锡拉丘兹大学心理学者布赖恩·马伦的带领下，用录像机录下了3天的全国晚间电视新闻节目，该节目在当时和现在一样，都是由美国广播公司（ABC）的彼得·詹宁斯、全国广播公司（NBC）的汤姆·布罗考及哥伦比亚广播公司（CBS）的丹·拉瑟进行播报的。马伦认真检查了录像带，并把有关两位候选人的内容剪了下来，他一共剪出了37个片段，每个片段基本上都是两秒半的长度。然后，他关掉声音，再把这些片段播放给一组随机挑选出的人观看，并要求这些人评判每一位播音员在播报每一个片段时的表情。这些参加实验的人根本不知道该实验的目的是什么，也不清楚新闻主持人在说些什么。他们只是按要求给这3个人的表情中的情绪含量打分，满分为21分，最低分表示“极为消极”，最高分表示“极为积极”。[8]

实验结果非常有趣。丹·拉瑟在播报蒙代尔时的得分是10.46分，也就是说，他的表情看起来完全中立；他在谈到里根时的得分是10.37分。这说明他在谈到共和党和民主党时的表情相同。布罗考的情况一样，他在播报蒙代尔时的得分是11.21分，在播报里根时的得分是11.50分。但是，美国广播公司的彼得·詹宁斯就与他们不同。他在播报蒙代尔时的得分是13.38分，而他在谈到里根时却显得神采飞扬，得分为17.44分。马伦和同事们特意找了一个简单的理由：是不是詹宁斯本来就比那两位同行表情更加丰富？答案似乎是否定的。因为他们还给这些实验对象放了三位播音员的其他几个录像片段，请实验对象观察他们在谈到明显令人伤心的话题（英迪拉·甘地的葬礼）和令人高兴的话题（先天性疾病治疗上的突破）时的表情。这次，詹宁斯在播报令人高兴的事件时并不比他的同行得分高，在播报悲伤的消息时也不比同行得分低。事实上，他似乎是那三个人中最不善于流露表情的。詹宁斯的脸上永远带着快乐表情的这一说法并不正确。这话似乎倒过来说才对。他在播报快乐新闻时的得分是 14.13 分，比拉瑟和布罗考的得分都低很多。在这项研究的基础上，唯一可能的结论就是，詹宁斯对里根“从面部表情上流露了既真实又显而易见的偏爱”。

该研究从此处开始变得非常有趣。马伦和同事们给生活在全美许多城市，按时收看晚间新闻电视节目的观众打电话，问他们会给哪位候选人投票。每个城市的情况都是这样的：在收看美国广播公司节目后给里根投票的观众数量，远远超过在收看哥伦比亚广播公司和全国广播公司节目后给里根投票的观众数量。比如在克利夫兰市，有 75% 的美国广播公司电视观众投票支持共和党，而哥伦比亚广播公司和全国广播公司的电视观众中只有 61.9% 支持共和党。在马萨诸塞州的威廉斯敦，美国广播公司的电视观众中有 71.4% 支持里根，而其他两家广播公司的观众中只有 50% 支持里根。在宾夕法尼亚州的伊利市，投票差别则是 73.7% 比 50%。詹宁斯面部微妙的亲里根表情，似乎对美国广播公司电视观众的投票行为产生了一定影响。

可想而知，美国广播公司新闻部对该项研究的发现颇有异议。（马伦说：“我的理解是这样的，我是唯一被彼得·詹宁斯称为‘蠢驴’的社会学家。”）这简直令人难以置信。我想大多数人可能都是凭直觉认为原因相反，即因为詹宁斯个人的偏爱，美国广播公司把里根的支持者吸引过去了，而不是另一种情况。而马伦用非常有说服力的论据证明了所谓的“另一种情况”是不合理的。比如，在其他一些情绪更加外放的节目（例如生平故事选）中，美国广播公司对里根表现得最有敌意，所以，按理说强硬的共和党应该抛弃美国广播公司，转而让它的竞争对手来为共和党拉票。要回答里根在这次选举中的成功是否为侥幸这一问题，就要看另一个实验结果了。4 年后，在迈克尔 · 杜卡基斯与乔治 · 布什的总统竞选过程中，马伦重复了同一个实验，结果完全相同。马伦说：“詹宁斯在谈到共和党候选人时脸上出现的微笑，比他在谈到民主党候选人时更多。同样，在电话调查中，收看美国广播公司电视新闻的观众给布什投票的概率更高。”

下面是另一个关于说服力的微妙之处的例子。有一大群学生被召集到一家制作高科技耳机的公司，他们被告知要参与一项市场调研工作。公司给每人发了一副耳机，想要检验一下使用者在运动——如蹦跳或来回摇头时，耳机的播放效果如何。所有的学生都听了琳达 · 朗斯达特和老鹰乐队演唱的歌曲，接着又听了收音机里的一篇关于高校应该把学费从 587 美元提高到 750 美元的讨论。之后该公司要求 1/3 的学生在听到磁带中的社论时用力上下点头，另外 1/3 的学生在听到社论时左右摇头，而剩下的 1/3 的学生属于对照组，公司要求他们别乱动脑袋。听完之后，每个学生领到一份简短的问卷，问题涉及歌曲的音色质量和摇头造成的音色效果。学生们对问卷最后一个问题的回答才是实验员真正想得到的信息，该问题是：你觉得本科生每年应该交多少学费比较合适？[9]

正如对新闻播音员的调查结果一样，学生们对这个问题的回答也令人难以置信。那些不晃动头部的学生对听到的社论无动于衷，他们觉得收取 582 美元学费比较合适，或者就收取已经规定的数额；那些一边听社论一边摇头的学生——尽管他们认为自己当时是在检验耳机的质量——坚决反对提高学费，他们希望把学费降低到平均每年 467 美元；那些在听社论时点头的学生觉得该社论很有说服力，他们希望把学费提高到平均 646 美元。这个简单的点头动作，虽然表面上看完全是出于另一个原因，却足以让他们支持一个让自己多掏钱的政策。可见，这里的点头动作与 1984 年总统大选时彼得 · 詹宁斯的微笑起了同样重要的作用。

我认为这两项研究对我们了解汤姆 · 高这类人，或者我们生活中的推销员，具有重要而有效的启发作用。第一项实验表明，小事情显然和大事情一样能发挥巨大的作用。在耳机实验中，那篇社论对于不晃动头部的学生没有多少说服力。但是，一旦听众反复点头，社论就发挥了巨大的说服作用。就詹宁斯的情况而言，马伦认为一个人支持某个政治家的微小信号通常无关紧要。但是，当这种信号以特殊的而且是人们对其毫无防备的方式出现时，它就会突然间产生很大作用。马伦解释说："在收看电视新闻时，人们不会有意识地排除偏见或者觉得自己应该与新闻播音员辩论一番。因为这不像是有人在劝你：这位候选人不错，值得给他投票。这不是明显的文字信息，所以大家不会认真思考。这种信息太微妙了，因此也太不易察觉了，所以大家很难提防。"

这两项研究的第二个启示是非文字性暗示与文字性暗示同样重要，甚至前者比后者更为重要。在我们讲话时，微妙的周边环境可能比我们谈到的内容更重要。但不管怎么说，詹宁斯并不是有意在他的新闻播音中注入各种亲里根信息的。事实上，如我所提到过的，大家也都注意到了，美国广播公司对里根最有敌意。艾伯塔大学的加里·韦尔斯和密苏里大学的理查德·佩蒂在耳机研究中得出的结论之一是："如果一则电视广告的画面能使观众的头部反复上下运动（例如弹力球广告），那么这则广告就会非常见效。"我们在观察事物时伴以简单的身体运动，能对自身的感受和思维产生巨大影响。

这两项研究的第三个启示——或许也是最重要的一个启示，就是说服工作往往是通过大家不喜欢的方式发挥作用的。这里不是要告诉大家，微笑和点头都是下意识的信息。其实这些信息直截了当，就摆在桌面上，只是它们太微妙了。如果问一下那些点头的同学，他们为什么愿意大幅度提高学费——这可是他们自己要付的学费——不会有人回答这是因为他在听社论时不断点头。他们很可能会说，这是因为他们觉得这篇社论的见解特别高明，他们会把自己的态度归于一些显而易见、合乎逻辑的理由。同样，在观看美国广播公司电视节目的观众中，那些投票支持里根的人绝不会告诉大家，他们这样做是因为彼得·詹宁斯每次在提到里根总统时都会微笑。他们会说，这是因为他们喜欢里根推行的政策，或者他们认为里根干得很出色。他们绝不会想到，自己的决定竟会受到新闻播音员的一个微笑或一次点头这类随意的、似乎毫无意义的动作的诱导。也就是说，如果我们想要弄清楚汤姆·高这类人如此富有说服力的原因，我们就不能仅仅把注意力停留在他们的口才上。我们应该关注那些微妙的、隐蔽的、没有付诸语言的东西。

超感染力

两个人在交谈时会发生什么事情？这是最基本的问题。因为谈话是说服工作得以进行的最基本的条件。大家知道在谈话时，人们的身体会来回运动。人们不仅倾听对方的讲话内容，也不断插入自己的话语，同时伴随着双手的各种动作。

我和汤姆·高谈话时，我们俩待在一间比较小的办公室里。我拉了一把椅子坐在他的办公桌前，双腿交叉，腿上放着一本便笺簿和一支钢笔。我穿着蓝衬衣、黑裤子和黑夹克。他坐在桌子后面的高背椅上，身着一件熨得挺括的白衬衫和一条蓝色西裤，系一条红领带。他时而身体前倾，胳膊肘朝前，时而坐回椅子，挥动着双手。我把录音机放在我俩之间桌子的空当处。如果给大家放映我们见面时的录像带，大家一定会看到这些情景的。但是，如果将这盒录像带慢速放映，慢到能观察到我们每一瞬间的细微动作，大家就会有新的发现——我们俩的动作简直可以被称为精心表演的舞蹈。

这种分析方法被称为文化微观节律分析（the study of cultural microrhythms），其首创者是威廉·康登。[10] 他在 20 世纪 60 年代开展过一项著名的研究项目，他破译了一个 4 秒半长的电影片段，在该片段中，一个女人在吃晚餐时对一个男人和一个孩子说："每晚你们都应该来。我们有好几个月没有像这样吃过晚饭了。"康登把这段影片分解成许多很短的片段，每个片段只持续 1/45 秒。然后，他看了一遍又一遍。他是这样描述的：

要想认真研究其组织结构和动作顺序，使用的方法必须是写实的自然主义，要从行为规律入手。你只要坐在那里，反复观看，几千个小时之后，片段中的动作顺序就逐渐变得清晰明朗了。这就好像在雕刻一件作品……如果连续观察研究，片段中人物的动作顺序就会表现得更加细致入微。我在一遍又一遍的观看过程中，竟对人们之间的交流环境产生了一种错觉。不管怎么说，这段片子是一个范例。你把信息发出去，有人把信息发过来，到处都是信息，但其中有一些很有意思的东西。

康登花了一年半研究那个电影片段，最后，他看到了他本已经有所感觉的现象："每当丈夫的手向上抬起时，妻子就会把头转向一边。"接着，他又发现了其他细微动作和一些反复出现的动作模式，直到最后他认识到，坐在桌边的这三个人在讲和听的同时，还在参与他所称的"同步互动"。他们在谈话时会让自己的身体有节奏地运动。在一个、两个或三个 1/45 秒的瞬间，每个人都会有某个部位——或肩膀，或脸颊，或眉毛，或一只手——在运动。这个动作会持续片刻，之后停住，换一个方向，然后该动作又开始了。此外，那些动作与每个人的讲话节奏——加重语气、强调和详细描述——完全同步。由此可见，说话者实际上是在按照自己的话语节奏进行同步舞蹈。与此同时，餐桌边的听者也在跟着舞蹈，他们根据同样的节奏活动自己的面部肌肉、肩膀、手乃至全身。并不是人人动作都一致，他们也不像那些跟着一首歌跳舞的人那样跳同样的舞蹈，但每个人的小动作——移动身体或做面部表情——的起止时间却完全协调一致。

后来的研究表明，对话中的人们不仅姿势动作和谐同步，对话节奏也协调一致。当两个人在交谈时，他们的音量和音高总是平衡的。语言学家所说的语速——每秒发出的语音数量——也是均衡的。等待时间（前一个人停止讲话与下一个人开始张口之间的这段时间）也是均衡的。两个人刚开始交流时的讲话模式可能大相径庭，但是，他们几乎马上就会达成一致。我们实际上总是在这样做着，就连一两天大的婴儿也会根据成年人的讲话模式同步活动头、肘、肩、臀和脚。人类间的相互交流和猿猴间的相互交流过程也存在同步运动现象。这是把人们客观地联系起来的方法之一。

我和汤姆·高在他的办公室里隔桌而坐，我们几乎马上进入身体运动和讲话的和谐状态。我们两个人都在舞蹈，甚至在他用语言说服我之前，他已经用自己的身体动作和讲话方式与我建立了一种关系。所以，到底是什么使得我与他的交谈不同于我与其他人的日常谈话？高并没有刻意让自己的言行与我保持和谐一致。一些有关推销术的书建议推销员，要想与顾客建立和谐的关系，就应当迎合顾客的身体姿势或讲话风格。但是，已经有证据表明，那样做并没有效果，反而只会令人更加不自在、不舒服，因为那样做显得假惺惺。

我们要谈的是一种“超感染力”，这是一种人们几乎没有意识到的基本生理能力。就像所有专业人员应该具备某些特点一样，有些人对超感染力的掌握能力比别人强得多。人们常说某人非常具有个人魅力或者说服别人的能力，部分是指此人能把别人纳入自己的节拍，而且能决定谈话的范围。一些研究发现，那些很配合教师，与教师同步运动程度高的学生比较愉快，学习热情比较高，学习兴趣比较浓，而且比较容易和教师相处。

我和高在一起的感觉是，我被他吸引住了，当然不是性意义上的吸引，而是全方位的吸引。话题被掌握在他手里，而不在我手里。我能感觉到自己逐渐变得与他一致。“高水平的音乐家和优秀演讲者都明白这一点，”宾夕法尼亚大学安纳伯格传播学院的教师约瑟夫·卡佩拉说，“他们这些人明白观众什么时候与他们是一致的，准确地说，是观众的身体动作、点头和认真听讲时的专注与音乐家或演讲者自己的运动是同步一致的。”我得承认，这简直太神奇了。因为我根本不想被引诱过去，我甚至在提防这一点。但这就是推销员身上具备的最关键的要素，因此，从一定意义上说，没人抗拒得了他们。莫因对高的评价是：“汤姆只需要5分钟到10分钟就能与别人建立信任和亲密关系，而大多数人要想做到这一点，则需要花半个小时。”

还有一个更加具体的方面是，当两个人交谈时，他们不仅在身体和听觉上和谐一致，而且在进行互相模仿活动。如果人们看到带有微笑或皱眉的照片，他们也会以微笑或皱眉回应，尽管那可能只是肌肉的轻微变化，但是通过电子传感器能够捕捉到。如果我不小心用锤子砸到了自己的拇指，看到这一情景的大多数人的面部会出现痛苦的表情：他们实际上是由于移情作用在模仿我的情绪状态。我们这种互相模仿对方表情的行为是表达支持和关心的一种方式，甚至还有更基本的作用——它是人们相互交流的一种方式。

1994年，心理学家伊莱恩·哈特菲尔德、约翰·卡西奥普及史学家理查德·莱普森撰写了他们的名著《情绪感染》（*Emotional*

Contagion）。书中对这一点的阐述更进一步。他们认为，模仿也是人们相互感染情绪的方式之一。[11] 也就是说，当我笑了一下，被你看见了，你又回笑一下时（即使这个回笑动作十分微小，你只用了几毫秒来完成它），这不仅仅是你在模仿我或者表示与我存在共鸣，也可能是我把快乐传播给你的一种方式。情绪具有感染力。从某种意义上说，这完全出于人的本能。当我们周围有人心情愉快时，我们自己也会变得愉快。但如果再仔细想一想，你就会觉得这种说法未免过于绝对。人们常常认为，面部表情反映内心世界。因为我开心，我才会微笑；因为我难过，我才会皱眉。情绪是由内向外流露的，但情绪的感染作用表明，情绪也可以反向产生影响。也就是说，如果我能让你笑起来，我就能让你开心；如果我能让你皱眉，我就能让你难过。从这个意义上说，情绪就是由外向内影响的。

如果我们顺着由外向内——而不是由内向外——这条思路来考虑情绪，我们就有可能理解某些人对他人产生巨大影响的方式了。有些人善于表达各种情绪和感受，这就说明，这些人比其他人更具情绪感染力。心理学家把这些人称作“情绪发送者”。情绪发送者具有特殊的性格特点，他们的心理也与众不同。比如，那些研究过面部表情的科学家发现，人们面部肌肉的位置、形状，甚至其带动的范围（这一点令人感到意外）都存在很大差异。卡西奥普说：“这与医学上的感染情况相同。有些人是带菌者，他们表情丰富，也有些人免疫力低，尤其容易生病。我们并不是说情绪感染是一种疾病，但是两者的原理是相同的。”

霍华德·弗里德曼是加州大学的一名心理学家，他开发了一种叫情感交流测试（Affective Communication Test）的方法，可以测量人们的情绪发送能力，或者说感染能力。[12] 该测试是一种可以自我控制的测量方法，其中一共有 13 个问题，比如在听到美妙音乐时你是否能做到无动于衷？你的笑声有多大？在与朋友交谈时你是否会触碰他们？你是否善于频传秋波？你是否喜欢成为人们关注的焦点？根据弗里德曼的统计，该测试的最高得分是 117 分，平均得分大约为 71 分。

得高分能说明什么？为了回答这个问题，弗里德曼做了一个非常有趣的实验。他选了几十个测试中的高分（90 分以上）获得者，还选了几十个低分（60 分以下）获得者，要求他们填写一份问卷。该问卷要测量他们“此刻”的感受。他把所有高分获得者送入不同的房间，每个人的房间里再安排 2 个低分获得者与其共处。他要求这些人在一起坐两分钟，他们可以对视，但不能交谈。结束这项活动后，他又要求这些人再填写一份更加详细的关于自己感受的问卷。弗里德曼发现，仅仅两分钟之后，在没有开口说话的情况下，低分获得者最后还是感染上了高分获得者的情绪。如果一开始魅力超凡者心情沮丧，而不善表达者心情很愉快，两分钟之后，那位不善表达者就也变得心情沮丧了。但如果开始的情况相反，那么效果也与上面的结果相反，只有魅力超凡的人才能用自己的情绪去感染房间里的其他人。

这是不是汤姆·高向我施展的魅力？与他见面给我感触最深的是他的声音。他像歌剧演员一样音域宽广。有时候，他说话听上去很生硬（在这种情况下，他最喜欢说的话是“请原谅我好吗”）；有时候，他会用轻松而懒洋洋的语调讲话；还有时候，他会边说边放声笑，话语伴随着笑声，非常悦耳。处于每种状态时，他的脸上都会出现相应的丰富表情，而且能从一种状态轻松自如地转变到另一种状态。他表情清晰，不存在任何含糊之处，一切都写在他的脸上。当然，我看不到自己脸上的表情，但我猜想，我的脸就像一面镜子在反射他的表情。现在我一回想起那个点头耳机实验就会觉得非常有意思。这是一个由外向内说服人的例子，或者说是一个外在示意影响内心决策的例子。在汤姆·高点头的时候我是不是也在点头？在高摇头时我是不是也在摇头？后来，我给高打电话，建议他做一次霍华德·弗里德曼的情感交流测试。当我们一个一个阅读上面的问题时，他开始呵呵呵笑了起来。等读到第二个问题——“我不擅长打哑谜之类的游戏”时，他放声大笑说：“我简直太善于此道了！玩哑谜游戏，我总能赢！”这个满分为 117 分的测试，他竟得了 116 分。

改变历史的特殊人物

1775 年 4 月 19 日清晨，马萨诸塞州列克星敦镇的居民聚集在镇上的公共广场上。他们的年龄从 16 岁到 60 岁不等，大家手里拿着步枪、利剑和手枪。早上，随着消息的传播，周围村镇的民兵队也加入了他们的行列，队伍在不断壮大。戴德姆镇派来了 4 支队伍。在林恩镇，男人们自发前往列克星敦。在那些再靠西一点儿，直到早上才得到消息的村镇，农民们放下耕犁和干了一半的活儿，急忙赶来加入列克星敦之战。在许多村镇，几乎所有男人都被召集起来一同迎战。他们没有制服，因此他们身着便服，即早上御寒的外衣和宽檐帽。

当这些居民匆匆赶往列克星敦时，英国正规军也正朝着该镇列队前进。到黎明时分，在微光中，前进的士兵们能看到四周的人影，手持武器的人们在周围的农田里匆匆穿行，比英国军队赶往列克星敦的速度还要快。当英国正规军走近镇中心时，他们能听到远处的击鼓声。最后当英国人来到列克星敦公共广场时，双方正面相遇：几百名英国士兵面对着不足100人的民兵队伍。交战第一个回合，在一阵枪林弹雨后，英国军队占了上风，打倒了7个民兵，但那只是当天几场战斗中的一场。英国军队继续向康科德镇进发，他们听说那里隐藏着枪支弹药库，打算进行系统搜查，然后他们又一次与民兵短兵相接。这一次，他们被打得落花流水，这就是美国独立战争的开端。这场战争造成众多军民伤亡，也使整个美国国力消耗巨大。1776年，当生活在北美殖民地的人民宣布独立时，全美上下欢呼雀跃，把这视为全民族的胜利。但是，美国独立战争实际上并不始于列克星敦之战。它始于那个寒冷的春天的早上，从一个小马童开始，然后由为数不多的几个极为特殊的人物引发一场口头信息传播浪潮，这场浪潮继而席卷了整个新英格兰地区。这些特殊人物就是几个推销员，以及一个同时具有内行和联络员天赋的男子。

• 3

附着力因素法则：《芝麻街》、《蓝狗线索》和教育"病毒"

要想把电视节目的教育意义和广告的价值传播开来，就必须使之产生附着力。在适当情况下，总是存在一种简单的信息包装方法，使信息变得令人难以抗拒。

《芝麻街》的创意

20 世纪 60 年代后期，电视制片人琼·甘茨·库尼决定发起一场流行潮。她的目标是 3 岁至 5 岁的儿童，她使用的传播媒介是电视，想要传播的“病毒”是读书识字。她的电视节目每周播放 5 次，每次 1 个小时。她认为，如果这档每天 1 个小时的节目足具传播力，它就能起教育引爆点的作用：那些观看电视节目的观众能把学习的重要价值传播给没有看到节目的人，从而感染众多儿童和家长，并在节目结束之后长时间地影响儿童。对于家庭条件较差的孩子，该节目能在他们踏入小学校门之前就助其一臂之力。库尼很可能没有使用过这些概念，她也没有这样来描述自己的目的。但在实质上，她就是想创造一种学习热潮，以表示她对当时社会的贫困现象和普遍文盲问题的不满。她把自己的想法称为“芝麻街”。[1]

不管怎么说，这都是一个大胆的创新思想。电视可以轻而易举地把信息传播给许多人，娱乐大众，让人眼花缭乱，但电视并不是一个专门的教育媒介。哈佛大学心理学家杰拉尔德·莱塞曾与库尼一同创办《芝麻街》节目，他说，在20世纪60年代后期，当他首次应邀加入这个项目时，他还心存疑虑："我始终致力于研究如何使教学方法与自己所掌握的儿童情况相配。我们得努力去发现孩子的长处，才能打动他们；努力理解孩子的弱点，才能避免触及这些弱点。然后，我们才能教育好孩子……电视可没有这种潜力，电视也没有能力做到这一点。"良好的教学需要师生间的互动，这牵涉到学生个体，需要动用所有的感官，要对孩子有所回应。但电视只是一个会说话的盒子。实验表明，要求孩子们读一段文字，并就这段文字对他们进行测试，与要求孩子们观看同一内容的录像带后对他们进行测试相比，前者的测试得分更高。教育专家因此认为电视"降低了参与度"。电视就像一种常规感冒，在人群中像闪电一般一闪而过，只能造成个别人吸鼻子，一天过后症状就马上消失了。

但是库尼、莱塞及另一个伙伴——纽约马克尔基金会的劳埃德·莫里塞特，仍然决定尝试一把。他们招募了一些在当时看来富有创造力且绝顶聪明的人才。他们借用了电视商业广告的技术来教儿童学习数字，并利用周六早上电视动画片里现成的动画内容教儿童学习英文字母。他们请来文艺界的名人在喜剧中唱歌、跳舞，或领衔主演一些喜剧小品，这些儿童教育喜剧弘扬合作精神，深刻体现儿童自己的情感世界。《芝麻街》设定的目标比任何儿童节目都高，付出的努力也比其他儿童节目都大，而且出乎意料的是，这一切努力竟然奏效了。实际上，每次在检查该电视节目的教育价值时——《芝麻街》所受到的教育效果检查比历史上任何儿童节目都更加严格——结果都证明它的确提高了小观众的阅读能力和学习能力。[2]该节目成功地将其具有感染力的信息传播给按时收看节目的观众，以及观众以外的千家万户，尽管没有几个教育家和儿童心理学家愿意相信这一点。《芝麻街》的创始人做了一件了不起的事情，他们的创作经过是引爆点的第二个法则——附着力因素法则的有力体现。他们发现，在把观念展示给学龄前儿童的过程中，做一些细微但非常关键的调整，就能克服将电视作为教学工具使用时存在的弱点，且能使电视上的内容变得令人难忘。《芝麻街》成功的原因就在于它掌握了使电视节目产生附着力的秘诀。

直销员旺德曼的金盒子

我在前一章里谈到了个别人物法则，该法则认为，发起流行潮的一个至关重要的因素是信息传播者的性格特点。一双鞋、一个紧急情报、一种传染病或者一部新电影，都可能仅仅因为其与某个特别人物的关联而变得极具传染力。但在所有那些实例中，我都把消息视为本身就能传播的东西。保罗·里维尔发起了一场口头信息传播浪潮，他使用的那句话是“英国人就要来了”。如果他那次骑马夜行是为了告诉人们他正在降价出售自己银器店里的白镴杯，那么不管他多么富有个人魅力，他也不可能把马萨诸塞州的乡村地区都动员起来。

同样地，罗杰·霍肖把女儿带他就餐的餐馆的信息用电子邮件告诉自己所有的朋友，这是发起口头信息传播浪潮的第一步。但显然，要使这种传播浪潮真的流行开来，那家餐馆本身必须保持良好的食物质量和服务质量，它还必须给前来就餐的顾客留下深刻的印象。在流行潮中，信息传播者非常重要，因为只有这些特殊的信息传播者才能让消息传播开来，但同时，信息的内容本身也非常重要。一则信息成功的具体因素就在于其“附着力”，一则信息——或一种食物、一部电影、一款产品——是否令人难忘？它本身是否能促成变化，激发人们采取行动？

附着力听起来好像应该直截了当。我们大多数人会为了让听众记住自己的讲话内容而加强讲话的语气，我们会提高声音，或者重复讲话内容。销售人员的做法也是如此。在广告行业里有这样一句箴言：任何人至少要看过某一广告 6 遍，才能记住其内容。这句话对可口可乐公司和耐克公司都发挥了重要作用，这两家公司都投入了数百万美元用于市场营销，也支付得起所有媒体上的广告和对自家品牌的报道等的费用。但对于想要凭着有限的预算额，以及电视上 1 个小时的节目量就发起读书学习潮的这群人来说，这种传播方法就失去了作用。要想使事物具有附着力，是否还存在其他更微妙、更容易的办法呢？

我们来看一看直销领域的做法。一些公司付费让杂志社为其刊登广告，或者直接邮寄附带优惠券的邮件，希望读者剪下来，并附上对产品的反馈意见寄回公司。让消费者知道产品信息并不是直销的困难所在，其困难在于让消费者花时间去读广告，记住广告，并采取相应的行动。为了弄清楚哪些广告的效果最好，直销业务员需要进行广泛的试销活动。他们可能会把同一则广告制作成十几个不同的版本，然后在十几座不同的城市同时进行宣传，再比较这些城市对不同广告版本所做出的反应。传统广告商对于一则广告是否能成功事先就有一定把握，这涉及幽默感、色彩斑斓的画面和名人对产品的赞誉。相比之下，直销业务员没有这类事先概念，因为邮寄回来的优惠券数量或对电视广告做出回应而拨打800电话进行订购的人数，能给他们一个客观的、真实的效果衡量标准。在广告领域，直销业务员对广告的附着力进行了认真的研究分析，一些关于如何使产品深入消费者内心的最为诱人的结论就是他们的工作成果。

比如，在20世纪70年代有一位传奇式的直销业务员，名叫莱斯特·旺德曼。他就哥伦比亚唱片公司这一客户向麦迪逊大街的麦肯广告公司发难。哥伦比亚唱片公司过去是——如今仍然是——世界上最大的邮购公司之一，公司于20世纪50年代成立以来，旺德曼一直负责其广告宣传业务。[3]然而，哥伦比亚公司后来决定聘用麦肯公司来为其制作一系列电视商业广告，以配合旺德曼正在创作的直销印刷广告。这些商业广告不是插播在夜间节目里的，也没有800免费电话，它们只是些标准化的电视画面，目的仅仅是唤起人们对产品的关注。旺德曼心里不是滋味，这一点我们应该可以理解。他负责哥伦比亚公司的广告业务有20多年了，丝毫不愿意把任何一点儿业务拱手让给竞争对手。他也不相信麦肯的广告会给哥伦比亚公司带来任何实际利益。为了解决这个问题，他提议进行一次试验。他说，哥伦比亚公司应该对他的公司在全美26个媒体市场的本地版《电视指南》（*TV Guide*）杂志和《大观》（*Parade*）杂志上为其刊登的广告进行全面补充，允许麦肯在其中13个市场上播送其“唤起关注”的电视商业广告，而在剩余的13个市场上，旺德曼将宣传他自己的一系列电视广告。谁设计的广告在当地《电视指南》杂志和《大观》杂志上的回应率增加得更多，谁就赢得所有的业务。哥伦比亚公司同意了，一周后，他们把结果制成了表格。旺德曼的市场回应率增加了 80%，而麦肯只增加了 19.5%。旺德曼大胜麦肯。

旺德曼取胜的关键在于他所谓的“猎宝法”（treasure hunt）。在《电视指南》杂志和《大观》杂志上的每一则广告里，他都让艺术总监在优惠购物单的一角放上了一个金色的小盒子图案。然后，他的公司在一系列电视广告词里告诉大家“金盒子的秘诀”。观众被告知，如果他们能够在自己买的那份《大观》和《电视指南》上找到金盒子，他们就可以通过写信免费获得哥伦比亚公司产品清单上的任意一张唱片。旺德曼总结说，那个金盒子就是触发器，它给了电视观众一个理由去寻找刊登在《电视指南》和《大观》上的广告。它也把哥伦比亚的电视广告和杂志广告连接起来了。旺德曼写道：“这个金盒子使得读者（观众）变成了互动广告体系中的一部分。观众已不仅仅是在充当观众的角色了，他们也成了参与者，就好像是在做一个游戏……可见，这项活动的效果有多么惊人。1977 年，哥伦比亚公司在杂志上刊登的长期广告中，没有一则广告带来了实际效益。1978 年，有了‘金盒子’电视广告的支持，每份杂志的广告都开始带来效益，这样的突然好转简直是史无前例的。”

该故事的有趣之处在于，所有的人都认为麦肯会在试验中获胜。金盒子这一想法听起来像是个馊主意。哥伦比亚公司开始也心存疑虑，旺德曼花了好几年才说服公司让他试一把。与此同时，麦肯公司是麦迪逊大街的后起之秀，以富有创造力和深谋远虑著称。麦肯在广告上所花的资金比旺德曼多 4 倍，他们不惜花钱购买黄金时段的广告位，而旺德曼的广告却都出现在凌晨时间。在上一章里，我谈到了流行潮在一定程度上与收到信息的人数相关，按照这个标准，麦肯确实走在了别人的前面。麦肯在广告的所有重要方面的做法都是正确的，但它却没有想到最后那个小小的润色，即那个能使信息具有附着力的金盒子。

大家如果仔细研究一下能触发流行潮的想法或信息，就会发现，那些使之具有附着力的因素常常都是些看上去微不足道的东西，就像旺德曼的金盒子。想一想 20 世纪 60 年代社会心理学家霍华德·莱文瑟做的恐惧实验。[4] 莱文瑟想要看看自己是否有能力说服一组耶鲁大学的高年级学生去注射破伤风疫苗。他把这些学生分成几个小组，并给每个学生发了一本 7 页的小册子，上面解释了破伤风的各种危险性和打预防针的重要性，同时告诉大家，校医院卫生中心为感兴趣的同学免费注射破伤风疫苗。这些小册子有几种版本：有些学生拿到的是“高恐惧”版本，里面使用了夸张的文字来描述破伤风的症状，还配有一些彩色照片，照片上有个破伤风发病患儿，还有几个插着导尿管、鼻管，并带有气管切开术伤口的破伤风患者；在“低恐惧”版本里，描述破伤风危险性的文字语气非常克制，而且其中省去了照片。莱文瑟想看看不同的小册子对学生们如何看待破伤风会产生什么影响，以及对他们去医院注射疫苗的可能性有什么影响。

它的结果在一定程度上是可预测的。后来，当这些学生收到一份问卷时，大家看上去对破伤风的危险性都已有了很好的了解。那些拿到高恐惧册子的学生会更加相信破伤风的危险性和注射疫苗的重要性，更有可能去接受疫苗注射。然而，当莱文瑟调查到底有多少学生真的去注射了疫苗时，这些差异都消失了。一个月后，几乎没有多少被试——仅有 3% 的人——真正去卫生中心接受疫苗注射。不知是什么原因，这些学生竟然忘记了破伤风的危险性，所以他们并没有采取相关的行动。可见，该实验没有产生附着力。这是为什么呢？

大家如果之前并不知道附着力因素的存在，就很可能得出这样的结论：小册子上给学生们提供的解释一定有问题。人们可能会想，用吓唬学生的方法是否可行，是否忌讳破伤风是一种普遍现象，所以学生不愿意承认自己身处危险之中，或者也许是学生非常害怕医疗服务本身。不管怎么说，只有 3% 的学生做出反应，这一点表明，要达到目标，前面的路还很长。但附着力因素法则给了我们很大的启发，它表明，问题可能根本不在于人们对完整信息的理解，实验唯一需要的可能就是加入一个小金盒。果然，当莱文瑟重复这个实验时，他仅做了一个小小的变动，就使疫苗接种率提高到了 28%。他只是在小册子上附了一张校园地图，在校医院大楼处画了一个圈，并列出了接种疫苗的具体时间安排。

这项研究得出了两个有趣的结果。第一，有 28% 的学生去接受疫苗注射，而且高恐惧组和低恐惧组里去注射疫苗的人数相同。高恐惧册子的说服力尽管很大，却显然与目的不相干。学生们即便不看恐怖的照片，心里也明白破伤风的危害，知道自己应该做些什么。第二，有趣的是，作为高年级的学生，他们自然早已知道校医院的位置，而且毫无疑问，他们都去过好几次。而更让人感到疑惑的是，学生中是否有谁真的使用过这张地图。换句话说，发起预防破伤风流行潮所需要的不是铺天盖地的新信息或额外信息，而是让学生们知道如何把预防破伤风一事合理安排到自己的生活里。增加一张地图和注射时间安排后，就把小册子从一堂抽象的健康危害课——这堂课与他们以前听到过的无数其他类似的理论课没有区别——变成了一个针对个人健康的实际建议。一旦建议变得实际而且符合个人需要，它就会变得令人难忘。

莱文瑟的恐惧实验和旺德曼在哥伦比亚唱片公司所做的工作，对于如何发起社会流行潮都具有重大的启发意义。

生活在当下，大家都被淹没在求关注的人群之中。就在过去的10年间，电视网每小时用于插播广告的时间就从6分钟增加到了9分钟，而且这个时间每年还在继续增加。据总部设在纽约的媒体动态公司估计，普通美国民众现在每天被254个商业广告包围，20世纪70年代以来这个数字增加了近25%。如今，互联网上建立了数百万个网站，有线电视通常能接收到50多个频道，你只要在书店里瞥一眼杂志内容，就会发现市面上每周每月都会涌现数以千计的充斥着各种广告和信息的杂志。

在广告业，这种信息过量现象被称为“信息混杂”问题，这种信息混杂现象使得任何一则信息都越来越难产生附着力。可口可乐公司耗资3 300万美元才获得1992年奥运会的赞助权，但是，尽管公司大张旗鼓地进行促销，最终却只有12%的电视观众意识到可口可乐是当年奥运会的专用软饮料，另有5%的电视观众还错误地认为百事可乐公司才是当年奥运会真正的赞助商。根据一家广告研究公司所做的研究，在2.5分钟的商业广告时间段里，如果出现了至少4则持续15秒的不同广告，那么，任何一则15秒广告的效果都会降低到几乎为零，因为我们谁也记不住自己听到、看到、读到的大多数信息。信息时代使信息的附着力生效成了难题。但是，莱文瑟和旺德曼的例子表明，现实中可能存在一些强化附着力和把附着力系统地注入信息的简单做法，这对推销员、教师和经理人来说显然非常重要。

要阐明加强附着力的巨大价值，也许没有什么比儿童教育节目——尤其是《芝麻街》和后来受到其启发而诞生的《蓝狗线索》节目的创办者付出的努力更能体现这一点了。

《芝麻街》的启示

《芝麻街》的最出名之处是它吸引来了几位富有创造力的天才，其中包括吉姆·亨森、乔·瑞普瑟和弗兰克·奥兹。这些人凭着直觉把握住了儿童的心理，他们就像电视节目领域的比阿特丽克斯·波特、L. 弗兰克·鲍姆或者苏斯博士[①]。但如果你认为《芝麻街》是一个创办者在苦思冥想后灵光一闪而构想出来的节目，那你就错了。实际上，该节目的不同寻常之处在于，它在一定程度上恰好与那种费力及刻意地设计制作产品的做法相反。《芝麻街》的创意只是围绕一个突破性的领悟：如果你能牢牢吸引孩子们的注意力，那么你就

① 比阿特丽克斯·波特（Beatrix Potter），英国儿童图书作家与插画家，代表作品有《彼得兔的故事》系列，“彼得兔”成为孩子们心中的童话明星；L. 弗兰克·鲍姆（L. Frank Baum），美国儿童文学作家，代表作品为《绿野仙踪》，其作品充满想象力；苏斯博士（Dr. Seuss），美国儿童文学畅销书作家，创作了许多极富创意和想象力的故事。——编者注

能教育好他们。

这似乎是件显而易见的事，但其实不然。直到今天，有许多电视评论家都认为，电视的危害在于它能让人上瘾——儿童，甚至成人都会呆呆地、一动不动地盯着电视屏幕看。根据这个观点，电视之所以能牢牢吸引大家的注意力是因为它展示给人们的形式特色，即暴力、强光、奇特的声音、快速的剪辑、画面的快速变焦、夸张的动作，以及其他所有与商业电视相关的形式。也就是说，我们不必看懂画面上的内容或吸收画面上的信息，也能继续观看。这正是在谈到电视的被动性时，许多人想表达的意思。大家如果被电视上的嗖嗖声和砰砰声吸引，就会接着往下看；如果感到厌倦了，就转移目光，或者换个频道。

然而，20 世纪 60 年代至 70 年代的早期电视研究者——尤其是马萨诸塞大学的丹尼尔·安德森却开始意识到，问题的关键并不在于学龄前儿童是如何看电视的。伊丽莎白·洛奇是阿默斯特学院的一名心理学家，她解释道："我们一般认为当儿童一坐下，注视着屏幕时，他们马上就会被吸引过去盯着看。但是，当我们开始仔细观察孩子们时，我们发现他们更多时候是简短地看一眼屏幕，还有一点差异是，孩子们并不只是坐下来一直注视着屏幕的，他们可以一心二用，而且会不时地随意转移注意力。让他们把目光转回屏幕的原因是可以预见的，这些原因绝对不是琐碎而不起眼的东西，不是强光一闪，也不是一个冲撞动作。"[5] 洛奇曾经对《芝麻街》里的一段情节重新做出修改，把一些重点场景的次序搅乱。如果孩子们仅仅是对闪烁的强光和冲撞动作感兴趣，那么这样的修改不会产生不同的效果。节目中仍然保留了那些歌曲、木偶、鲜亮的色彩、动作及所有使《芝麻街》如此精彩的形式。但是，修改后的版本的确产生了不同的效果。孩子们再也不看了，如果他们弄不明白自己在看些什么，他们就不会往下看。

在另一个实验里，洛奇和丹尼尔·安德森给两组5岁儿童看了《芝麻街》里的一段故事，其中一组孩子被安排在一间地上摆满了有趣玩具的房间里。正如大家预料的那样，那些待在没有玩具的房间里的孩子在大约87%的时间里都在看电视，而那些有玩具玩的孩子只看了节目47%的内容。这说明孩子们的注意力被玩具分散了。但是，他们在检查这两组孩子记住和理解了多少节目内容时，却发现两组得分完全相同。这个结果令两位研究员大吃一惊。他们认识到，儿童观看电视的方式比人们过去所想的情况更加复杂。他们写道："我们由此得出这样的结论：那些有玩具玩的5岁儿童能够很有策略地分配自己的注意力，即在玩玩具和观看电视之间分配注意力，这样他们就只需要观看节目中最有信息量的部分。这种方法非常有效，孩子们在这种情况下获得的信息量与注意力集中时一样多。"

如果把玩具研究和搅乱场景研究这两项研究结合起来，我们就能得出一个关于儿童与电视的非常极端的结论。儿童看电视并不是因为他们的兴趣被激发出来了，他们转移注意力不再看也不是因为感到厌倦。事实是，儿童看电视是因为他们看懂了节目内容，而转移注意力不再看是因为他们看不懂。如果你从事电视教育工作，这一点就显得至关重要。也就是说，如果你想知道孩子们是否从电视节目中学到了知识，或者学到了什么知识，你要做的就是观察他们在看些什么内容。如果你想知道孩子们没有学到哪些知识，你要做的就是观察他们不看哪些内容。学龄前儿童的看电视行为非常复杂，但我们可以通过简单的观察来确定儿童节目的附着力何在。

率先研究《芝麻街》的是俄勒冈州的心理学家爱德华·帕尔默，把电视用作教学工具是他研究的专业方向。[6]20世纪60年代后期，当儿童电视工作室被创办出来时，帕尔默自然就成了该工作室的成员。他笑着说："我可是他们所能找到的唯一从事儿童电视教学研究的成员。"帕尔默接受的任务是：检查那些学术顾问设计出来的《芝麻街》教学大纲是否真的会受到观众的喜爱。这可是一项重要任务。参与《芝麻街》创作工作的人员说，如果没有爱德华·帕尔默，该节目的播放绝对不会超过一个季度。

帕尔默的创新之处在于他运用了所谓的干扰物。他在电视监视器上播放《芝麻街》里的一个故事，然后在旁边的一个屏幕上播放幻灯片，并每隔7.5秒就换一张新幻灯片。帕尔默说："我们使用了一套大家所能想象的花样最多的幻灯片，其中包括一个在马路上骑着车、胳膊向两边伸展的人，一幢高楼，一片漂浮在水波上的树叶，一道彩虹，一张显微镜下的照片，一幅埃舍尔①的魔幻图画等等一切新奇的人物和事物。这正符合我的思路。"然后，帕尔默把一些学龄前儿童两两一组分批带入房间，给他们放映电视节目。帕尔默和他的助手坐在离孩子们不远的位置，拿着铅笔和纸，记录下孩子们观看《芝麻街》的时刻，以及他们对节目失去兴趣转头去看幻灯片的时刻。每换一张幻灯片，帕尔默和助手就重新标记一次，等到节目结束时，他们

① 莫里茨·科内利斯·埃舍尔是著名的图形艺术家，其图画作品包含形象化的数学原则和思想，在观感上具有使人迷惑的魔幻效果。——编者注

几乎是一秒一秒地记录下了短剧中那些抓住观众注意力的地方，以及那些没有引起观众注意的部分。这里的干扰物就像一台具有附着力的机器。

帕尔默说："我们用尺寸比较大的绘图纸，这种纸有 2 英尺宽、3 英尺长，然后我们把几张这样的纸粘在一起，把记录的数据（别忘了，我们每 7.5 秒记录一次数据，一集节目中一共记录了将近 400 个数据）用红线连接起来，这样，它看上去就好像是华尔街股票市场报告图。无论线条垂直落下还是逐渐向下倾斜，我们都会发出惊叹，自问这说明了什么。当线条出现在最上方时，我们会说，哦，这一段可真能抓住孩子们的注意力。我们把干扰分数用百分制的形式制成了表格。有时候，分数竟能达到 100%；大多数情况下，孩子们的平均得分大约是 85% 至 90%。如果制作团队在场，他们一定会非常高兴。而如果平均得分在 50% 左右，他们就要回到绘图室接着忙了。"

帕尔默又测试了其他几部儿童电视节目，例如动画片《猫和老鼠》及《袋鼠船长》，他比较了这些节目中与《芝麻街》效果相同的部分。帕尔默把掌握到的所有情况都反馈给节目制作者和创作者，这样他们就能相应地对材料稍加调整。比如，儿童电视节目的制作者通常认为孩子们喜欢观看动物。帕尔默说："制作团队往往喜欢绘制猫、食蚁兽或者水獭给孩子们看，并让它们活蹦乱跳，他们自认为那样很有趣。但我们的干扰物实验表明，每次出现这种画面，就好像出现了一颗炸弹，孩子们都躲着它。"

他们对《芝麻街》中的一个名叫阿尔法贝特的角色投入了大量精力，该角色的特点是满口双关语。帕尔默的研究却表明孩子们很讨厌他，之后这个角色就被取消了。干扰物数据图显示，《芝麻街》的每个情节最好都不要超过 4 分钟，3 分钟可能是最佳的时间安排。在他的极力要求下，制作者们简化了对话语言，放弃了成人电视节目中使用的一些技术。

帕尔默说："我们感到意外的是，学龄前儿童不喜欢成年角色相互争吵，也不喜欢两三个人同时说话。制作者们的创作直觉告诉他们，要用花里胡哨的东西渲染场景，这样似乎就是在告诉大家，故事非常扣人心弦。而事实并非如此，在看到这类场景后，孩子们的目光便会离开屏幕。他们从中获得的信息不是正在发生扣人心弦的事情，而是正在发生令人不解的事情。接着，他们就失去了兴趣。"

"第 3 季或第 4 季节目播出之后，我发现，很少有某个故事的得分低于 85%。我们几乎再也没有看到 50% 或 60% 的得分情况了。如果真的发现了，我们就会马上进行修改。你听说过达尔文的适者生存理论吗？我们就有一套机制能确定谁是适者，决定谁应该生存。"

但是，帕尔默关于干扰物的最重要的发现，实际上出现在《芝麻街》开始播放之前。莱塞还记得："那是 1969 年夏，离开播日期还有一个半月。我们决定竭尽全力拼一把。我们想制作 5 部完整的节目，每部 1 个小时，然后搬上电视，这样我们就能掌握一些情况。"为了验证节目的好坏，帕尔默把这些节目带到费城，用 7 月的第三周这整整一周来播放这些节目，一批批的观众都是来自费城 60 个不同家庭的学龄前儿童。那段时期非常艰苦，费城处于热浪之中，观看节目的孩子们可能会烦躁不安，注意力不集中。就在同一周，"阿波罗 11 号"成功登月，可以理解，有些孩子更想观看那个历史时刻，而不是《芝麻街》。帕尔默的干扰物研究得出了最令人失望的结论。莱塞说："这些研究结论几乎把我们摧毁了。"

问题在于，制作团队在最初考虑节目创作时就遵循一个规定，即节目中的幻想内容必须与现实分开，这是在许多儿童心理学家的坚决要求下制订的。因为这些心理学家认为，如果把幻想与现实混在一起，就会对儿童造成误导。木偶只能与木偶一起出现，而且《芝麻街》的场景里面只能出现真实的成年人和儿童。但在费城，帕尔默发现，一旦画面切换到街景，孩子们就失去了全部兴趣。莱塞说："我们原本期望街景成为片中的黏合剂，所以我们总是把镜头转回街景，让街景把整个节目串在一起。但街景中只有成年人在活动和交谈，孩子们对此根本没有兴趣。我们测得的注意力分数简直低得令人难以置信，孩子们在逐渐走神。而当木偶回到屏幕上时，孩子们的注意力又会提高。我们可不能像这样让观众不断流失。"莱塞把帕尔默的研究结果称为"《芝麻街》历史上的一个转折点"。"我们当时知道，如果我们任由这种街景存在下去，那么这个节目就要完蛋了。一切都迫在眉睫，夏季进行试播，秋季就要正式播放，我们必须想出解决办法。"

莱塞决定对科学顾问的见解提出挑战。"我们决定写信给所有实验心理学家，告诉他们，我们理解他们这些人反对把幻想和现实混合在一起的想法。但是，我们还是要这样去做，如果不这样做，我们就彻底完蛋了。"所以制作者们回去重新设计所有的街景。亨森和他的同事们创作了一些能与大人小孩一起步行交谈的木偶，并且安排这些木偶与他们同住在那条街上。帕尔默说："从此就诞生了大鸟、爱抱怨的奥斯卡和史纳菲[①]。”我们认为《芝麻街》的精华就在于把毛茸茸的怪兽与认真严肃的成年人巧妙地融合在一起，这一切源于该节目对附着力的疯狂追求。

然而，干扰物尽管有其魅力，也不过是一种相当粗糙的工具。它只是告诉大家，孩子如果看懂了屏幕上发生的事情，就会集中注意力。但这并没有告诉我们孩子到底看懂了什么，或者更准确地说，这并没有说明白孩子是否在关注他应该关注的东西。

下面是《芝麻街》的两个片段，其中都使用了所谓的混合视觉方法，这两个片段都是在教儿童识字，即把清晰的发音串在一起。比如，有一个片段是关于“HUG”（拥抱）的，一个木偶女孩来到屏幕中央的 HUG 一词跟前，她站在字母 H 旁边，准确地读出该字母，然后来到字母 U 旁边，清晰准确地读出 U，再来到字母 G 旁边读出 G。接着她重复了一遍，依然按照从左向右的顺序把每个字母分别读了一遍，最后，她再读出单词 HUG。在她做这件事情时，木偶赫里·蒙斯特走入屏幕，跟着重复她的发音。该片段的结尾是赫里·蒙斯特拥抱这个快乐的木偶小女孩。

另外一个片段叫“奥斯卡连字游戏”，爱抱怨的奥斯卡和木偶克拉米做了一个名叫“拆字”的游戏，在游戏中，大家可以拼字，也可以拆字。奥斯卡首先说了字母 C，该字母就马上出现在屏幕左下角。奥斯卡告诉克拉米，字母 C 的发音是“cuh”（科）。然后，两个字母 a 和 t 突然出现在屏幕右下角，克拉米把这两个字母读了出来，即发

① 大鸟（Big Bird）、爱抱怨的奥斯卡（Oscar the Grouch）和史纳菲（Snuffleupagus）均是《芝麻街》里的主要角色。——编者注

“at”（艾特）音。他们俩开始来回踱步，奥斯卡读着“科”，克拉米读着“艾特”，而且越读越快，直到两人的声音混在了一起，变成了“cat”（开特），这时屏幕下方两边的字母也移到了一起，变成了“cat”（猫）。这两个木偶重复了好几次“开特”，然后，单词“cat”就在屏幕上消失了，同时伴随着一声坠落声。然后又开始了同样的过程，这次要学的单词是“bat”（蝙蝠 / 球拍）。

这两个片段都很有趣，它们抓住了孩子的注意力。在干扰物的研究中，这两个片段得分都很高。但是，它们是否真的教给孩子们阅读的基本知识了呢？这个问题有一定的难度。为了回答这个问题，20世纪70年代中期，《芝麻街》节目的制作者请来了由心理学家芭芭拉·弗拉格带领的哈佛大学研究团队，这些人都是拍摄眼动（眼球运动）的专家。眼动研究基于这样一个观点，即人的目光一次只能集中在一个非常小的被称为视觉距（perceptual span）的范围内。我们在读书时，目光一次大概只能捕捉一个关键字及其左边的4个字和右边的15个字。我们的目光就是这样从一组字跳跃到另一组字，然后在上面停留片刻以便看清楚每个字的。我们之所以能够把目光聚集在那一部分文字上，是因为眼球中的大多数对眼睛所看到的事物进行加工的感受器集中在视网膜中央的一个叫作中央凹的微小区域里。这就是我们看书时眼球移动的原因：我们如果不把中央凹直接对准图形、颜色或者语言结构，就无法吸收到有关它们的许多信息。比如，大家可以一起来试着注视本页的中心位置，重新阅读一下这段文字。这显然无法做到。

如果你能追踪到某人中央凹的运动及其注视的内容，你就能极为准确地掌握此人到底在看些什么，到底在吸收什么信息。那些制作商业电视广告的人就对目光追踪情有独钟。当用一个漂亮的啤酒瓶模型做啤酒广告时，关键是要掌握，观众中那些年龄约为22岁的男性是否只是盯着模型，还是最后把目光转移到了真正的啤酒罐上。1975年，《芝麻街》走入哈佛大学，目的就是研究儿童在观看“奥斯卡连字游戏”片段或“HUG游戏”片段时，是否真的在观看和学习单词？或者他们就只是在看木偶？[7]

该实验共有24位5岁儿童参与，他们由家长带到哈佛大学教育学院待了一周。根据要求，他们轮流坐在一把旧式理发椅上，椅子距离一台17英寸[①]彩色电视监视器约有3英尺远，椅子上有一个柔软的头垫。一台海湾西方公司（Gulf & Western）制造的红外线探视器就放在电视监视器左边的不远处，对准每个儿童眼睛的中央凹并追踪其眼动情况。研究人员发现“HUG游戏”大获全胜，76%的孩子的目光都集中在这几个字母上。更有83%的学龄前儿童的目光是从左至右移动的，并且他们在仿读，也就是说，孩子们在进行真正意义上的朗读。而“奥斯卡连字游戏”面对的却是一场惨败，只有35%的孩子的目光集中在那几个字母上。这些学龄前儿童竟没有一个是从左至右跟着读单词的。问题出在哪里？首先，字母不应该出现在屏幕下方，因为正如几乎所有眼动研究所证实的那样，在看电视的时候，人们容易把目光集中在屏幕中央。这个问题其实还是次要的，更重要的问题是，孩了们的目光主要集中在奥斯卡身上，所以他们就不去看字

---

① 1英寸为2.54厘米。——编者注

母了。这就相当于在啤酒广告中，观众只注视着啤酒瓶模型，而不是真正的啤酒罐。弗拉格说：“我还记得‘奥斯卡连字游戏’里的奥斯卡非常活泼。他在那里小题大做，而单词又离他那么遥远。他说个不停，也动个不停，手里还拿着东西。干扰因素太多了，孩子们根本不会把目光集中到字母上，因为奥斯卡本身太有趣了。”在这里奥斯卡很有附着力，而这堂课却没有附着力。

《芝麻街》留下的遗憾

《芝麻街》给我们的经验是：如果你认真考虑了所用材料的结构和形式，你就能通过些许调整大大加强其附着力。但是否有可能制作出一档比《芝麻街》更具附着力的节目呢？这个问题是20世纪90年代曼哈顿尼克罗迪恩电视网的3位年轻的电视制片人提出的。问题提得合情合理，《芝麻街》毕竟是20世纪60年代的作品，在这30年间，关于儿童心理方面的研究已经取得了巨大进展。尼克罗迪恩的制片人托德·凯斯勒参与过《芝麻街》的创作工作，但他因为当时感觉不太满意，所以就离开了制片组。他不喜欢该节目那种像杂志一样快节奏的形式，他说：“我喜欢《芝麻街》，但我始终不认为孩子们只有短时注意力，我相信他们很容易就能一动不动地坐上半个小时。”他发现传统儿童电视节目过于呆板，他还说：“因为这些小观众并不是都那么会说话，有些甚至还在学说话，所以，通过画面就让他们能看懂故事，这一点非常重要。电视是一种视觉媒体，要想使它深入人心，具有强大的魅力，就必须利用其对视觉的作用。有许多儿童电视节目都充斥着对话，观众很难听懂，很难跟得上。”凯斯勒的同事特蕾西·桑托麦罗是看着《芝麻街》长大的，她有同样的疑虑。桑托麦罗说：“我们想从《芝麻街》中吸取点儿东西，然后前进一步，因为电视是一个很好的教育媒介。但直到今天，人们还没有开发出电视的这种潜力，大家一直在套用老方法。我相信我们有能力改变这种局面。”

于是他们推出了一档名叫《蓝狗线索》的节目。节目每次只播放半个小时，而不是一个小时。该节目也不存在全体演出人员一说，真人角色只有一个。这个角色名叫史蒂夫，他 20 岁出头，穿着一条卡其布裤子和一件橄榄球运动衫，看上去很单纯。他是节目的主角。每个情节不再像杂志那样形式多变，整个节目只有一条故事主线，是关于一只名叫“蓝狗”的卡通小狗的英勇事迹。这个节目给人一种二维平面的感觉，它更像一本小图画书的录像版本，而不像是一档电视节目。它节奏很慢，剧本里的许多地方都插入了令人难耐的长时间的停顿，《芝麻街》里特有的幽默、俏皮话和机敏灵巧在这个节目里都不存在。剧中的一个被赋予了生命的角色是“邮箱”（Mailbox），还有其他两个常出现的角色，一个是“铁铲”（Shovel），另一个是“提桶”（Pail）。当然，蓝狗这位剧中的明星浑身都是蓝色的，因为它就代表蓝色这种颜色。

通常一个成年人在看了《蓝狗线索》后不禁要怀疑它到底哪一点比《芝麻街》好，但它的确比《芝麻街》效果更好。1996 年，在《蓝狗线索》首次播出后的几个月里，它的收视率就远远超过了《芝麻街》。在干扰因素检测中，它在控制儿童注意力方面的得分高于《芝麻街》。亚拉巴马州大学的教育研究家詹宁斯·布赖恩特对 120 名儿童进行了研究，这项研究通过一系列的认知能力测试，比较了《蓝狗线索》的固定观众和其他电视教育节目的观众之间的异同。

布赖恩特说：“6 个月后，我们开始发现这两组观众之间存在很大差异。我们几乎衡量了他们所有的灵活思维能力和解决问题的能力，统计数字显示了巨大的差异。如果试卷上有 60 道选择题，我们就会发现观看《蓝狗线索》的观众组能正确选出 55 道题的答案，而对照组只能选对 35 道。”《蓝狗线索》可能是目前最具附着力的儿童电视节目。

这样一个没有经过多少预先加工的节目，其附着力为何会超过《芝麻街》？答案是：尽管《芝麻街》节目不错，但它却存在一些看似微小却不容忽视的局限性，比如要持续反映人物的聪明才智而产生的问题。从一开始，《芝麻街》的目标就是既吸引儿童，又吸引大人。其关注焦点是许多儿童，尤其是来自低收入家庭的儿童面临的一大问题就是家长不支持或者不参与他们的教育过程。《芝麻街》的主创人员就想创作一档父母愿意与子女一同观看的节目。这就是该剧为什么注入了“成人”因素，常常出现双关语，以及涉及诸如《经典剧场》或者塞缪尔 · 贝克特[①]的《等待戈多》等大众文化的模仿作品。（该剧本的主要作者是卢 · 伯杰，他说他之所以申请参与《芝麻街》的创作工作，是因为 1979 年他在和儿子一起观看节目时看到了“克米特”故事梗概。“那是一个迷人的童话故事。故事里的人物在寻找一位心情沮丧的公主。克米特跑到这位木偶公主面前说，”这时伯杰用了酷

① 塞缪尔 · 贝克特（Samuel Beckett），20 世纪爱尔兰作家，其创作领域主要有戏剧、小说和诗歌，尤以戏剧创作成就最高。他是荒诞派戏剧的重要代表人物。——编者注

似克米特的声调，"'对不起，请问您是一位心情沮丧的公主吗？'而她却说：'这件衣服看上去怎么样？像一套滑稽可笑的衣服吗？'我记得当时自己在想：'这可真棒。我要去那里工作。'")

问题在于，学龄前儿童理解不了这类玩笑，里面的幽默——如精心设计的双关语"心情沮丧"[①]——只会起分散注意力的作用。《芝麻街》中还有一个关于"罗伊"的故事，它是在1997年圣诞节的前夜播放的，这也是一个很好的例子。故事一开始的情景是：大鸟遇到了一名邮递员，邮递员以前没有来过芝麻街。他递给大鸟一个包裹，大鸟立刻感到迷惑不解，并说："如果这是您第一次来到这里，那您是怎么知道我就是大鸟的？"

邮递员：说起这事，您得承认，这很容易！（对着大鸟做了一个手势）

大鸟：那是？（自我打量了一下）哎呀，我明白了。这个包裹是寄给"大鸟"的，我就是一只大鸟啊。有时候我自己都忘了，我正如自己的名字一样："大鸟"就是一只大鸟。

故事中，大鸟伤心起来。它意识到其他人都有自己的名字，如奥斯卡或史纳菲，而自己的名字只是一种动物的名称。它问邮递员叫什么名字，邮递员回答说自己叫伊莫金。

---

① "心情沮丧"原文是distress，与"这件衣服"（this dress）的英语读音类似，有双关语的效果。所以在克米特询问公主是否心情沮丧时，公主便如此回答。——编者注

大鸟：哟，真是个好听的名字。（看着摄像机镜头，带着渴望的神情）我希望自己也能有一个像这样的名字，而不是这个代表我这种动物的名称，我就好像是个苹果，或者一把椅子，或者其他什么似的。

接着，大鸟就开始琢磨给自己起个什么样的新名字。在史纳菲的帮助下，它动员芝麻街上的所有住户给它推荐名字——扎克德克、布奇、比尔、奥马尔、拉里、萨米、埃比尼泽、吉姆、拿破仑、兰斯洛特、罗基——最后它决定采用罗伊这个名字。但是，当大家开始用它的新名字称呼它时，大鸟才意识到自己根本就不喜欢这个名字。它说："不知道为什么，这名字听起来别扭。我犯了一个大错。"它恢复了原来的名字。它最后说："即便大鸟这种名字不常见，但它毕竟是我的名字，我喜欢所有的朋友这样称呼我。"

从表面上看，这至少是一个非常不错的故事。尽管寓意大胆，富有理性，但是也很有吸引力。它直接涉及情感，但与其他儿童电视节目不同的是，它告诉孩子们，有时候不开心也没什么。最重要的是，这个故事很有趣。

听起来这个故事应该大获全胜，是吗?

错了。《芝麻街》的研究人员在试播这个故事之后得到的数据很令人失望。第一个涉及史纳菲和大鸟的片段效果还不错，大家可以预料到观众的好奇。然后，故事效果就开始走下坡路：第二次出现街景时，观众的注意力降到了 80%；第三次出现街景时，观众的注意力降到了 78%；随后降到了 40%，然后是 50%，再然后是 20%。看完之后，研究人员给孩子们做了一个小测验，考查他们究竟看到了什么。罗斯玛丽·特鲁格里奥是《芝麻街》研究组的负责人，她说："我们的问题非常具体，并且我们希望得到明确的回答。比如，故事讲的是什么内容？有 60% 的观众知道答案。大鸟的新名字是什么？只有 20% 的观众回答正确。最后大鸟的感受如何？只有 50% 的观众知道答案。"相比之下，另一个同时试播的《芝麻街》故事在进行观后测验时，观众的回答正确率超过了 90%。看来，大鸟的故事没有给观众留下多少印象，它没有附着力。

这个故事为什么会失败？问题的根源在于故事的寓意，即大鸟不想被别人称作一只大鸟这个笑话，学龄前儿童根本理解不了这一点。儿童在学习语言的过程中，会对单词及其意思做出好几种假设。最重要的一种假设是心理学家埃伦·马克曼所称的互斥性法则（principle of mutual exclusivity）。[8] 简单地说，儿童不相信任何一个物体能同时拥有两个名称。马克曼坚持认为，儿童会很自然地认为如果给一个物体或者一个人再冠以一个名称，这个名称就一定是指该物体的某个次要特性或者次要属性。当给孩子布置一项特别任务，让他给世界上所有的东西取个名字时，该假设的意义就充分体现出来了。学习"大象"一词的孩子心里非常确定，这种动物和狗不一样。每学一个新词，孩子对世间万物的了解就更准确一些。相比之下，如果没有互斥性法则，孩子认为大象完全可以是狗的另一个名称，那么孩子学的每一个新词都会使他感到世界似乎变得更加复杂了。互斥性法则同样能帮助孩子拥有清晰的思路。马克曼写道："假设一个已经知道'苹果'和'红色'的孩子听到有人说苹果是'圆的'，利用互斥性法则，这个孩子可能会用‘圆的’排除该物体原来的名称（苹果）和其颜色（红色），并且分析该物体的其他特性。”这种情况说明，儿童对于双名称物体或者名称发生改变的物体很难掌握。比如，孩子很难理解橡树既是橡树，又是一棵树，他可能会设想，如果那样，“树”就应该是橡树的集体名词。

大鸟不想让大家再叫它大鸟，而希望大家称呼它罗伊，几乎可以肯定，这会使学龄前儿童产生困惑。已经有了一个名字的人怎么能再取一个名字呢？大鸟认为，“大鸟”只不过是对它这种动物的通称，它想要一个具体的名字。它不想像树一样，它要像橡树一样。但是三四岁的儿童并不明白一棵树还能是一棵橡树，他们的理解是，发生这一切很可能是大鸟想变成别的东西，如变成其他某种动物，或者想把名字换成其他动物的通称。这怎么可能呢？

还有一个更加深层的问题。《芝麻街》是一档像杂志一样形式多变的电视节目，一个故事至少包含 40 个场景，各种街景（包括演员、木偶、动画及摄影棚外的取景）出现的时间都不超过 3 分钟。20 世纪 90 年代后期，在创作“罗伊”这类故事时，作者们首次把这些东西放在一起表现一个共同的主题。但该节目诞生以来，大多数故事的这些片段完全是自成一体的；事实上，新版的《芝麻街》融合了崭新的街景、一些动画和母带中的拍摄镜头，通过这种方式把大多数内容构筑到了一起。

该节目的首创人员之所以愿意把《芝麻街》中的故事用这种方式构筑到一起，其中的一个原因是：他们认为学龄前儿童只有把目光集中到简短片段上的短时注意力。劳埃德·莫里塞特是该电视节目的创始人之一。他说：“我们查看了孩子们收看节目的情况，发现他们都在观看《笑一笑》（*Laugh-In*）节目。这件事情对《芝麻街》早期的制作工作影响很大。小丑赞尼是《笑一笑》节目里的一个俏皮话不断的人物，孩子们似乎很喜欢他。”

《芝麻街》节目的主创人员更多地受到商业广告的影响。20 世纪 60 年代是麦迪逊大街的黄金时代，那时大家认为，一则 60 秒的电视广告如果能成功地把早餐麦片卖给一个 4 岁儿童，那就也能成功地把 26 个英文字母卖给他。事实上，吉姆·亨森和木偶对节目主创人员之所以有吸引力，部分原因在于亨森在 20 世纪 60 年代经营着一家非常成功的广告公司。节目中的许多著名木偶形象都是为一些广告创作的：大鸟实际上是由亨森为拉超依公司制作商业广告而创作的七爪龙形象修改而成的；甜饼怪（Cookie Monster）的原型是为菲多利公司创作的一个商品推销员的形象；葛罗弗（Grover）是为促销 IBM（国际商业机器公司）的产品而被创造的。（亨森在 20 世纪五六十年代制作的木偶广告都极为有趣，但却有一种隐晦且急于求成的感觉，这在他的《芝麻街》的作品里是看不到的。）

山姆·吉本是早期《芝麻街》节目的制作人之一，他说：“我认为在商业广告片里最重要的形式特征不是展示某样产品，而是销售一个理念。把《芝麻街》分解成许多小情节，并且达到教育（例如教一个字母）的目的，这种想法主要来源于商业广告的策略。”

但是，这种从商业理念而来的教育办法真的可行吗？丹尼尔·安德森说，新的研究表明儿童并不像人们所想的那么喜欢广告，因为广告“不是讲故事，而故事对孩子们的重要性特别明显”。原先的《芝麻街》是非叙事性的：按照策划，它是个草图集，且每份草图之间没有关联。安德森说："影响《芝麻街》早期创作工作的不仅仅是广告，还有当时的理论界。当时颇有影响力的儿童心理学家皮亚杰认为，学龄前儿童跟不上过长的叙述内容。"然而，这种理论在20世纪60年代后期就被推翻了。3岁、4岁及5岁的儿童可能跟不上复杂的情节，且可能会忽略次要情节，但心理学家现在认为，叙述的形式对这些儿童非常重要。纽约大学的心理学家杰罗姆·布鲁纳说："这是孩子们认识世界和了解社会的唯一方法。他们没有能力用因果关系来解释事物，所以他们把各种现象都看成故事。他们如果想弄明白生活是怎么回事，就会根据自己的经历进行下一步思考。他们如果听不懂别人的解说，就不可能记住，也不可能去仔细思考。"

20世纪80年代初，布鲁纳参与了一个有趣的研究项目"童床解说"（Narratives from the Crib），该研究项目对改变很多儿童专家的观点起了重要作用。[9]该项目以一个名叫埃米莉的两岁女童为中心，女童来自纽黑文市，其父母（都是大学教授）注意到，女儿在晚上入睡前会自言自语。出于好奇，他们把一个微型录音机放在女儿的童床上，每周放几次，在之后的15个月里，他们录下了在把埃米莉抱上床时他们与埃米莉的对话，也录下了她入睡前的自言自语，一共录了122次。然后，哈佛大学的一组语言学家和心理学家在组长凯瑟琳·纳尔逊的带领下，对这些录音进行分析。他们发现，埃米莉的自言自语比她与父母对话的水平更高。讨论埃米莉录音带的研究小组里有一个成员叫卡萝尔·弗莱舍·费尔德曼，她后来写道：

总的来说，她的自言自语（同她与大人的对话相比）既丰富又复杂，这使得我们这些研究语言发展的学生都开始怀疑，迄今为止，有关文献给我们勾勒出的语言习得过程，是否充分体现了儿童习得语言的真正模式。每次灯一熄，在父母离开埃米莉的房间后，她就表现了惊人的语言掌握水平，我们从她的（日常）讲话来看绝对发现不了这一点。

费尔德曼在这里指的是埃米莉的词汇、语法及更重要的东西——她独白的语言结构。她在编造故事，组织语言，解说发生在她身上的事情。有些故事，用语言学家的话说，是顺时序叙述。她还会编造故事，把事件、活动及感受都放入一个句子，这个过程对于儿童的智力开发至关重要。下面是埃米莉在录音第 32 个月时给自己讲的一个故事，我摘录了一大段，目的是强调儿童在独处时的语言能力是何等之高：

明天我们从床上醒来，先是我，然后是爸爸和妈妈，还有你，吃早饭，就像我们平常那样吃早饭。然后，我们要去玩，然后爸爸马上会来，卡尔会来玩，然后我们玩一会儿。然后埃米莉和卡尔都要跟着一个人下去坐车，我们坐车去幼儿园（放低了声音）。然后当我们到达那里时，我们都要下车，进幼儿园，爸爸会吻我们的，然后就去上班，我们就在幼儿园里玩。这难道不有趣吗？因为有时候我去幼儿园，是因为那是幼儿园的上班日。有时候整个星期我都和坦塔待在一起，有时候我们玩过家家游戏。

但是，通常，有时候，我，嗯，哦，上幼儿园。但是，今天早上我要去幼儿园。早上，爸爸在，通常我们会像往常一样吃早餐，然后我们就……然后我们就……就玩。然后我们，然后门铃就响了，卡尔就进来了，然后卡尔，然后我们都去玩，然后……

埃米莉正在描述她在某个星期五的日常活动。但这并不是一个特殊的星期五，这在她看来是一个理想的星期五，一个假定的星期五。在这一天里，她希望发生的一切都能发生。正如布鲁纳和琼·卢卡里罗在评论这段磁带时所写的：

这是一种令人惊叹的描绘外界的表现……她在强调部分使用了重音，把关键词拖长发音，还用了一种“场景重演”的方法，使大家去回忆如同我们看过的真实电影的一幕（叙述她的朋友卡尔进门），就好像在强调，她对一切“了如指掌”，所以她的独白富有节奏感，很像唱歌时的节奏。在自言自语的过程中，她甚至还能自如地对日常事物做出诙谐的评价——这难道不是很有趣的吗？

这一切都说明了叙述的重要性，看到这些证据，我们不得不惊叹《芝麻街》的成功。它避开了深入儿童内心的最重要的方法，针对成年人的玩笑冲淡了其对学龄前儿童的吸引力，但不管怎么说，它成功了。凭借《芝麻街》请来的天才，凭借其聪明的剧本创作和木偶的热情与魅力，该节目克服了此类节目可能面临的巨大障碍。而这也帮助我们轻松地掌握了在创作新的儿童电视节目时使其比《芝麻街》更具附着力的方法，那就是把电视剧制作得毫不夸张，没有任何文字游戏，没有那些使学龄前儿童困惑不解的喜剧场面。我们要教育儿童如何用他们自己的思维方式，即以故事的形式来思考事物。也就是说，我们需要制作《蓝狗线索》这样的儿童电视节目。

更具附着力的《蓝狗线索》

《蓝狗线索》中每个故事的结构都相同。主持人史蒂夫会给观众一个与卡通狗有关的谜题，其中一个谜题就是猜出蓝狗最喜欢的故事。在另一个故事里，史蒂夫要求大家猜出蓝狗最喜欢的食物。为了帮助观众揭开谜底，蓝狗会给大家留下一系列线索，这些线索都是留有它脚印的东西。在线索与线索之间，史蒂夫会与观众做一系列游戏，其实都是些要动脑筋的小游戏，这些小游戏的主题都与他开始给观众出的谜题有关。比如，在关于“蓝狗最喜欢的故事”之谜中，有一个小游戏涉及史蒂夫、蓝狗及三只熊坐在一起的情形，三只熊的粥碗混放在一起，史蒂夫和蓝狗要求观众帮忙把小碗、中碗、大碗分别与熊妈妈、熊爸爸、熊宝宝匹配。随着故事的展开，史蒂夫和蓝狗从一个动画场景进入另一个动画场景，从起居室进入花园，再进入一些稀奇古怪的地方，穿过一些神奇的门，把观众带上发现之旅，故事结束时，史蒂夫又回到了起居室。这里是每个故事达到高潮的地方，史蒂夫坐在一把舒适的椅子上思考，这把椅子在《蓝狗线索》中被称作“思考椅”。他对蓝狗的三条线索思前想后，试图揭开谜底。

很显然，这与《芝麻街》风格迥异。不过，虽然《蓝狗线索》的主创人员在结构上背离了《芝麻街》的做法，但他们还是借用了《芝麻街》中那些他们认为效果不错的方法。他们采用了那些具有附着力的成分，并设法使之更具附着力。他们首先借用的思想是：孩子们越是全身心地投入所观看的故事，他们对故事内容就越是记忆犹新。

在《蓝狗线索》的策划过程中，丹尼尔·安德森与尼克罗迪恩进行过合作。丹尼尔说："我已经注意到，《芝麻街》中的有些片段引起了孩子们与节目之间的许多互动，这实际上是这些片段要求孩子们这样做的。深深印入我脑海的画面是，当克米特对着屏幕用手指描画了一个动画字母时，我看到孩子们也跟着他一起用手指画字母。偶尔，当《芝麻街》里的人物提问题时，我能听到孩子们在高声回答。但《芝麻街》并没有采纳这一思路，也没有把它贯彻下去。虽然他们知道孩子们有时候会这么做，但是他们从没努力构思一个以此为中心的故事。在《蓝狗线索》播出之前，尼克罗迪恩曾要求一些孩子参与到节目里，瞧，有许多证据都证明了这一点。创作人员就把这些思想结合在一起，即孩子们在观看电视时喜欢保持头脑灵活，并且如果给孩子们机会，他们就会表现得非常活跃，这些观点构成了创作《蓝狗线索》的思想理念。"

因此，史蒂夫几乎把所有的时间都用于屏幕上的谈话。当他邀请观众帮忙时，他就总能得到他们的帮助。节目中常常出现他脸部的特写镜头，就好像他和观众们身处同一个房间。他每问一个问题，都要停顿一下，但这不是普通的停顿，这是学龄前儿童说话常有的停顿，这比成人等候回答所需要的时间慢几拍。最后，摄影棚里那些幕后观众会把答案大声喊出来，待在家里观看电视的孩子也有机会把自己的答案喊出来。有时候，史蒂夫保持沉默，他在找不到明显的线索时，就会用恳求的目光看着摄像机。这里的思路是一样的：让儿童观众开口积极参与。如果你与一群孩子一起观看《蓝狗线索》，你就会发现这一策略的成功是显而易见的，他们就像一群观看棒球比赛的顽固美国佬。

《蓝狗线索》从《芝麻街》中吸取的第二个想法是使用重复手段。儿童电视节目制作中心的先行者们对此非常着迷。1969 年，帕尔默和莱塞把“五名飞行员的故事”带到了费城。里面有一个 1 分钟的片段，是关于“女巫万达”（Wanda the Witch）的，其中 w 音出现了许多遍——“在华盛顿严冬的寒风中，女巫万达戴着假发”（Wanda the Witch wore a wig in the windy winter in Washington），等等。莱塞说：“我们当时并不知道这句话能重复多少次，星期一重复了三次，星期二重复了三次，星期三重复了三次，星期四没再提到这句话，星期五在节目结尾又把它插进去了。在星期三片子即将播映结束时，一些孩子不再跟着念‘女巫万达’了。但是当星期五女巫万达又回来时，他们拍手跳跃。孩子们对文字重复的感觉先是达到了饱和状态，但最后又留恋起来。”

之后不久（完全出于偶然），《芝麻街》的剧本创作者找到了儿童喜欢文字重复的原因。这次他们设计了一个片段，由演员詹姆斯·厄尔·琼斯朗诵字母表。与最初录制的磁带一样，琼斯在朗读时，在字母之间有较长的停顿，因为当时是想在其间插入其他内容（大家可以想象，琼斯录制的形象十分引人注目）。《芝麻街》的制片人在片子中采纳了原来的录音，该片段多年来播放了一遍又一遍：字母 A 或者字母 B 等会出现在屏幕上，接着是一阵较长的停顿，然后琼斯用最大声读出该字母，接着字母就消失了。山姆·吉本说："我们注意到，第一次孩子们会跟着琼斯大声朗读，这种做法重复了几次后，他们便开始抢在琼斯之前读字母，也就是在出现较长的停顿时读字母。在重复了许多次后，孩子们开始抢在下一个字母出现前猜想并读出这个字母。他们实际上是在排序：他们首先要学字母的名称，然后把字母名称与出现的字母影像联系起来，之后他们就掌握了字母出现的顺序。"大人对不断进行的重复现象会感到厌倦，因为这实际上是在一遍又一遍地重复同一种经历。但是对于学龄前儿童来说，重复并不是一件无趣的事情，因为他们每次观看一个节目，都是在用完全不同的方式去经历一件事。在儿童电视节目制作中心，这种通过重复进行学习的想法被称为"詹姆斯·厄尔·琼斯效果"。

从根本上看，《蓝狗线索》就是围绕着詹姆斯·厄尔·琼斯效果这个中心来制作的。尼克罗迪恩没有像所有其他儿童电视剧那样把新故事一个接着一个地播放，然后在后半季度重新播放一遍，而是把《蓝狗线索》中的同一个故事连续播放 5 天，从星期一到星期五，然后才继续下一个故事。大家可以想象，这可不是尼克罗迪恩能轻易想到的做法，桑托麦罗和安德森还是费了好大劲儿才说服他们的。(尼克罗迪恩也没有资金把《蓝狗线索》一整个季度的故事都制作出来，这一点也起了一些作用)。

安德森说："我家放过一部试播片，当时，我女儿 3 岁半，她看了一遍又一遍。我跟踪观察，发现她看过 14 次，她的热情丝毫未减。"

当他把试播片拿到露天场地播放时，情况完全一样。他把这个故事给一群学龄前儿童连续观看了 5 天，在这一周里，除了年龄最大的 5 岁儿童，其他孩子的注意力和理解力实际上都有了提高，大龄儿童到最后注意力大减。就像那些观看詹姆斯·厄尔·琼斯片段的孩子一样，这些儿童在每次重看时做出的反应都不同，他们会变得越来越活跃，对史蒂夫的问题回答得越来越迅速。安德森说："学龄前儿童的世界充满了他们未知的事物，即对他们来说新奇的事物。所以，学龄前儿童背后的驱动力不像年龄较大的孩子那样是对新奇事物的探询，而是想要理解事物和预测事物。对于年幼的儿童来说，重复的确很有意义，他们需要重复。在一遍又一遍地看故事时，他们的理解能力也在不断提高，这是他们的一种能力的体现。同时，我认为他们通过预测未来要发生的事情，会产生一种确定感和自我价值感。《蓝狗线索》使这种感觉更加强烈，因为孩子们觉得自己正在参与一项活动，他们觉得自己在帮助史蒂夫。"

当然，儿童并不总是喜欢重复。无论他们在观看什么节目，重复出现在眼前的内容必须是有助于他们进一步理解的。与此同时，重复的内容不能过于复杂，否则孩子们在第一次看到后就会迷惑不解，并马上关掉电视。为了保持这种平衡，《蓝狗线索》进行的研究工作非常类似于《芝麻街》，但是其程度远远超过了《芝麻街》。《芝麻街》节目组每制作完一集《芝麻街》，只对其进行一次试播，而《蓝狗线索》要在进行 3 次试播后才正式播出。《芝麻街》一般只试播 1/3 的情节，而《蓝狗线索》则试播了全部故事内容。

我曾跟着《蓝狗线索》研究小组一起，对学龄前儿童进行一周一次的访谈。该小组由艾丽斯·怀尔德带领，她当时刚从哥伦比亚大学获得教育学博士学位，她是一名富有活力的黑发女性，负责该电视节目的调研工作。和她一起的是两名20岁出头的女性——艾莉森·吉尔曼和艾莉森·舍曼。我加入她们的那个早上，她们正在格林尼治村的一所小学试播一集电视节目。

她们试播的这一集节目是关于动物行为的。它实际上只是画册形式的初稿作品，实际的电视节目要按照这本画册一幕一幕展开故事情节。《蓝狗线索》的试播员扮演史蒂夫的角色，整个试播过程中，他在孩子们中间走来走去，仔细记录下孩子们能正确回答的和似乎让孩子们感到迷惑不解的所有问题。比如，有一次，舍曼坐在头发淡黄的5岁儿童沃克和身着紫白相间的格子衬衫的4岁半儿童安娜旁边。她开始朗读手稿：蓝狗有一只最喜欢的动物，他们能帮助我们找到那只动物吗？此时孩子们的目光都集中在她身上。她开始一个接着一个地和他们做小游戏。她给他们看了一张食蚁兽的图。

她问孩子们："食蚁兽吃什么？"

沃克说："蚂蚁。"

舍曼翻到有大象的那一页。她用手指着象鼻，问："那是什么？"

沃克盯着看了看，说："是大象的鼻子。"

她又用手指着象牙，问："这白色的东西是什么？"

沃克又看了一下，说："是大象的鼻孔。"

她又给孩子们看了一张狗熊的图，然后出现了第一条"蓝狗线索"，那是一个黑白斑点，印在蓝狗的一个爪印上。

"那是黑色和白色。"安娜说。

舍曼看了看他们两个，问："蓝狗可能想了解哪种动物？"然后，她停了下来。安娜和沃克看上去迷惑不解。最后，沃克打破了沉默，他说："我们最好看一看下一条线索。"

第二轮小游戏的难度更大。孩子们看到一张有一只鸟的图片，他们被询问这只鸟在做什么——回答应该是：正在唱歌——以及为什么要那样做。孩子们提到了海狸和虫子，然后出现了第二条线索——冰川。安娜和沃克还是困惑不解。接着，到了第三轮游戏，这是一段时间比较长的关于鱼的讨论。舍曼给孩子们看一张图，上面是一条小鱼藏在海底，它的眼睛却盯着一条大鱼。

舍曼问："小鱼为什么要藏在那里？"

沃克说："因为那儿有一条大鱼。"

安娜说："因为大鱼会吃它的。"

接着他们看到了第三条蓝狗线索。那是一个用纸板剪切出的一只蓝狗的爪印。舍曼拿着这个爪印，朝着沃克和安娜走过来，一边还摆动着爪印。

"这个爪印在做什么？"她问。

沃克振作精神，表情专注地说："它像人一样在走路呢。"

"它在摇摇摆摆地走路。"安娜说。

舍曼按照顺序重复了一遍这些线索：黑色和白色，冰，摇摇摆摆地走路。

然后停顿了一下，突然，沃克眼睛一亮，他显得心花怒放。他带着有了一个重大发现般的喜悦大声说："是企鹅！企鹅身上的颜色是黑白相间的，它生活在冰天雪地里，而且走起路来摇摇摆摆的！"

《蓝狗线索》是一种猜谜故事，其成功与否取决于合理安排线索的顺序。开始的内容应该比较容易，这样观众能建立自信，然后逐渐增加难度，让孩子们感到挑战性越来越强，并把他们吸引到故事叙述中去。第一组关于食蚁兽和大象的猜谜游戏应该比第二组关于海狸和虫子的猜谜游戏更容易，第二组猜谜游戏应该再比第三组关于鱼的猜谜游戏简单。用这种层层深入的排序方法就有可能让儿童观看四五遍：每看一遍，他们都能了解并掌握更多的内容，从而对节目做出正确的进一步推测，直到最后，他们能够预见每一个正确答案。

那天早上试播结束后，《蓝狗线索》研究小组坐下来，逐一讨论猜谜游戏的结果。26 个孩子中只有 13 个孩子推测的答案是正确的，即食蚁兽吃蚂蚁。对于第一条线索来说，这样的正确率并不高。怀尔德说："我们喜欢一开场就出难题。"她们继续翻看材料。关于海狸游戏的结果令怀尔德不满。当出现海狸水坝的画面时，孩子们对第一个问题（海狸在做什么？）的回答让人非常失望。但是，他们在第二个问题（海狸为什么这样做？）上表现得相当好，26 人中有 19 人答对了。怀尔德说："是问题的顺序有误。"她希望把较容易的问题放在首位。关于那条鱼的问题：为什么小鱼要藏起来躲着大鱼？舍曼抬起头说："我有一个绝妙的回答：'因为小鱼不想吓到大鱼。'这就是它躲避大鱼的原因。"大家听了都大笑起来。

大家在最后要讨论的问题最重要。那就是：蓝狗线索出现的顺序是否正确？怀尔德和吉尔曼展示了手稿里规定的顺序：冰，摇摇摆摆地走路，然后是黑白色。在和她们交流过的 17 个孩子中，有 4 个在第一条线索出现时就猜出谜底是企鹅，另外 6 个孩子是在出现第二条线索时猜对的，还有4个孩子是看到三条线索后猜对的。舍曼提供给怀尔德的顺序有所不同：黑白色，冰，摇摇摆摆地走路。这时，怀尔德转向舍曼。

舍曼说："我问过的9个孩子中，没有一个在看到第一条线索后就能给出正确答案，看到冰雪后，一个孩子猜对了答案，看到摇摇摆摆地走路后，有6个孩子猜对了。"

怀尔德说："你的决定性线索是不是摇摇摆摆地走路的画面？似乎是这样的。但是在摇摇摆摆地走路的画面出现之前，孩子们是否还猜到了许多不同的动物？"

舍曼回答道："哦，是这样的。第一条线索出现之后，孩子们猜到了狗、奶牛、熊猫和老虎。出现冰雪之后，又有孩子猜到了北极熊和美洲狮。"

怀尔德点了点头。舍曼的线索顺序让孩子们在节目一开始时思考的范围就很大，但是，企鹅的悬念却保持到了最后。而手稿中创作的线索顺序过早地泄露了答案。舍曼的线索顺序带有悬念，而最初的顺序却没有悬念。她们和孩子们在一起待了一个上午就得到了她们希望得到的东西。虽然只是做一点小小的改动，但这个小改动往往是一档节目的关键所在。

从以上所有这些事例中，我们可以看出，对附着力的界定在很大程度上是违反直觉的。旺德曼没有把自己的商业广告插入黄金时段，而是放在了边缘时段里，这与广告的所有原则相悖。他避开了圆滑的"创造性"信息传播法，转而采用了一种似乎拙劣的"金盒子"探宝法。莱文瑟发现强行推销法——设法吓唬学生去接受疫苗注射——并不奏效，真正起作用的是给学生的那张地图，而实际上他们都知道校医院的位置，根本不需要这张地图来引路。《蓝狗线索》摆脱了《芝麻街》那一代观众最喜欢的电视节目的精巧特点和独创性，反而创作了一档沉重缓慢、毫不夸张的节目，而且，一个故事一次连续播映 5 遍。

大家都知道，任何观念要对人产生震撼作用，关键之处都在于其内在质量。在我所举的这些实例中，没有一个在叙述的内容上做了较大的改变。相反，他们使信息得到广泛接受的方法，只不过是在意思表达上做了一点儿边缘修改，如把木偶放在“H-U-G”后面，把大鸟和成年人放在一起，不止一次地重复故事情节，让史蒂夫发问后多停顿一秒，把一个小小的金盒子放在广告宣传单的左下角。这一切都说明，排斥和接受之间，能够风行起来和不能风行起来之间的差距，有时候比人们表面上看到的更小。《芝麻街》的首创人员在费城惨遭失败后，并没有把整个节目推翻，只是把大鸟增补了进去，大鸟的参与改变了一切。霍华德·莱文瑟为了让大学生接受疫苗注射，并没有付出成倍的努力，只是增加了一张地图和注射时间安排。个别人物法则认为，社会中存在个别能发起流行潮的特殊人物，我们的任务就是要找到这些特殊人物。附着力给我们的教训是相同的，也就是说，在适当情况下，总是存在一种简单的信息包装方法，使信息变得令人难以抗拒。我们的任务就是要找到这种包装方法。

4

环境威力法则 I：戈茨案和纽约犯罪潮

整治地铁涂鸦和逃票现象平息了纽约地铁里的犯罪潮，这是因为犯罪人群对环境透露的细微暗示极度敏感。我们的社会总存在这样一些不起眼的信息点，而这些点正是群体效应的引爆点。

纽约地铁里的复仇天使

1984 年 12 月 22 日，圣诞节前的那个星期六，伯恩哈特 · 戈茨离开自己在曼哈顿格林尼治村的寓所，走向位于十四大街和第七大道交会处的郊区地铁站。他将近 40 岁，身形修长，头发呈浅黄色，他戴着浅黄色边框眼镜。那天他穿了一件风衣，配一条牛仔裤。在车站，他乘上开往市中心的 2 号线快车，挨着 4 个黑人青年坐了下来。当时车上已经有 20 个人左右，但多数人都坐在车厢的另一头，以避开那几个家伙。因为，正如后来目击者所说，他们看上去“不像正经人”“流里流气”。然而，戈茨对这一切似乎毫无察觉。果然，戈茨刚刚上车，他们当中的一个叫特洛伊 · 坎蒂的人，就冲着戈茨开口了：“你好啊？”他当时几乎是趴在车厢的长椅上。随后他和一个名叫巴里 · 艾伦的青年一同走向戈茨，向他要 5 美元。另一个叫詹姆斯 · 拉姆瑟尔的家伙则以手势示意让人看他那鼓鼓囊囊的口袋，就好像那里藏了一把枪。[1]

“你们要干什么？”戈茨问道。

“给我5美元。”坎蒂又说了一遍。

戈茨抬头看了看，后来他回忆说，坎蒂“眼睛放光，而且非常自得……笑得特别放肆”。不知为什么，就是那双眼睛激怒了他。戈茨的手伸向衣袋，掏出镀铬的可装5发子弹的史密斯威森点三八手枪，朝着那4个家伙每人开了一枪。他们之中那个名叫达雷尔·卡比的家伙，倒在地上尖叫着，戈茨走过去对他说：“你好像没事儿，那就再来一枪。”说完，戈茨开了最后一枪，子弹直入卡比的脊椎，他由此终身残疾。

混乱之中，有人拉动了紧急制动闸。所有的乘客都跑进了隔壁车厢，只有两个妇女惊恐得好像被钉在了原地。“你没事儿吧？”戈茨问其中的一个，表现得彬彬有礼。她回答：“没事儿。”另一位妇女躺在地上，她想让戈茨以为自己已经死了。“你没事儿吧？”戈茨问她，问了两遍。她点头表示没事儿。这时，列车长已经来到了现场，问戈茨是否是警察。

“不是，”戈茨回答说，“我也不知道我为什么会这样。”停了一会儿，他说：“他们要敲诈我。”

列车长让戈茨交出手枪，戈茨拒绝了。他从车厢的前门走出去，摘下车厢间的保险链，跳到轨道上，消失在黑暗的隧道里。

发生在纽约郊区地铁里的枪击事件很快在全美引起了轰动。经核查，那4个黑人青年都有过犯罪记录。卡比曾经因持枪抢劫被逮捕，坎蒂被抓则是因为盗窃。他们中有3个人的衣袋里都有螺丝刀，他们几乎就是所有城市居民害怕的那类恶棍的化身。而那个把他们一一击倒的神秘持枪人则像一个复仇天使。当地小报甚至称戈茨为“地铁治安员”和“死亡愿望杀手”。在听众可以拨打电话参与的广播节目里及大街上，戈茨都被人们奉为英雄，因为那些曾在地铁里遭到抢劫、恐吓或袭击的纽约人偷偷有过的幻想被戈茨变成了现实。

新年前夜，枪击案发生一周后，戈茨到新罕布什尔州警察局投案自首。当他被押解到纽约市时，《纽约邮报》在头版刊登了两张照片：一张是戈茨，他戴着手铐，低垂着头，将被拘留；一张是那个黑人特洛伊·坎蒂，他戴着眼罩，抱着两只胳膊，一副桀骜不驯的样子，他刚刚出院。标题是：英雄前途难料，恶人法外逍遥。当法院开庭审理此案时，没有费太多周折，戈茨的伤害和谋杀未遂罪名被判不成立，法院宣布戈茨无罪。裁决结果出来的那天晚上，在戈茨的公寓楼外，喧闹的人群当街自发地举行了庆祝集会。

《神曲·地狱篇》的交通版

戈茨案已经成为纽约历史上那段黑暗的非常时期的象征，那一时期，纽约犯罪活动盛行。20 世纪 80 年代，纽约市平均每年的谋杀案远超过 2 000 起，严重犯罪事件超过 600 000 起，地铁里的情况更是只能用“一片混乱”来形容。

在戈茨那天乘上 2 号线地铁之前，他在灯光昏暗的站台上等车，四周的墙壁黑暗潮湿，上面满是涂鸦。结果那天碰巧他要等的车晚点，因为在 1984 年，纽约的交通系统几乎每天都要发生一次火灾，每隔一周要发生一次列车脱轨事故。警察拍摄的犯罪现场照片表明，戈茨乘坐的车厢肮脏不堪，满地垃圾，车身、顶棚都被反复乱涂乱画。但是这并不奇怪，因为在1984年运输局车队的6 000辆列车上，从头到尾、从里到外都是涂鸦，只有往来于商业区和住宅区的区间车例外。冬天，因为供暖不足，车上很冷；夏天，因为没有空调，车厢里闷热难忍。现在，2号线地铁在隆隆驶向钱伯斯大街时，时速已超过40英里。而那时戈茨乘坐的列车可就没这么快了。1984年，纽约地铁系统的“拖拉费时”区多达500处。所谓“拖拉费时”区，就是由于铁轨被破坏，列车时速超过15英里就会出事故的地段。当时逃票现象非常普遍，交通局的年收入损失达1.5亿美元。每年发生在地铁系统的重大犯罪事件高达15 000起——该数字在20世纪80年代末可能突破20 000——而且，由于存在乞丐和小痞子的骚扰现象，地铁乘客的人数已经降到美国历史的最低水平。[2]

威廉·布拉顿是纽约成功打击暴力犯罪的关键人物，他在自传中提及自己在20世纪80年代乘坐纽约地铁的情况——此前他在波士顿居住了多年，他称自己所目睹的一切使他震惊：

> 我排了好长的队才买到代币，然后在我想投代币时，我发现旋转栅门被人故意塞住而无法转动了。因为无法投币进入地铁，我们只得走侧门，该门由一个模样邋遢的人伸手控制着。他把入口处的绕杆弄坏，为的是能够站在门旁强行收取乘客的代币。与此同时，他的同伙把嘴对着投币口，正在往外吸里面的硬币，吸出的硬币上尽是他的口水。大多数人都不敢惹他们：要代币，喏，拿去吧，我有什么可在乎的？还有一些人则索性不花钱，从

上边、下边、旁边或通过绕杆进入地铁。那情景简直就是但丁《地狱篇》的交通版。[3]

这就是20世纪80年代的纽约，整个城市充斥着各种可怕的犯罪事件。但自那以后，突然毫无预兆地，犯罪的蔓延势头开始趋缓。20世纪90年代的纽约犯罪率曾达到一个高峰，自此，犯罪率急剧下降。谋杀案发生率下降了2/3，各种严重犯罪事件减少了一半。同一时期，美国其他城市的犯罪率也有所下降。但从暴力程度和数量来看，没有哪个地方的犯罪率比纽约市下降得更明显。20世纪90年代末与90年代初相比，地铁上的重大犯罪事件减少了75%。1996年，戈茨第二次上法庭，这次是民事诉讼案，原告是达雷尔·卡比，新闻界这次对他的案子几乎没有给予多少关注，而戈茨本人似乎已成了不合时宜的人。纽约市早已成为全美最安全的大城市，人们很难回忆起戈茨曾经的象征意义。一个人在地铁上拔枪射杀别人，还能因此被称为英雄，这简直不可思议。

环境威力法则

必须得说，把犯罪看作流行病的观点，是有一点儿不可思议。我们谈论“暴力的流行”或犯罪潮，但我们不清楚自己是否真的相信，犯罪也遵循类似暇步士鞋或者保罗·里维尔骑马夜行这类事情的规律。那些流行潮牵涉的事情比较直接和简单，而犯罪则不同，它不是一件单纯的事情，“犯罪”是一个被用来描述极端复杂多样的行为的词语。

犯罪行为有着严重的后果，这意味着罪犯要对自己的所作所为承担责任。说一个人是罪犯，等于说他是邪恶的、残暴的、危险的、不安定的，或者具有上述综合特点。所有这些心理状况都不能随便由一个人传播给另一个人，换句话说，罪犯可不是那种风一吹就跟着被感染的人。可不知为什么，在纽约市，犯罪就像传染病一样。20 世纪 90 年代初到 90 年代中期的那几年里，纽约市并没有经历人口迁移。没有人走上街头成功教育那些原本可能成为罪犯的青少年，心理不健全、有犯罪倾向的人依旧那么多，但不知什么原因，那些人突然停止了犯罪，这究竟是怎么回事？

答案在于流行潮的第三个法则：环境威力法则。个别人物法则关注的是信息传播活动中的关键人物。《芝麻街》和《蓝狗线索》那一章讨论了附着力因素的问题，附着力因素法则认为要想发起流行潮，传播的信息必须令人难以忘怀。在那一章里，我们谈到了那些信息传播者，也谈到了能成功传播出去的信息所应具备的特点。本章的主题“环境威力法则”与前两章同样重要。流行潮同其发生的条件、时间、地点等密切相关。在巴尔的摩，梅毒在夏天比在冬天传染得厉害；暇步士品牌的流行是因为东村几个前卫青年穿着它，这种环境促使人们以一种新视角来看待这款休闲鞋；甚至可以说，保罗·里维尔的骑马夜行之所以成功，从某种意义上看，是因为这发生在夜里。晚上，人们往往在家睡觉，而不是在外忙碌或在田里劳作，因此要找到他们就容易得多。而且，如果有人在夜里把我们叫醒，我们自然会将其理解为发生了紧急的事情。你尽可以想象，如果“保罗·里维尔在下午骑马报信”会是什么结果。

我认为所有这些都是显而易见的。但是环境威力法则旨在说明我们对于环境的改变不只是敏感的，而且是极度敏感的。那种可以使流行趋势减缓的环境因素的改变，与我们通常所料想的非常不同。

罪行也可传染

20 世纪 90 年代，整个美国的暴力犯罪率呈下降趋势，其中的一些原因相当明显：强效可卡因的非法交易开始减少，而毒品交易曾经引发帮派和毒贩的大量暴力冲突；美国国内经济奇迹般复苏，这使得许多可能会犯罪的人有了合法的工作；人口的普遍老龄化意味着处于暴力犯罪多发的年龄段——18 岁至 24 岁的男性减少了。[4] 然而，纽约市的犯罪率下降的问题并不是那么容易就能被解释清楚的。当纽约市的犯罪率呈下降势头时，经济并没有开始恢复，仍然处在萧条时期。事实上，纽约市最贫穷的社区在 20 世纪 90 年代初备受福利削减之苦；强效可卡因交易的减少显然是因素之一，但必须再次强调，早在犯罪率降低之前，强效可卡因的交易量就已经在不断下降了；至于人口的老龄化，由于 20 世纪 80 年代纽约市有移民大批涌入，该城市在 20 世纪 90 年代的整体人口不仅没有老龄化，反而年轻化了。不管怎样，这些因素都是经过长时期才能发生的变化，因而效果应该是逐渐显现的。而在纽约市，犯罪率的下降绝不是渐进的。很明显，其中还有其他因素。

“其他因素”中最有意思的是“破窗理论”（Broken Windows Theory）。该理论的创始人是犯罪学家詹姆斯 · Q. 威尔逊和乔治 · 凯林。威尔逊和凯林认为，犯罪是秩序混乱的必然结果。如果一扇窗户被打破了，过了很久也没有人来把它修好，行人就会以此推断，这是个没人关心、没人管理的地方。很快就会有更多的窗户被打破，然后无政府主义就开始从这幢楼向相邻的街道蔓延。他们在相关著作中写道，在一座城市中，类似在公共场所乱涂乱画、秩序混乱、强行乞讨这些较小的问题，都和“破窗效应”一样，容易引起更严重的犯罪：

> 强盗和劫匪——不管是即兴作案的还是职业惯犯——都相信，如果他们选择在居民普遍惧怕犯罪分子的街道作案，那么他们就不容易被抓住，甚至不会被认出来。如果一个社区无法制止乞丐对过路人的骚扰，小偷就会据此推断，这里不太可能有警察来阻止潜在的劫犯，或者当真的有罪犯行凶或抢劫时，也不会有警察来干预。[5]

这就是犯罪流行潮理论。该理论认为，犯罪是可以传染的，就像时尚潮流一样，它可以由一扇破碎的玻璃窗蔓延到整个社会。不过，这种流行潮的引爆点不是某个人——不是像洛伊丝·韦斯伯格这样的联络员或像马克·阿尔珀特一样的内行，而是某些事物——如公共场所的涂鸦。可以这么说，促使人们做出某种行为的推动力不是来自某类人，而是来自其所处环境的某个特征。

20 世纪 80 年代中期，凯林受聘担任纽约交通局顾问，他敦促交通局用“破窗理论”指导实践。他们听取了这条建议，聘请戴维·冈恩为新任地铁总监，来监督投资数百亿美元的地铁重建项目。当时有许多人建议冈恩把整治重点放在犯罪活动和地铁质量等大问题上，不必理会地铁站里的那些乱涂乱画现象，这些建议听上去似乎颇有道理。毕竟，在整个地铁系统濒临崩溃的严峻时刻去考虑乱涂乱画问题，看起来简直像在泰坦尼克号驶向冰山时却还要擦甲板一样毫无意义。但是冈恩坚持自己的意见，他说："乱涂乱画现象恰好象征着要垮掉的系统，如果要重整民心和士气，我们必须打赢整治涂鸦现象这一仗。否则，所有的管理改革和物质环境的改变都不可能奏效。我们将要使用价值千万元的地铁列车，如果我们不能够想出办法来保护这些列车，那么它们在运行一天以后就会再次被毁掉。"

冈恩建立了新的管理组织结构，制订了明确的目标和完成任务的时间表，决心一条条线路、一组组列车地清理整顿。他从连接昆斯区和曼哈顿中心区的7号线列车入手，而且开始试用新的清除油漆技术：对以不锈钢为材料的车厢使用了溶剂；给车厢喷漆时，用新漆覆盖上面的脏乱涂画痕迹。冈恩定了一条规矩：一旦列车经过改造成为新车，就不允许它再遭毁坏。他说："我们对此很执着。"在布朗克斯区内的1号线的终点，即列车转弯返回曼哈顿的地方，冈恩设置了一个清洗站。凡是车上有脏乱涂画痕迹的列车都要开进去，在掉头前必须清洗干净，否则该列车就暂停运行。未经清洗的"脏"车不能同"干净"车混在一起，这种做法为的就是向那些破坏者毫不含糊地表明决心。

"我们在哈莱姆第135大街有一块可供夜间停车的空地，"冈恩说，"孩子们常常会在晚上过来把车子外部刷白。第二个晚上，等油漆干了，他们再来把图案的轮廓画上去。第三个晚上，他们又来把颜色填进去。全部工作需要三天完成。我们知道孩子会选择脏车来涂鸦，我们等他们完成自己的列车壁画作品，然后把他们的作品涂盖上。孩子们会因此难过得流泪，但我们毫不留情。因为我们想让他们明白，你们不是想花三个晚上来涂画一列列车吗？好啊。不过，你们的作品永远不可能被人看到。”

冈恩的清除工作从 1984 年一直进行到 1990 年。其间，交通局聘用威廉 · 布拉顿为交通警察局长，开始了改造地铁工程的第二阶段。和冈恩一样，布拉顿也笃信“破窗理论”。事实上，他把凯林形容为他的智力导师。因此，他在上任伊始所采取的行动和冈恩一样带有理想主义色彩。虽然当时地铁系统各种严重犯罪活动空前猖獗，布拉顿还是决定从逃票问题抓起。为什么？因为逃票和乱涂乱画一样，是一个信号，一种秩序混乱的外在表现，它会导致更多更严重的犯罪案件发生。每天大约有 17 万人乘地铁不买票，有些是孩子，他们跳过旋转栅门就完事，有些人则愣是从旋转栅门挤进去。而一旦有一两个人逃票成功，那些可能从未想到要这样做的人就会想：既然他们可以逃票，那么我为什么不能？这样下去，逃票的人就会越来越多，问题就像滚雪球一样越来越大。由于打击逃票现象并不容易，所以问题变得越发棘手了。一张地铁票只要 1.25 美元，交警常常认为不值得去追究逃票行为——尤其是地铁车厢里、站台上随时都可能发生更加严重的犯罪事件。

布拉顿个性鲜明，魅力超凡，具有天生的领导才能。他很快就显示了自己的才华。他的妻子留在波士顿，因此他可以一心扑在工作上，他在晚上常常乘地铁漫游纽约市，切身感受问题所在，并思考如何更好地解决它们。他首先锁定了逃票现象最严重的地铁站，然后在该站安排了多达 10 名便衣警察。他们的任务是抓住每一个逃票者，给他们戴上手铐，让他们在站台上站成一个圈，直到“全部抓完”。这样做的目的是让人们知道，交警开始严抓逃票现象了。以前，警察们都不太愿意追究逃票者，因为在抓住逃票者后，需要将他们押到办公室，然后填写并整理表格，所有这些工作要耗去一整天，而按罪量刑，逃票者只不过会受到一顿斥责。布拉顿翻新了一辆公共汽车来做流动办公室，内部装有传真机、电话、笔架、指纹鉴定设备等。他很快把处理逃票者的时间减少到了一个小时。布拉顿还要求每一个逃票者都必须接受盘问。果然，1/7 的被捕者曾经有刑事拘留记录，其中 5% 的人随身携带某种武器。这样一来，警察们很快就不再怀疑打击逃票现象的重要意义了。“对警察来说，逃票者群体一下子成了金矿，”布拉顿写道，“每一次拘捕行动都像是打开解密大师的盒子。这次我能得个什么玩具呢？手枪？刀子？还是拘捕证？这些逃票者当中会有谋杀犯吗……过不了多久，这些坏蛋就学乖了，他们把枪放在家里，而且不再逃票了。”在布拉顿上任的头几个月里，交通警察局对地铁站里由醉酒和不良行为所产生的污物的清除力度达到了以往的 3 倍。轻微犯罪行为在过去是不予追究的，但是 1990 年至 1994 年，因轻度违法被拘捕的人数比以往增加了 4 倍。布拉顿把整个交通警察局变成了集中消灭轻微违法犯罪行为的地下生活管理机构。

1994 年鲁道夫 · 朱利安尼当选为纽约市长后，布拉顿被任命为纽约市警察局长。他把相同的理论应用于全市的治安管理工作，教导他的警员，治理犯罪需从影响生活质量的轻度犯罪行为入手，例如一些

“拿橡胶扫帚的人”在路口拦住过往车辆，强行要求为司机提供擦窗服务的现象，还有类似地铁里跨过旋转栅门逃票和乱涂乱画的违法行为。“从前的治安管理工作被各种限制和规则束缚了，”布拉顿说，“如今，我们要解开束缚。我们要逐步提高对诸如公共场合酗酒、随地小便等轻微违法行为的执法力度，逮捕那些屡次违法乱纪的人，包括向街上掷空瓶子的，或者对他人财产进行小破坏的……如果你在街上小便，你就要进监狱。”

随后，纽约市的犯罪率神奇地急速下降，就像地铁系统曾经经历的情况一样，布拉顿和朱利安尼有一个共识：那些影响生活质量的犯罪行为，看起来不起眼，却恰好是控制暴力犯罪率的引爆点。“破窗理论”和“环境威力法则”在这个层面上完全是一回事，其基本前提为：通过清理整治现实环境中细枝末节的方面，就能够扭转、减轻流行潮的蔓延态势。想一想，这观点挺极端的。我们来回顾伯恩哈特·戈茨与4个黑人青年艾伦、拉姆瑟尔、卡比、坎蒂在地铁上的遭遇。有记录表明，事发当天，这几个青年当中至少有两人是刚刚吸过毒的，他们全部来自布朗克斯区南部克莱蒙特村住宅区。卡比当时由于持枪抢劫正被起诉；坎蒂则曾经以偷盗重罪而被逮捕；艾伦曾经因强奸未遂被逮捕；艾伦、坎蒂和拉姆瑟尔都曾被宣判有罪：小到捣乱活动，大到轻微盗窃罪。戈茨枪击事件发生两年之后，拉姆瑟尔被判处25年监禁，罪名包括强奸、抢劫、鸡奸、性虐待、侵犯他人身体、非法使用枪支和窝藏赃物。这样的人参与暴力事件难道还会让人吃惊吗？

我们再来看看戈茨，他的所作所为极其反常。通常白人是不会在地铁上射杀黑人的，但如果你了解了他的成长背景，你就知道他是典型的迟早会参与或被卷入暴力事件的人。他的父亲脾气暴躁，对他要求极其严格，戈茨常常是父亲撒气的对象。上学的时候，他常被同学们嘲笑，学校的集体活动从来不会算上他一份，他经常是一个人流着泪放学回家的。大学毕业以后，他在西屋电气公司上班，工作是制造核潜艇。但是，好景不长。他似乎总是与上司发生冲突，因为公司的某些做法在他看来是作假和取巧行为。有时他会违反公司和工会的规定做他不应该做的事。他在曼哈顿的第十四大街租了一间公寓，那里靠近第六大道，而那个街道毒品交易猖獗，到处是无家可归的人。戈茨熟识的一个大楼看门人惨遭凶犯毒打，戈茨因此醉心于整治街区。他不断抱怨，说他家楼房附近的空报摊成了流浪汉的垃圾箱和尿池子。有一个晚上，那个报摊神秘地被烧毁了，第二天，人们就见到戈茨出来收拾残局。在一次社区会议上，他语惊四座："要想治理好这片街区，唯一的办法就是驱逐那些西班牙人和黑鬼。"

1981 年的一天下午，戈茨在运河街一站遇到了几个黑人青年，他们从背后袭击他。他跑出车站，他们追了出来，抢他手里的电子设备，打他，把他往厚玻璃门上撞，致使他胸部受到永久性损伤。在一位下了班的清洁工人的帮助下，戈茨制伏了其中一个人。但是，这次经历加深了他的痛苦。他不得不花 6 个小时跟警察说明情况，而袭击他的人在 2 个小时之后就被释放了，最后的判决不过是轻罪而已。他申请持枪许可证，然后遭到了拒绝。1984 年 9 月，他的父亲去世。3 个月以后，他坐在了那 4 个黑人青年旁边，于是发生了那起枪击事件。

概括来说，这个人对权力的理解出了问题，他强烈地感到城市管理机构没有发挥应有的作用，他刚刚又成为被侮辱的对象。莉莲·鲁宾是戈茨传记的作者，她写道：“戈茨选择住在第十四大街绝不是偶然的。对于他来说，那样的生活环境有一种诱惑力。正是周围糟糕的治安和令人不适的环境，为他内心的怨懑提供了一个可以理解的发泄目标。只要把怨懑对准外界，他就无须应付内心的苦恼了。他咒骂及抱怨垃圾、噪声、酗酒、犯罪，以及毒贩和瘾君子，这完全符合常理。”关于戈茨的子弹，鲁宾得出的结论是：“与其说是对准现在，不如说是对着从前的一切。”这样去看待地铁2号线列车枪击案，你会觉得那是不可避免的——几个流氓碰上了一个显然有心理问题的人。枪击事件发生在地铁上似乎是偶然的，因为即使是在餐馆里，戈茨也会朝他们几个开枪。

我们用以解释罪犯行为的理论遵循相同的逻辑。精神病学家把犯罪者称作心理发育有障碍的人，他们与父母的关系是病态的，因而他们缺乏行为榜样。近年来也有少数研究文献认为是基因使得某些人表现犯罪的倾向。比较通俗的解释来自保守派所著的许多作品，他们认为犯罪是道德沦丧的后果，社会、学校和父母都不再注重培养孩子的是非观。以上各理论归结起来，我们基本上可以把罪犯看作一种人格类型，具有这种人格的人对正常社会规范认识不清。心理发育有障碍的人不懂得如何与他人保持健康关系，当正常人可以保持冷静的时候，基因中含有暴力倾向的人则有可能失去理智。不会分辨是非的人对于哪些行为适宜、哪些行为不适宜茫然无知。那些生于贫困家庭、无父无母或在遭受种族歧视折磨的生活环境中长大的人，不会像在健康的中产阶级家庭里长大的孩子那样懂得遵守社会规范。在这个意义上，戈茨与地铁上的那几个恶棍都是他们自己不良世界的囚徒。

破窗理论和环境威力法则给了我们什么启示？它们揭示的原因恰好是相反的。这两种理论认为，罪犯根本不是出于本能行事，或只生活在自己的世界里的，而是对自己周围的环境非常敏感，对各种暗示非常警觉，总是按照自己对周围世界的感知，并在身边事物的触动下萌发犯罪念头。这可真是偏激得令人难以置信，从某种意义上说，这根本不可信。

还有更极端的一面，环境威力法则属于环境决定论。它认为人的行为是社会环境作用的结果，但这是一个非常奇怪的环境决定论。早在 20 世纪 60 年代，自由主义者提过一个相似的论点，但是他们在谈论环境的重要性时指的是基本社会因素的重要性：他们认为犯罪是由社会不公、经济结构失衡、失业、种族歧视、数十年的制度和社会忽略等因素造成的，因此，要消灭犯罪就必须采取大动作。环境威力法则却认为，小事不能忽略，地铁上戈茨和 4 个黑人青年之间的冲突和冲突的了结方式，与戈茨混乱的心理病态及 4 个黑人的贫困状况和成长背景都没有多大关系，但与地铁里的乱涂乱画和入口处的无序现象有绝对的关系。环境威力法则还认为，要制止犯罪，无须先解决大问题，你只需要清洗掉那些涂鸦，拘捕那些逃票者即可。遏制犯罪现象盛行的转折点既简单又直接，就像巴尔的摩市梅毒疫情暴发和暇步士鞋风行的引爆点一样。这就是我说环境威力法则是一个偏激理论的原因，像朱利安尼和布拉顿，他们可算不上保守，在对待犯罪的问题上他们其实代表了极端自由主义的立场，而此问题程度之深已经让人难以接受。怎么能说戈茨的内心体验和经历与他的犯罪行为毫无关系呢？如果真的没有关系，那么枪击事实又为什么如此让人难以理解呢？

人类的“减压阀”

在第 2 章，我探讨了为什么马克·阿尔珀特那类人在口头信息传播浪潮中举足轻重。我曾提到两条似乎违反直觉的论据。论据之一：有研究表明，收看美国广播公司彼得·詹宁斯主持的节目的电视观众更有可能给共和党候选人投票，因为他比另外两个主持人汤姆·布罗考和丹·拉瑟流露了更多对共和党候选人的好感——虽然也许是下意识的。论据之二：另有研究表明，具有超凡魅力的人无须多言，与人们短暂地接触之后就可以使人们受到其情绪的感染。两项研究得出的结论充分表现了个别人物法则的内涵，因为这些研究表明，人的内心状态，即人的偏好和情绪，事实上都会潜移默化且强烈地受到某些人的影响，尽管这一点看似毫无意义。比如，我们很有可能受到新闻播音员的影响，虽然我们每天只收看几分钟电视新闻；我们会受到实验中恰好坐在我们旁边的那个人的影响，尽管那个实验只需 2 分钟。环境威力法则的实质就是，对于某些特定的环境来说，我们所处的外部环境决定着我们的内心状态，尽管我们对此并不完全了解。心理学领域有关方面的实验例证非常丰富，下面我再援引几例。

20 世纪 70 年代初期，斯坦福大学以菲利普·津巴多为首的一群社会学家，决定在学校心理系大楼的地下室建一座模拟监狱。他们用预制的隔板把走廊隔成 35 英尺见方的牢房，把实验室改成 3 个 6 英

尺 ×9 英尺的牢房，在那里安装了铁栅栏，涂黑了牢门，并把一个壁橱改装成了单独监禁室。准备好这一切后，他们就在当地报纸上招募愿意参加实验的志愿者，有 75 人申请做志愿者。津巴多和他的同事从中挑选了 21 人，他们通过了相关心理测试，表现得正常而健康。然后，工作人员随机选出一半人来充当“看守员”，给他们穿上制服，戴上墨镜，他们的任务是维持监狱的秩序，而另一半人则充当“囚犯”。津巴多让帕洛阿尔托警察局提供协助，到这些人的家里“逮捕”他们，给他们戴上手铐，押到警局，定个假罪名，让他们画押，最后把他们带到心理系大楼的地下室监狱。在这里，他们脱掉自己的衣服，换上囚服，每个人的衣服上印有号码，那是他们在被囚禁期间的身份代码。

实验的目的是弄明白监狱为何会成为藏污纳垢之地。到底是因为监狱里关着肮脏之人，它才变得肮脏，还是因为监狱本身肮脏才使得里面的人变得肮脏？回答了这个问题，显然也就是回答了伯恩哈特·戈茨问题和地铁整治问题。这个问题也就是，周围的环境究竟在多大程度上影响着人们的行为。

实验结果让津巴多大吃一惊。那些看守员——他们当中有些人原来认为自己是反对暴力的和平主义者——很快就变成了冷酷的训导者。第一个晚上，他们凌晨两点就把囚犯们弄醒，让他们做俯卧撑，靠墙排队站着，他们还会随意要求囚犯做点儿什么。第二天早晨，囚犯们就造反了，他们扯去衣服上的号码，在牢房里设置障碍物。看守员们的应对之道是把灭火器对准囚犯喷射，还把带头闹事的关进了单独监禁室。一个看守员回忆道：“有时我们滥用职权，径直对着囚犯高声侮辱、谩骂，这只能算得上是整个恐怖气氛的一部分。”随着实验的进展，看守员们变得越来越残忍，个个嗜虐成性。津巴多说：“这种变化的程度和速度让我们始料不及。”看守员们甚至让囚犯们互相说“我爱你”，给他们戴上手铐，把纸袋扣在他们的头上。另一个看守员回忆道：“我完全改变了过去的行为准则，我想我当时的残忍行为很有些创造性呢。”[6]

实验进行了 36 个小时之后，一个囚犯就变得歇斯底里了，工作人员不得不把他放出去。然后又有 4 个人，因为“极度的精神抑郁、哭闹、发怒和严重焦虑”而不得不被释放。津巴多本来打算坚持两个星期，结果，6 天之后他就宣布实验结束了。后来，一个“囚犯”说：“现在我意识到了，无论我认为自己有多么沉着、冷静，我都不能完全控制自己的囚犯行为。”另一个说：“我开始感到自己正在失去自我身份——那个被我称为自愿把我送进监狱的人（因为对我来说，那真是一座监狱，现在仍然是监狱。我可没把这当成实验或模拟……）开始远离我，慢慢地变得遥远，直到最后我不再是那个人了，我成了 416 号，我成了一个号码，416 号决定了我的行为。”

津巴多的结论是，在某些具体情境下，我们内在的癖性会屈服于强大的情境，这里的关键词是“情境”。津巴多说的不是环境，不是那些对我们全部生活起作用的主要外部影响。他不否认，父母养育子女的方式影响着子女的未来，我们就读的学校、结交的朋友、居住地的邻居都会对我们的行为产生影响。所有这些，毫无疑问，都是很重要的。他也不否认，人与人之所以不同，基因也是原因之一。大多数心理学家确信，天性——或曰遗传——可以为我们的行为方式提供

50% 的解释。津巴多只是认为，在特定的某些时候、某些地方，以及在特定的某种条件下，一个人的大部分天性会消失殆尽。比如，从风气良好的学校、幸福和睦的家庭、邻里关系融洽的小区里挑出一些正常人，仅仅通过改变他们身边环境中的某些细枝末节，就能够有力地改变他们的行为方式。

20 世纪 20 年代，纽约有两位心理学家——休·哈茨霍恩和 M. A. 梅做了一系列具有里程碑意义的实验，从而更明确地提出了相同的观点。[7] 哈茨霍恩和梅挑选了 11 000 名年龄在 8 岁至 16 岁的在校学生作为实验对象。在一门长达数月的课程学习期间，他们对这些孩子进行了几十次测试，目的只有一个：测试他们是否诚实。哈茨霍恩和梅选用的测试类型对于他们想要得到的结论非常关键，下面我就对他们的几种测试类型做一个详细的介绍。

例如，有一组测试是由教育研究所（Institute for Educational Research）设计的简单的能力测试，该研究所现在是设计学术能力评估测试（SAT）的专门机构。在完成句子的测试中，孩子们需按要求用词语填空。例如："那个穷困的小 __ 没有 __ 可 __，他很饿。"算术测试则要求孩子们回答类似这样的数学问题："1 磅糖 10 美分，5 磅糖多少钱？"孩子们需要把答案写在空白处。孩子们只有一点点时间，根本完不成测试，所以大多数孩子都有许多题没来得及做。时间一到，监考人员就会收走考卷，统一批改评分。第二天，孩子们要进行的还是同样类型的测试，题目不同但难度一样。这一次，孩子们会得到一份标准答案，并且可以给自己批改卷子，老师不怎么监督。也就是说，哈茨霍恩和梅的这种做法是在刺激孩子们：他们有一堆题没做完，手里还有答案，有充分的机会作弊。由于有前一天的测试成绩，哈茨霍恩和梅可以把两者进行比较，从而清楚地了解每个学生作弊的程度。

另一组测试为速度测试，这是一种更加简单的能力测试方法。学生们需要按要求将 56 对数字加起来，或者，学生们要读完几百个随机写出的字母并且在每个字母 A 下面画线。这些测试限时 1 分钟。然后是一组难度相当的测试，只是不再限时，学生只要愿意做就可以继续做。两位心理学家在多样情境下进行了多种测试。他们让孩子们接受体能测试，偷偷地观察孩子们做引体向上或跳远，看他们在汇报成绩时是否作假。他们布置家庭测试，使孩子们有机会查词典或问别人，然后比较孩子们在学校完成的、没有机会作弊时取得的成绩。最终，他们把研究结果写成了三大本厚书，并且对许多关于性格的偏见提出了挑战。

他们的结论之一是，作弊现象严重，这不足为怪。有一组测试的“作弊”成绩比“诚实”成绩高 50%。哈茨霍恩和梅试图寻找作弊的规律，结果他们的发现同样显而易见：聪明的孩子作弊更少，女孩儿和男孩儿作弊一样多，年龄大的孩子作弊更多，稳定、幸福家庭出身的孩子作弊更少。只要对实验数据做出分析，就能得出行为一致性的总体规律。

但是这个一致性并不如人们料想的那样高。并不是有一群人固定地作弊，另有一群人丝毫不作弊。有的孩子在家作弊，在学校却不会那样做；有的孩子在学校作弊，在家却不作弊。一个学生在填词测试中作弊绝不意味着他在画线的速度测试中也作弊。如果对同一组孩子进行测试，在相同情形下但时间间隔6个月，哈茨霍恩和梅发现，参加测试的同一组孩子两次都会以同样的方式作弊，但如果改变其中的某个变量——测试材料或测试的具体情境，他们作弊的形式也会随之改变。

于是，哈茨霍恩和梅得出结论：诚实并不是一个基本的特质，或者他们所称的“统一的”特质。诚实作为一种特质，他们认为，在很大程度上受到情境的影响。他们写道：

> 大多数孩子会在某些情境中作弊，而在另一些情境中则不作弊。在研究中，我们根据不同测试发现，说谎、作弊和偷窃行为三者之间的关系并不密切。即使是教室里的作弊行为也很具独特性，因为一个孩子可能在数学测试中作弊，而在拼写测试中却不作弊。一个孩子是否在什么情境下都作弊，部分取决于他的智力、年龄、家庭背景等因素，还取决于他所处的情境的性质和他与该情境的关系。

我意识到，这一点似乎过于违反常识。如果我要你描述一下你最好的朋友的性格，你恐怕不会说：“我的好朋友霍华德非常慷慨，但他只是对我如此，如果他的家人想向他要什么东西，他就不那么大方了。”或者：“我的好朋友艾丽斯在生活中特别诚实，但在工作上她就不那么可靠了。”相反，你会说：“我的好朋友霍华德非常慷慨，艾丽斯特别诚实。”说到性格，我们都会想得比较绝对：那个人是这样的，而不是那样的。但是，津巴多、哈茨霍恩和梅的研究表明，我们原来的想法是错误的。如果我们只从内在特征去考虑，忽略具体情境所起的作用，那么我们对于人们行为的真实原因的认识就是自欺欺人的。

我们为什么会犯这种错误呢？这很可能是人类在进化过程中形成的大脑结构导致的。举例来说，研究非洲长尾黑颚猴的人类学家发现，这种猴子对于挂在树干上的羚羊尸体所承载的信息非常不敏感（这意味着这附近肯定有羚羊），对蟒蛇留下的痕迹也是如此。曾有人观察到，非洲长尾黑颚猴轻快地走进灌木丛，丝毫没有察觉蟒蛇刚刚从这儿经过，直到遇到那条巨蛇才大吃一惊。这并不等于说长尾黑颚猴愚笨，当涉及和其他长尾黑颚猴有关的事情时，长尾黑颚猴就变得特别精明了。它们能够从一只公猴的叫声中分辨出该公猴是它们自己那一伙的还是“邻居”那一伙的。如果它们听到小猴子的哭声，它们不会朝哭声的方向看去，而是会朝小猴子的妈妈看去——它们竟然能够马上分辨出这是谁的孩子。换句话说，长尾黑颚猴非常善于处理某类与自己有关的信息，而不善于处理另外一些信息。

人类亦是如此。

想一想下面这个智力游戏。假设有 4 张牌，上面写有 A、D、3 和 6，游戏的规则是，如果牌的一面是元音，那么它的背面一定是偶数。你会翻哪一张牌来确认这一规则为真呢？答案有两个：写有 A 和 3 的牌。结果，回答过该题的人之中，绝大多数人都答错了，他们多数只回答了 A 牌或 A 和 6 两张牌。[8] 这个题目不简单。现在我们再来看一个问题。假设有 4 个人在酒吧里，一个人在喝可乐，一个人 16 岁，一个人在喝啤酒，一个人 25 岁。我们规定，21 岁以下的人不允许喝啤酒，那么我们需要检查谁的身份证呢？问题一下子变得简单了。事实上，我敢肯定，几乎每个人都能答对：那个喝啤酒的和那个 16 岁的。但是，正如心理学家莱达·科斯米德兹（是他想出的这个问题）所指出的，上面两个问题完全是同样性质的，区别仅仅在于后一个涉及人，而不是数字，而人对与自己有关的事情的反应远比对抽象世界的反应来得精明。

我们在性格方面的错误认识，即认为它具有统一性和一致性，与我们在加工信息时存在的盲点很相似。心理学家把这种倾向称作“基本归因错误”（Fundamental Attribution Error，缩写为 FAE）。[9] 这种叫法显得怪怪的，这其实是指在解读别人的行为时，人们总是爱犯一种错误：高估性格因素，而低估具体情形和环境因素。我们总是倾向于从人的性情的一面而不是从环境的一面寻找答案。再比如，有这么一个实验，邀请一些观众观看两组水平相当的篮球选手投篮，第一组球员在灯光明亮的体育馆投篮，第二组球员在灯光昏暗的体育馆投篮（显然，他们会有好多球投不中）。观众在看完投篮之后需要说说哪一组球员水平更高一些，结果他们普遍认为在灯光明亮的体育馆投篮的那一组水平更高些。还有另外一个例子，选一些人做实验，请他们参加一个问答比赛。将他们两两分组，然后让他们抽签。每一组的其中一个人会抽到写着“答题者”的卡片，另一个人就成了“出题者”。出题者按照要求，根据自己的兴趣和专长列出“有难度但可以回答上来的”10 个问题。如果他对乌克兰民歌感兴趣，他就可以围绕乌克兰民歌出一堆问题给答题者。问答比赛结束，双方均被邀请评价一下对方的常识水平。答题者始终认为出题者比自己懂得多多了。

你可以上千次地做类似的不同实验，而结果总是会差不多。即使你已经给了人们环境方面的明确解释，告诉他们其评价行为会受到周围环境的影响——第一个实例里的那个体育馆灯光灰暗；“答题者”要回答的问题都很偏门，几乎是无法回答的——最后还是不管用，他们还是会做出原来的判断。总之，这些解释没有产生多大影响，我们似乎都有一种惯性，会本能地从人的基本特征的角度去解释身边发生的事情：他是个出色的篮球运动员，那个人比我聪明。

我们之所以会这样，是因为人类也和非洲长尾黑颚猴一样，对于人际暗示比环境暗示更敏感。基本归因错误还使得世界变得简单、易于理解。比如，近几年来，人们对一种解释非常感兴趣，即形成性格的最基本的因素之一是出生顺序：老大往往盛气凌人和保守，老二则往往更加富有创造性和反叛精神。然而，当心理学家试图证实这一说法时，他们的结论听上去非常像哈茨霍恩和梅的结论。

我们确实可以考虑出生顺序的影响，但是，正如心理学家朱迪斯·哈里斯在《教养的迷思》（*The Nurture Assumption*）一书中所指出的，这种影响仅限于家庭范围。[10] 如果离开了自己的家，在完全不同的环境里，老大不一定比其他人盛气凌人，老二也不一定比其他人更有反叛精神。出生顺序这一说法根本就是基本归因错误的活生生的例子，从中你可以看出人们是多么迷恋这种理论，毕竟，根据一个人在家里的表现来定义他容易得多。这是某种速记式的描述。如果我们必须不断地对身边的事物做出评价，而且每一个判断都必须符合实际，那我们怎么认识这个世界呢？我们是否喜欢或爱恋或信任某人，是否要给某人建议，要做出千百个诸如此类的判断该有多麻烦？心理学家沃尔特·米舍尔认为人类的大脑就像一种“减压阀”，它“在现实行为不断变化的情况下，仍然能够建立和保持连续性的感知”。他这样写道：

> 如果我们看到一个女人，她时而充满敌意且独立性极强，时而被动、依赖、女人味十足，那么我们的减压阀就会使我们把这两种观察结果合而为一。于是我们认定，一种情况必是为另一种服务的，或者两种情况都是为第三个目的服务的。她虽有着消极被动的外表，但一定是一个非常干练的女人——或者她是个热情、被动、依赖的女人，为了保护自己才表现得敢闯好斗。但也许天性是我们的概念所无法涵盖的，她完全有可能集敌意、独立、被动、依赖、女人味、好斗、热心于一身。当然，她在哪个特定的场合表现她的哪一面都不是随意和反复无常的，而是取决于她和谁在一起，什么时候，如何表现，等等。因此，她的为人的每个方面都可能是真实可信的。[11]

如此说来，性格不再是我们所认为的那样的，甚至不是我们所希望的那样的。它不是固定不变、容易辨别、密切相关的一些特征的组合，我们之所以那样认为，是因为我们的大脑发生了小故障。性格其实更像是在某个时刻，在某种情况和环境下流露的习惯、倾向和兴趣的集合体，这些东西互相联系，却不是密不可分的。大多数人看起来好像性格稳定一致，那是因为我们能够很好地控制我们的环境。我喜欢参加宴会，于是我经常举行宴会，朋友们看到我就会觉得我是个风趣的人。但是如果我不能常常举办宴会，朋友们经常看到我在许多其他不同的场合，比如，在肮脏不堪的地铁里遇到几个不怀好意的小子，那么他们可能就不会认为我很风趣了。

环境中的引爆点

几年前，普林斯顿大学的两位心理学家约翰·达利和丹尼尔·巴特森受到《圣经》中好撒玛利亚人的故事的启发，决定做一项研究。[12] 你也许有印象，这个故事出自《圣经·新约》的《路加福音》，讲述了一个旅行者在从耶路撒冷到耶利哥的路上遭歹徒抢劫、毒打，躺在路边奄奄一息。一个祭司和一个利未人①——都是体面的、虔诚的人士——路过此处，看到了这一幕却没有停下来，而是“从路的另一侧走过去了”。唯一停下来帮忙的反而是一个撒玛利亚人，他属于遭人唾弃的少数民族群体。撒玛利亚人“走上前去帮他包扎伤口”，然后把他带到旅馆。达利和巴特森打算在普林斯顿大学神学院重做这一研究。这是一个带有强烈的基本归因错误意味的实验，从中我们可以看到，环境威力法则理论对于我们如何看待各种社会流行潮（不只是暴力犯罪）具有重要的启发意义。

达利和巴特森选出一组神学院的学生，与他们一个一个见面，要求他们就某个圣经主题准备一段简短的即兴讲话，然后到附近的一座大楼前演讲。在去演讲的路上，每个学生都会碰到一个人，这个人突然跌倒在小径上，头朝下，闭着眼，咳嗽并且呻吟着。问题是，谁会

---

① 利未人（Levite），利未的后代。利未是以色列利未支派的祖先。——编者注

停下来帮助他呢？达利和巴特森在实验中引入了三个变量，以使实验结果更具意义。首先，在实验开始之前，他们向学生分发问卷，让他们回答为什么选择学神学，是否把宗教看作完善自我和充实精神的手段，或者问他们是否在寻找一个探索生活意义的实用工具。然后，他们改变了学生们的即兴演讲主题。他们让一些人讲讲职业神职人员与宗教使命的关系，让另一些人讲讲好撒玛利亚人的故事。最后，他们给每个学生的指令也不尽相同。在打发一些学生出发前，达利和巴特森看着手表对他们说："噢，你要迟到了。几分钟前你就该到了，快出发吧。"对另一些人则说："还得再等几分钟他们才能准备好呢，但你现在出发也不错。"

如果你要求人们预测哪个学生会扮演好撒玛利亚人的角色（随后的研究正是这样做的），几乎所有人会一致认为那些选择神学是为了帮助别人的学生，以及那些刚刚读过好撒玛利亚人的故事，因而记得做人要有同情心的学生，最有可能停下来帮助那个跌倒在地的人。我想，我们当中的大多数人都会同意这一回答。事实上，上述两个因素没有多大影响。"我们都会想到，最有可能给处在危难中的人们伸出援手的，莫过于心里想着好撒玛利亚人故事的人，但是，这一点并没有使助人行为大幅增加。"达利和巴特森总结道，"事实上，有几个以好撒玛利亚人的故事为话题的学生，在匆匆赶路时是直接从跌倒在地的那个人的身上跨过去的。"问题的关键在于那个学生是否要匆忙赶路。在需要匆忙赶路的那一组中，有10%的人停了下来，而在有几分钟空闲的那一组里63%的人都停了下来。

换句话说，这个研究表明，一个人的信仰和思想，在指导行动的过程中并不像行为发生的具体环境所施加的影响那样重要。一句“噢，你要迟到了”会让一个通常懂得同情别人的人漠视别人的痛苦，从而在那样一个特定时刻里使他变成另外一个人。社会流行潮，从根本上说，正与这种转变过程有关。当我们试图使一种思想、一种观念、一个产品被别人接受，我们实际上是在改变我们的受众，在从虽然小但却很重要的方面改变他们：我们在感染他们，将他们卷入我们的气势，使他们渐渐放弃敌意，慢慢接受。这个目的可以通过特殊人群——那些有着非凡人际关系的人——的影响力来实现，这就是个别人物法则；这个目的可以通过改变交际的内容，通过使传递的信息浅显易记，从而使其牢牢地扎根于人们的头脑，直至最后促成他们行动来实现，这就叫作附着力因素法则。我认为这两种法则从直觉上都说得通。同时我们需要记住，大环境下细微之处的变化仍然对引爆流行潮起着重要作用，尽管这一事实看起来违反了我们心中对人性的某些坚信不疑的观点。

这不等于说，在解释我们的行为时，心理状态和个人阅历不重要。在那些有过暴力行为的人之中，存在心理障碍或者有着复杂生活背景的人占很大的比例。但是，有实施暴力的倾向和真正实施暴力毕竟有天壤之别。犯罪行为，相对来讲，是少见且畸变的行为。一个犯罪行为的产生，必定是因为有额外的事情促使一个有问题的人实施暴力。环境威力法则认为，那些诱发人们不良行为的因素可以是非常简单、微不足道的日常生活中秩序混乱的信号，如公共场所的乱涂乱画现象和乘车逃票现象等。这一观点对我们具有非常重要的启发作用。前面提到的性情决定论——认为暴力行为的诱因永远是“反社会人格”，或者“心理缺陷”，或者不能得到某种满足，或者基因中存在邪恶的种子，说到底，是对犯罪行为最被动的一种理论认识。而这一理论认为，如果你抓到了罪犯，你就可以帮助他弃恶从善，给他吃百忧解，让他接受治疗，帮他改过自新。但不管怎样，你都很难事先阻止他犯罪。对治理犯罪的陈旧认识，使人们专注于预防犯罪的措施，例如：给门加锁，增加入室盗贼的破门难度，这或许还能促使盗贼将目标转移至下一户人家；给罪犯多判刑，以减少他们为非作歹的机会；搬到郊区去住，尽可能地远离犯罪人群。

然而，一旦你理解了环境的重要性，理解了环境中那些具体的、相对细小的因素可能成为人们的行为引爆点，那么你原来的失败主义就不复存在了。环境中的引爆点是我们可以改变的东西，毕竟我们可以修好破碎的玻璃窗，洗净墙壁上的脏东西，改变所有可能诱发犯罪的导火索。犯罪现象不仅能够被我们了解，还可以被我们制止。这个问题还涉及更广泛的范围。朱迪斯·哈里斯颇具说服力地论证了在孩子成长的过程中，同龄人的影响和社区中人们的影响胜过了家庭的影响。例如，对青少年犯罪率和中学生辍学率的研究表明，那些虽然家庭环境不好但所在社区环境好的孩子，往往比成长于良好家庭但所在社区环境糟糕的孩子更有出息。我们花了那么多时间强调家庭影响的重要性和强大威力，乍一看上述结论似乎是不可能成立的。但事实再明显不过了，稍有常识的人都不难看出它是环境威力法则这一理论的延伸，因为正是该结论认为，孩子的行为和成长会受到外界环境的巨大影响，受到周围社会、物质环境的影响。我们所走过的街道、接触的人，都会对我们的为人处世产生巨大的影响。最终，并不只是严重的犯罪行为容易受到环境的暗示，人们所有的行为都会如此。这听起来虽然怪异，但如果思考一下斯坦福大学关于监狱的实验研究，再想一想纽约地铁实验，我们就不难得出结论：一个人在清洁的街道上或地铁里，可能比在肮脏的街道上或地铁里更容易做个行为端正的人。

“在这种情况下，你只好动武。”枪击事件发生几天之后，戈茨极度痛苦地打电话给他的邻居迈拉·弗里德曼，“你不可能有正常的思维，甚至你的记忆也不正常了。你就像受了刺激，你眼前所看到的东西实际上也变了。你的视野变了，你的各种能力都不同了。”戈茨继续说道，“邪恶而野蛮……你要是堵住了一只老鼠，一定会宰了它，对吧？我当时的反应就是邪恶而野蛮的，我像一只被堵住的老鼠进行了反击。”[13]

他的确采取了邪恶而野蛮的行动，因为他当时被堵在“鼠洞”里，无路可走。

5

环境威力法则 II：150，一个神奇的数字

要发起大规模的流行潮，首先要发起许多小规模的流行潮。无论是畅销书的朗诵会，还是企业生产的基本单位，对于发起小规模流行潮的团队来说，其最有效的人数是不超过 150。

意外畅销的小说

1996年，丽贝卡·韦尔斯出版了《丫丫姐妹会的神圣秘密》(*Divine Secrets of the Ya-Ya Sisterhood*)一书。她做过演员，还是一位剧作家。这本书的面市算不上文学界的一件大事。韦尔斯在此之前还写过一本书，名叫《处处祭坛》(*Little Altars Everywhere*)，它曾在她的家乡西雅图掀起一阵小小的偶像热。但她毕竟不是丹妮尔·斯蒂尔或者玛丽·希金斯·克拉克[①]。书出版后不久，她在康涅狄格州的格林尼治镇举办了一场朗诵会。当时听众一共有7个人。在朗诵的过程中，她不时胡乱地评论一通，赞扬的话居多。结果，她的书仅精装本就售出多达15 000册。

一年以后，《丫丫姐妹会的神圣秘密》出了平装本，第一次印刷的18 000册在面市的第一个月就出人意料地销售一空。到了初夏，其平装本的销量已达30 000册。韦尔斯和她的编辑都开始意识到，奇

① 二者均为美国著名小说家、畅销书作家。——译者注

特而美妙的事情将要发生了。“我在书上签名，一群群妇女聚拢过来，每六七个人聚在一起，然后她们让我随便在书的哪个地方签名，一签就是3本到10本。”韦尔斯后来回忆道。韦尔斯的编辑黛安娜·雷弗朗去找公司的营销人员，说该是开展广告活动的时候了。于是，他们在《纽约客》杂志的目录页买下一整块版面做广告。结果，在一个月之内，该书销量翻了一番，达到60 000册。在国内巡回举办朗诵会时，韦尔斯注意到听众的结构在发生变化。“首先，我开始发现母亲们和女儿们来了。女儿们都是40岁出头或将近40岁的年纪，妈妈们则是在“二战”期间读中学的那一代人。然后，三代人一起来了，20多岁的人也来了。再后来呢，十几岁的孩子和五年级的学生也来了，这真让我高兴，虽然这是在很久之后了。”

《丫丫姐妹会的神圣秘密》那时还没有被列为畅销书，直到1998年2月，经过48次印刷，印数突破250万册时，该书才登上排行榜。如果有重要的妇女杂志刊登文章介绍该书，或只要该书在电视节目中亮相，韦尔斯就能成为名人，然而，全美的媒体还没有开始关注此书。但是，由于口碑相传，她的书已经开始流行了。“对我来说，转折点可能出现在加州北部，在平装本上市后的那个冬天。”韦尔斯说，“那次的朗诵会一下子来了780多人。”

《丫丫姐妹会的神圣秘密》为什么会风靡起来？回想起来，答案似乎非常简单。该书的文字本身非常优美感人，描写的又是友情和母女之间的感情。作者娓娓道来，让读者手不释卷。还有一个原因——韦尔斯本身是个演员，她在全国各地的朗诵会上，与其说是朗读，不如说是表演，她用高超的技巧扮演着书中的每一个人物，韦尔斯简直是一流的推销员。然而，这里还有一个不那么明显的原因，它与流行潮的最后一条法则相关。该作品的成功是对环境威力法则的肯定，更具体地说，它证明了某一特定因素举足轻重的作用，即某一群体在社会流行潮中起的关键作用。

最有效的团体

从某种程度上看，其中的道理非常明显。去电影院看过电影的人都知道，某部电影好不好，从涌入电影院的观众的数量可以窥见一斑：无论是喜剧片还是恐怖片，都只有在人流如潮的电影院中才显得更具戏剧意味、更激动人心。心理学家的说法与此非常相似：如果让人们在群体中做出推理或决定，他们得到的结论与他们在独处时给出的回答截然不同。一旦我们成为群体中的一员，我们就容易感受到来自身边众人的压力、社会规范和任何其他形式的影响，正是这些至关重要的种种影响裹挟着我们加入某个潮流。

你是否思考过宗教运动是如何兴起的？通常我们认为那是像使徒保罗、葛培理、杨百翰等传教士的超凡魅力影响的结果，但其实任何新兴意识形态的传播都要借助于群体力量。在 18 世纪末和 19 世纪初，卫理公会派教会运动在英国和北美方兴未艾，在 18 世纪 80 年代的五六年之内，卫理公会派教徒的人数从 22 000 猛增到 90 000。但是，卫理公会派的创始人约翰·卫斯理根本算不上他那个时代最具魅力的牧师。这项荣誉应属于乔治·惠特菲尔德，他是个颇具魅力的演说家，据说，他曾经施展口才让本杰明·富兰克林捐款 5 英镑，而众所周知，富兰克林是从不去教堂的。卫斯理也不是约翰·加尔文和马丁·路德之类的伟大神学家，他的天才之处在于其组织能力。卫斯理在英国和北美到处演讲，在露天场所向成千上万人布道，但是，他不仅布道，还在每个小镇停留一段时间，把那些最热心积极的皈依者组成宗教团体，再把这些团体细分为 12 人左右一组的班组，要求皈依者们每周集会并且严格遵守行为准则。如果有人没遵守卫理公会派的准则，他就将被驱逐出组。换句话说，这是一种代表一定意义的宗教小组。

卫斯理一生都在不停地穿梭于各个宗教小组之间，他每年要骑马走过 4 000 英里的路程，各处宣讲，加强卫理公会派的宗教信条。他是一流的联络员，他就像了不起的保罗·里维尔。不同的是，他的情况不是一个人与其他许多人建立联系，而是一个人与许多小组建立联系，这看起来区别不大，但却很重要。卫斯理懂得，要想使人们的信仰和行为发生根本的变化，而且让这种变化持续存在，并成为更多人效仿的榜样，就必须建立一个社会团体或组织，在这个团体或组织里，人们可以互相交流、实践或培养自己的这些信仰。

我想，这一点也有助于解释《丫丫姐妹会的神圣秘密》能够风靡起来的原因。这本书第一次登上的畅销书排行榜是北加州独立书商的排行榜。如韦尔斯所说，正是在北加州第一次有七八百人参加了她的朗诵会。那里正是这本书开始流行的地方。为什么会这样？雷弗朗认为，旧金山地区是全美读书小组文化最浓厚的地区之一，而从一开始，出版商就把《丫丫姐妹会的神圣秘密》列入了“读书小组阅读书目”，宣传这是一部情感细腻，情节随着人物发展，多层面揭示情感问题的小说，它引人深思，有讨论价值。于是，许多读书小组的成员蜂拥而至购买此书。前去参加韦尔斯小说朗诵会的妇女大多是这种读书小组的成员，她们不仅帮家人和朋友代买该书，还为小组的其他成员代买。由于读书小组不断阅读、讨论该书，它因而变得更加令人难忘。毕竟，对于你和好朋友一起阅读、讨论过的书籍，你当然记得更清楚，理解得更深刻。它成了一种社交体验、谈话主题。《丫丫姐妹会的神圣秘密》根植于“读书小组”这样一种文化，这促成了后来更广泛的口头传播浪潮。

韦尔斯说，在朗诵会结束后的提问时间里，听众中有人告诉她：“我们在同一个读书小组里已经两年了，但在我们读了你的书之后，我们发生了一些变化。小组成员之间的关系越来越像朋友了。因为有人告诉我，她们开始一起去海滨或者在各个成员的家中聚会。”妇女们开始按照书中描写的那样组成自己的姐妹团体，还把她们的合照拿来让韦尔斯签名。卫斯理的卫理公会派在英国和美国之所以能形成燎原之势，也是因为他不停地穿梭于各个宗教小组之间，这样每个小组都能接收到他的信息，并让信息得以强化。《丫丫姐妹会的神圣秘密》的流行过程与此非常相似，从一个读书小组到另一个读书小组，从一个姐妹组织到另一个姐妹组织，从一场小说朗诵会到另一场小说朗诵会——有一年的时间韦尔斯停下所有工作，在全美各地做此类活动。

《丫丫姐妹会的神圣秘密》一书和约翰·卫斯理给我们的启示就是，思想或观念的传播可以通过无数小型的、组织严密的群体来实现。但要得出这一结论，仍有几个问题尚待回答。比如，“群体”这个词可以被用来描述各种各样的群体：从一支篮球队到卡车司机工会，从一对度假的夫妻到共和党。如果我们想发起某个潮流，要达到可以流行的程度，什么规模的“群体”才最有效呢？有什么简单可行的办法来区分哪个群体能够成为社会上真正的权威群体，哪个群体不可能有多大影响力吗？事实证明，办法是有的，那就是“150 法则”。而且，这是个令人觉得非常不可思议的例证，它绝妙地证明了环境在社会流行潮形成过程中所发挥的作用。

150 法则

认知心理学里有一个概念叫作“通道容量”（channel capacity），它是指我们的大脑在接收某些信息时所具有的记忆空间。假设我随意地给你弹奏几个不同的音调，让你用数字辨别出来。如果是特别低的调，那你就用 1 来表示；如果是中调，那你就用 2 来表示；高的音调就用 3 表示。这个实验的目的是看你能坚持多长时间来辨别越来越多的不同音调。那些能够完美把握音高的人可以不停地做下去，你给他们弹奏几十个不同的音调，他们也能准确无误地分辨出来。但对于我们大多数人来说，这个游戏就难多了。多数人在把音调分出 6 个档之后就要出错了，他们会把高低不同的调划分到相同的一档里。这类实验具有惊人的一致性。如果我弹奏 5 个非常高的音调，你有可能分得清；如果是 5 个非常低的音调，你仍有可能分得清。但你想想看，如果把这些高高低低的调子同时弹给你听，你会认为你能把它们分成 10 档吗？多数人做不到，他们仍然会习惯性地把它们归为 6 档。

这样一种自然的局限性会在许多简单的实验中反复出现。再比如，如果我让你喝 20 杯冰茶，每一杯里都放了不同量的糖，你要根据甜味来分档。一般人也就能区分六七杯的甜度，然后会开始出错。或者，我在你面前的屏幕上让一些圆点闪现，然后让你数清你看到了多少个，一般人能够准确看清的最多也就7个，剩下的就只好靠猜了。心理学家乔治·米勒在他著名的论文《神奇的数字7》（*The Magical Number Seven*）中这样总结道："或许是后天学来的，或许是我们神经系统的结构决定的，我们似乎生来就受到某种局限，它使我们的通道容量保持在这样一个大致的范围内。"[1] 这就是电话号码只有7位数的缘故。普林斯顿大学研究记忆的乔纳森·科恩说："贝尔电话公司想让一个号码尽量多包含几个数字，因为这样电话的产量才能有保障，但是数字又不能太多，否则人们记不住。"电话号码如果达到8位数甚至9位数，就会超过人们的通道容量：会出现更多被记错的号码。

也就是说，我们人类大脑一次只能加工这么多信息，超过了某个界限，大脑就无能为力了。我在这里描述的是智力容量——我们加工信息的能力。但是，如果思考一下，你就会清楚地知道，还存在一个情感容量。

比如，花点儿时间，想想你认识的人之中，哪些人的死会真正让你感到被击垮，列出一个名单。你写出来的名字很可能是12个左右，这是参与过该调查的人列出的数目的平均数。心理学家把名单中的人称作"我们的同情群体"（our sympathy group）。[2] 为什么这个群体不能再大点儿？部分是由于时间的关系。仔细看看你的同情名单上的那些人名，你就会意识到他们都是你平日里投入关注——或者电话联系，或者见面，或者思念和牵挂——最多的人。如果你的名单比这个长一倍，比方说有30个名字，那么你花在每个人身上的时间和精力肯定也要减半，这样你还会觉得你跟他们每个人都那么亲近吗？恐怕就不会了。做某人最好的朋友对你投入的时间的要求可以很低，但你要付出许多感情，对一个人深切地关心可能让人心力交瘁。在介于10人和15人之间的某一点，我们就会感到难以承受，正如一旦出现太多的音调，我们就无法区分了。我们大脑的构成方式决定了我们可以具有的功能。进化论生物学家S. L. 沃什伯恩曾经写道：

> 人类的进化大多发生在农业出现以前，那时人们的活动常常以很小的群体为单位，以面对面的方式进行。因此，人在生理上进化出了一种能适应环境的机制，尽管过去那种环境到现在大部分已经不存在了。人们渐渐对个别人、短距离及某些时间段感觉强烈，而这一切对于今天人们的生活仍然非常重要。[3]

然而，也许最有趣的自然极限还是我们所称的“社会通道容量”。英国人类学家罗宾·邓巴对此做出了最有说服力的解释。[4] 邓巴从一个非常简单的现象入手。在所有的动物中，灵长类动物——包括猴子、黑猩猩、狒狒和人类——大脑的容量最大。更重要的是，人类和其他灵长类动物的大脑中叫作“新皮质”的那个部分——按哺乳类动物的标准衡量——是相当大的，正是大脑的这一区域主管复杂思维和推理。

多年来，对于新皮质部分为何负责思维和推理这一问题，科学家们争论不休。一种理论认为，我们的大脑之所以进化了，是因为灵长类动物的祖先很早就开始了较为复杂的食物采集活动：并非只是简单地吃青草、树叶，而是开始采集水果，而这需要较强的思考能力。因为它们要找到果子，就必须走得更远，这样其头脑中便逐渐形成了地图，它们还需要考虑果子成熟的时间，为了吃到果肉还要懂得剥去果皮，等等。该理论的问题在于，我们无法据此把脑的大小和灵长类动物的饮食特点对应起来。有些灵长类动物食草，但是它们的大脑比吃果子的同类动物的大脑还大；有的动物需要走很远觅食，可是其大脑新皮质部分却比较小，而待在窝里等东西吃的动物的大脑反而比较大。所以食物理论说不通。那么究竟什么与大脑的大小相关呢？邓巴认为，是动物生活群体的大小。如果你去观察灵长类动物的任何一个种类，如任意一种猴、猿，你就会发现，它们生活所属的群体越大，它们平均的大脑新皮质部分就越大。

邓巴认为，大脑的进化——也就是变大，是由于要应付更大的交往圈子。如果你的圈子有 5 个人，你需应对 10 个单独的关系：你和圈子里的另外 4 个人的关系，加上其余 4 个人相互之间的 6 个双边关系，这才算你了解了圈子里的每个人。你必须了解所处群体的人际动态，在不同的人当中保持关系的某种平衡，让别人高兴，还要安排好自己的时间和精力等。如果你所处群体的人数是 20，那么你要应对的是 190 个双边关系：19 个和你的直接关系，加上其他人之间的 171 个相互关系。群体的大小只是之前的 5 倍左右，而为了了解所处群体中的其他成员，你需要处理的信息量却变成了之前的 19 倍。也就是说，圈子人数稍微多一些，就意味着社交负担和智力负担明显增加。

在所有灵长类动物中，人类的交往圈子最大，因为只有人类的大脑才足够大到可以应付那么复杂的社会模式。事实上，邓巴发明了一个对大多数灵长类动物都适用的方程式，在该方程式里输入某个动物种类的新皮质比例，即新皮质体积与大脑体积的比值，就可以推算出某种动物所能拥有的活动群体最大值。当在这个方程式里输入智人（现代人）的新皮质比例时，得到的数值是147.8，约等于150。“150这个数字似乎代表了我们可以与之保持社交关系（你能够知道他们都是谁，他们和你是一种什么程度的关系，或者你和这些人交往的程度达到了如果你未被邀请却恰好碰上他们在一起喝酒，但你不会因此而感到难堪的程度）的人数的最大值。”

邓巴在对人类学文献进行了梳理之后，发现150这个数字时常蹦出来。例如，他查阅了有可靠的历史记载的有关文献，考察了21个不同的原始狩猎族群——从澳大利亚的瓦尔比利族到新几内亚岛的塔瓦德族、格陵兰岛的安玛萨利克族和南美洲火地岛的奥那族等，发现他们每个村落的平均人数为148.4。

军事组织也显示了同样的规律。“军事行动的规划者凭借多年的经验粗略地摸索到了规律：能够有效实施战斗设想的组织单位不能超过200人。”邓巴这样写道，“我怀疑，这不仅仅是后方的将军们如何运筹帷幄的问题，因为尽管第一次世界大战以来通信技术有了飞速发展，但作为基本作战单位的连级的规模始终那么大。准确地说，是那些战争的规划者经过了几个世纪的不断摸索领悟到：作为最有战斗力的组织单位，连包含的人数不能再多了，否则很难使成员达到彼此熟悉、默契的程度，从而成功地协同作战。”当然，不是说指挥更大的军事单位就不可能了，但更大的单位要求配备更复杂的等级划分方式、规章制度和各种措施来保证它的凝聚力和战斗力。如果是少于

150 人的组织，邓巴则认为，它也有可能取得几乎相同的效果："在如此规模之下，由于存在着人与人的直接接触和个人忠诚因素，上级命令才得以执行，不守秩序的行为才得以控制。规模再大下去，这一切就变得不可能了。"

还有一个例子说的是一个宗教组织，它叫作"哈特教派"（Hutterites）。这个教派的教徒几百年来一直在欧洲过着自给自足的农耕生活，在 20 世纪初该教派发展到了北美。哈特教派［它有着与阿米什教派（Amish）、门诺教派（Mennonites）一样的传统］有着严格的制度：每当聚居群体发展到 150 人的规模时，他们就把群体分成两个，再各自发展。"把数量控制在 150 人以下似乎是管理一个群体的最佳和最有效的方式。"哈特教派的领袖之一比尔·格罗斯在斯波坎城外的一处聚居地对我说，"当人数太多，超过了这个数量时，人们互相之间就变得陌生了。"哈特教派的这个理念显然不是从现代心理学理论中得到的，因为他们遵循这种规律已有几百年了，但是他们的解释与邓巴的理论完全相符。到了 150 这个点，事情就会发生改变，虽然无法说清楚这种现象，但它却确确实实地存在，它能在一夜之间就改变一个群体的性质。

"在规模比较小的群体中，人们彼此之间的关系要密切得多，当你希望看到一个组织有序的成功团体时，人们之间的紧密团结就显得极为重要了。"格罗斯说，"如果人数太多，人们没有那么多共同的工作可做，共享的东西也没有那么多，大家彼此就会变得陌生，紧密的关系也就不复存在了。"格罗斯是有感而发的，他在哈特教派的教徒聚居地亲身经历了聚居人数是如何达到那个神奇的数字的，并目睹了之后发生的变化。“一个群体一旦达到那个规模，该群体内部就会开始形成新的宗派。”他打着手势，表示分裂，“一个大群体分裂成两三个小群体，这是人们最想避免的情况。但如果真的发生了，这反而是成立分支的好时机。”

小规模流行的作用

在本书里，我们已经看到，外部环境的微小变化能给我们的行为带来巨大影响。清除各种涂鸦，结果那些可能发生的其他犯罪也突然停止了；告诉神学院的学生他该抓紧时间，结果他一下子对明显正在遭受不幸的路人视而不见了；150 法则表明，群体规模的大小也是一个可以产生重大影响的微妙的环境因素。在哈特教派这个例子里，人们本来友好相处，遵守共同的道德规范，当人数稍稍发生变化时，人们竟突然变得陌生疏远了。总之，一旦跨越那个界限——那个引爆点，人们的行为就开始不同了。

如果我们想让群体成为思想传播的孵化器，就像前面提到过的《丫丫姐妹会的神圣秘密》和卫理公会派，那么我们必须把群体的人数控制在 150 以下，150 是一个引爆点。如果超过了这个数字，群体统一观念、一致行动的能力就会出现结构上的障碍。如果我们打算在贫穷的社区创立学校，以成功地反击周围街区的道德败坏状况，150 法则告诉我们，最好先多建几所规模小一点的学校，而不是一所或两所规模大的学校。150 法则还告诉我们，不论你是教堂的集会者、社交俱乐部的成员还是任何一个团体活动的成员，你如果指望其他人与你怀有共同的理想，就必须认识到追求大规模的危险性。跨越 150 这个数字似乎只意味着一个小小的变化，而实际上它产生的结果却有可能与之前有天壤之别。

最能说明问题的可能是特拉华州纽瓦克的戈尔公司。这是一家创业时资产才数百万美元的私营高科技公司，主要生产戈尔特斯面料、格莱德牌牙线、计算机电缆专用绝缘材料和各种密封产品、过滤袋、汽车内胎、半导体、药物及医疗设备。在戈尔公司，没有头衔一说。员工戴的胸牌上只写着名字，名字下面一律是“同事”，不管他们挣多少钱，承担多大职责或者在公司里干了多少年。那儿没有上司，只有督导者——“导师”——关注着大家的利益。那里没有组织结构的划分，没有业绩排行榜单，没有预算和详尽的战略规划，薪水由集体讨论而定。公司的总部是一栋朴素的红砖房。“主管人员”的办公室不大，布置得简简单单，室外的走廊也很窄。大楼的拐角处多为会议室或公共休息室，没有谁的办公室显得格外优越。我去拜访戈尔公司的一位职员鲍勃·亨，他在戈尔公司下属的一家同样位于特拉华州的工厂工作。我试图让他说出他在工厂里的职位，但他就是不说。我想，既然人家让他来接待我，那他一定是个高层管理人员。但我看他的办公室也不比别人的大，他的胸牌上面同样写着“同事”。他好像也没有秘书，至少我没有看到。他的穿着与其他人没有什么两样。在我的一再追问下，他咧开嘴一笑，只说了一句：“我是管闲事的。”

简单地说，戈尔是一家非常特别的公司，有着表述得很清楚的管理指导思想。作为一家大型的、成熟的公司，它努力做得像刚刚起步的小企业那样。大家都认为这种努力极其成功。无论是商业专家列出的人们最愿意为之工作的美国公司名单，还是咨询师谈到的管理最佳的美国公司，戈尔都榜上有名。它的员工流动率仅是该行业平均水平的30%。它连续35年盈利，其增长率和独具新意的高利润生产线让同行企业羡慕不已。戈尔成功地创造了一种团结向上的小公司文化氛围，但却发展壮大成一家拥有几千名员工和10亿美元资产的大公司。他们究竟是怎么做到的呢？他们遵循了150法则（当然还有其他原因）。

已故的公司创始人威尔伯特·比尔·戈尔当然不是受了罗宾·邓巴理论的影响。与哈特教派一样，他是在不断实践和摸索的过程中领悟出规律的。“我们发现，群体人数一达到150，事情就有些不对劲了。”几年前他对一个采访者这么说过。于是，让每个工厂包含约150名员工就成了公司的发展目标。对公司的电子部门来说，这意味着工厂的面积不能超过50 000平方英尺，因为这样才基本上能保证建筑物最多容纳150人左右。

“人们常常会问我如何制订长期规划，”亨说，“我就说，很简单，我们在停车场留出150个车位，如果有人开始把车停在草坪上了，我们就知道该建新厂了。”新厂不必离得很远，在戈尔公司的“老家”特拉华州有3家工厂，它们彼此离得都不远。事实上，公司在特拉华州和马里兰州方圆12英里的范围内就有15家工厂。厂房各有特色，这样每个厂子可以有自己的文化发展空间。“我们发现停车场能把各工厂分隔开来，”一位名叫伯特·蔡斯的老职工告诉我，“要去另一家工厂，你就得打起精神，穿过停车场，那可是件费力的事情，不亚于你在停车场找到自己的车，再开上5英里。大家在各自的工厂大楼里工作能感受到许多自主性。”

随着戈尔公司近几年的壮大，公司自身不断地经历着分割和再分割。别的公司如果遇到这种情况，可能会在工厂主楼旁边加盖建筑，增加生产线或者增加轮班工作时间，但戈尔公司总是把工作单位划得小之又小。我访问戈尔公司的时候，他们刚刚把戈尔特斯服装部门分割成两个部分，以使每个部分的规模控制在150人以下。更加面向时尚的消费产品，如靴子、背包和徒步旅行用具的生产，与消防员服装和士兵服装等制服的生产分开，另立门户。

我们不难看出戈尔公司这样一种组织结构与其不同寻常的、形式自由的管理风格之间的联系。邓巴所描述的小型群体成员之间的联系，从根本上说是一种同伴压力：大家彼此熟知，因而别人对你的看法就显得很重要。前面提到，邓巴说，连是军事组织的基本单位，因为在一个不多于150人的群体中，“每个成员都认为自己该为群体出力，成员彼此接触的方式是一种人对人的直接接触，所以命令可以更好地得到执行，不规矩的行为会有所收敛。”比尔·格罗斯在谈到他所研究的哈特教派聚居地时，也这样说过。他所看到的聚居地内部越来越大的分歧，就是成员之间的那种纽带关系弱化的结果。戈尔公司不需要通常的中层和高层的管理，因为小型群体里那种小范围的、随意的人际关系更能提高工作效率。“如果我们工厂效率低下、效益欠佳，那么我们要承受的来自兄弟工厂的压力是不可想象的。”公司的一名老员工吉姆·巴克利告诉我，“在小团队里，大家彼此认识，来自同伴的压力远比上司的观念更有威力，这威力甚至能大出许多许多倍。人们都不想让别人对自己失望，就是这样。”巴克利说，人们在较大的、传统规模的工厂里也可能感到同样的压力，但这种情况只会存在于工厂的某几个部门。戈尔公司的优势在于，产品的设计、制造和销售这一系列过程都需要全体人员的高度参与。

“我刚刚从位于新泽西州的朗讯科技公司回来，”巴克利告诉我，“他们公司的那家工厂生产手机电池，还有诸如 95 号州际公路两旁传输信号的信号箱等产品。我在那里待了一天。他们有 650 个人，生产人员顶多认识几个设计人员，仅此而已。他们不认识任何销售人员、售后服务人员、产品研究和开发人员，他们也不知道这一系列的工序里其他部门的进展情况。我说的压力是指，当销售人员和生产人员彼此了解对方的工作时，想拿下顾客订单的销售人员，可以直接找到一个他认识的生产人员并告诉他，我需要那款产品。这当中的两个人，一个负责生产产品，一个要把产品卖出去。他们可以碰面，可以讨论，这就是我说的同伴压力。在朗讯，你看不到这些。在生产领域，他们有 150 个人，他们工作关系密切，由于大家都想成为最好的、最有创造力的员工，因此也会产生同伴压力。但是在这一部门之外，他们就没有任何压力了，因为他们不认识其他部门的员工。我去他们的食堂吃饭，我发现基本上没有围坐在一起的人。这感觉真的不同。”

巴克利在这里指的是团结的好处，让关系繁杂的企业员工共享一种关系的好处。我想，心理学有一个重要概念能够更清楚地说明这个意思。那就是弗吉尼亚大学的心理学家丹尼尔·韦格纳所说的“互动记忆”（transactive memory）。[5] 我们在谈到记忆时，并不是就指储存在头脑中的观念、印象和事实，我们记忆的很大一部分是储存在大脑以外的。我们多数人特意不去记忆我们需要知道的电话号码，但是我们却记得该到哪里去查那些电话号码。或者我们会记住411，这样我们可以随时查号。我们也不会去记住巴拉圭或其他不起眼的小国的首都。费那劲儿干吗？买本地图集，把这类信息都储存在那儿，这容易多了。可能更为重要的是，我们要与别人一起储存信息，情侣或夫妻就会很自然地这样做。

例如，几年前，韦格纳曾对59对情侣进行了记忆测试。他们至少都约会了3个月。一半的情侣能够继续交往，而另一半则被拆散，各自另外被匹配一个不认识的新伴侣。韦格纳让所有的被试阅读64句话，每一句话里都有一个带下划线的词，例如，“蜜多丽是一种日本瓜酒”。读过之后，被试需按要求把记住的尽量写下来。毫不奇怪，那些彼此相识相知的情侣比互不相识的“重组情侣”记住的多得多。韦格纳据此证明，互相熟悉的人之间会无形中产生一种联合记忆系统——或称互动记忆系统，这一系统建立在对哪个人更适合记忆哪些事情的了解之上。“人们常常把人际关系的发展理解为一个相互公开自我的过程，”他这样写道，“尽管把这一过程演绎为人与人之间的相互展示和彼此接受会更富浪漫色彩，但我们仍然可以把它理解成互动记忆的先兆。”互动记忆是构成亲密关系的一部分，韦格纳认为，正是这种互动记忆能力的缺失致使离婚变得痛苦。“离婚者感觉压抑和认知功能失常可能是在说明他们失去了外部记忆系统。他们原本可以通过讨论来达成某个共识，原本可以依赖对方的记忆储存，但是现在，这一切都不复存在了。人失去了互动记忆，就像失去了大脑的一部分。”

在一个家庭中，这种分享记忆的情况更加明显。我们当中的多数人一次只能回忆起一小部分日常细节或者家庭的往事。但是，潜意识里我们都知道到哪儿去寻找答案，去问爱人把钥匙放哪儿了，去问13岁的儿子如何操作电脑，或者去问妈妈我们童年的故事。更重要的是，每当需要记忆某事时，我们都清楚该由谁来记。这样，家庭里就出现了个人专长。13岁的孩子成了电脑专家，不仅仅是因为他在电子设备方面有着特别的才能，或者他经常使用电脑，还因为每每有关于家庭电脑的事情，很自然地都是由他来负责处理。慢慢地，他在这方面就变得越来越擅长。如果家里有个儿子会安装电脑软件，你又何必去关心自己如何安装呢？人的脑力是有限的，因此我们只专注于我们做得最好的事情。女人往往在抚养孩子方面是“行家”，即使在女方在社会上有自己职业的现代家庭中也是如此。女性在孩子的出生和最初的育儿任务中付出得最多，因而家庭成员在关于抚养孩子的问题上就更多地依赖女性。最初的情形导致后来更多的责任，直至最后，孩子的智力开发也成了女性的责任，而在这一过程中没有人要刻意如此。“如果每个人都肩负其所在群体认同的特定职责，每个领域都尽可能少安排几个行家来负责，而不是根据具体情况把任务随机布置给某个人，长此以往，就一定会有更高的效率。”

当吉姆·巴克利说，在戈尔公司工作“是另一种体验”时，他指的是戈尔公司具有高效的组织性互动记忆。例如，戈尔公司的一个员工这样描述小工厂里“彼此认识”的含义：“你不仅仅是知道某人，而且你熟悉他，因而了解他的技术、能力和为人，也就是了解他喜欢什么，在做什么，想做什么，擅长做什么，而不是说他是不是个好人。”这个员工说的就是互动记忆的心理前提：熟知某人，了解他的知识范围，相信他在自己专业领域里的能力。这是一种在组织层面上的信任和亲密关系的再创造机制，与家庭中完全一样。

当然，如果你负责一家纸巾公司或者制造螺栓螺母的公司，那就无所谓了，并不是在任何公司都需要有如此密切的人际关系。但对戈尔这样的高科技公司，这种整体记忆系统就显得至关重要了，因为它保持市场优势靠的是创新能力和对市场需求及顾客要求快速做出回应的种种能力。具有这样的整体记忆系统，公司就能高效运转：任务可以很快完成，问题能得到迅速解决，一个部门的员工得以接触其他部门的员工，并借助于他们的专业技能完成自己的职责。在朗讯，负责生产的 150 人可以形成自己的记忆网络。但是如果他们像戈尔公司的人一样，工厂里的每个人都是互动记忆系统的一部分，研发人员与设计人员相熟，设计人员与生产人员相熟，生产人员又与销售人员相熟，那么公司的效率将有多大提高呢？“我们跟别人提起此事时，他们的第一反应就是：‘伙计，那不乱套了吗？没有明显的权威机构你还能干成什么事呢？’事实是，没有乱套。这根本就不是问题。”伯特·蔡斯说，“外人很难理解。员工们彼此了解对方的专长带来的好处就是，知道应该去哪里咨询谁最好。如果了解别人的情况，你就能做到这一点。”

简而言之，戈尔公司创造的是一种有序的机制，这种机制能让新的观念和信息在整个组织内部轻易传播开来，可以由一个人带动一群人，一群人一下子带动整个组织。这再次体现了遵循 150 法则的好处，因为你可以利用记忆的纽带和来自同伴的压力。如果戈尔公司针对单个员工来传递新观念和新信息，那么这就困难得多，正如丽贝卡·韦尔斯的例子所表明的那样，如果参加她的朗诵会的读者不是一起去，而是独自前往，那么该书要风靡起来就不太容易。如果戈尔公司把所有人都放在一间大房子里也不会起作用，为了把某一个特定的公司理念传达给每一位员工，戈尔必须把自己分割成若干个小规模的半自治组织。这是流行潮现象中的矛盾之处：为了发起一场大规模的流行潮，你得首先发起许多小规模流行潮。丽贝卡·韦尔斯说，当她的书开始风行时，她意识到真正火起来的不是她本人，甚至不是她的书，那不是某种事物的流行，而是成千上万不同的人的流行运动。这些流行潮的中心就是那些围绕《丫丫姐妹会的神圣秘密》发展起来的各个读书小组。“那时我开始意识到，这些女人已经建立了自己的姐妹关系群，与其说她们与书结成了关系，倒不如说她们相互之间结成了关系。”

• 6

“云中漫步”这个品牌的推广得益于兰姆西斯前卫的广告设计。他们在掀起流行潮时既做革新者，又做信息传播的中间人，他们修改、完善和吸纳年轻人文化中的前卫思想，使之为大多数人所接受。

个案分析：流言、运动鞋和转变力量

引爆流行的广告设计

滑板运动中有一个动作叫“云中漫步”（airwalking）。运动员从坡道上起滑，落地之前双脚离开滑板，在空中夸张地迈一两大步。这是传统滑板运动中的经典动作。所以在20世纪80年代中期，当两位企业家决定生产面向滑板运动的运动鞋时，他们将自己的公司命名为“云中漫步”[①]。考虑到圣迭戈当地的青少年海滩滑板运动颇为流行，公司把总部设在这座城市。开始时，公司生产帆布鞋，使用的颜色和图案都很大胆，云中漫步一时间成为时尚的代名词。公司还生产专业羊皮质滑板鞋，厚厚的鞋底和填充得饱满的鞋帮几乎和滑板一样坚硬——至少在刚开始穿时是这样的。滑板爱好者对这种鞋特别着迷，他们会反复地洗刷鞋子，然后开车碾过去，以磨合鞋子，使鞋子变软。那时，云中漫步公司非常酷，它赞助职业滑板运动员，激起了

① 云中漫步（Airwalk），美国著名滑板运动品牌。——译者注

大众对滑板运动赛事的一阵狂热。几年之后，公司就创建了一个年利润 1 300 万美元的产业。

公司可以一直这样发展下去：这是一种低水平的平衡状态，客户虽然不算多，但都是很忠诚的老客户。但云中漫步的创办者可并不想就这样算了，他们想让云中漫步成为一个国际品牌。于是，在 20 世纪 90 年代初他们改变了发展战略，重新规划了商业运营方式，重新设计了鞋的款式。他们拓展了产品的范围，除了滑板鞋，还有冲浪运动鞋、滑雪运动鞋、山地自行车运动鞋、赛车运动鞋，并且赞助这些项目的所有运动员，云中漫步成了动感、新潮生活方式的代名词。为了迎合自己的青年顾客，他们雄心勃勃地开始了一项基层营销活动。他们说服富洛克[①]试销他们的运动鞋，并让另类摇滚乐队在演出时穿他们的产品。或许更重要的举措是聘用兰姆西斯这家规模不大的广告公司来重新制订他们的营销策略。在兰姆西斯公司的指导下，云中漫步公司利润大增。该公司的销售额在 1993 年是 1 600 万美元，到 1994 年就达到了 4 400 万美元，1995 年一跃达到 1.5 亿美元，1996 年增至 1.75 亿美元。在其鼎盛时期，在一家大型市场调研公司调查发布的全世界青少年最喜爱品牌企业排行榜上，云中漫步名列第 13 位，而在运动鞋排行榜上它名列第 3 位，仅次于耐克和阿迪达斯。可是不知什么原因，仅仅在一两年之内，云中漫步就在南加州的海滩上站立不稳了。20 世纪 90 年代中期，公司的颓势被引爆，开始一蹶不振。

---

① 富洛克（Foot Locker），美国著名运动品牌销售商。——编者注

到目前为止，引爆点一词一直被用来解释流行潮现象和引发流行潮的法则。保罗·里维尔的经历、《芝麻街》、纽约的犯罪活动、戈尔公司的员工……每个例子揭示了一条流行法则。但是，我们在日常生活中遇到的问题和情况并不总能清楚地体现流行三法则。在此，我们来关注一下那些不那么直接、明显的问题，看看如何运用个别人物（内行、联络员、推销员）、附着力因素、环境威力来解释它们。

比如：为什么云中漫步会突然盛行？简单的回答是：因为兰姆西斯帮其设计出了富有创意的广告。

最初，兰姆西斯公司的预算不足，公司的创意总监查德·法默创造性地设计了一系列夸张的形象，那是许多张单张照片，照片中的人穿着云中漫步牌运动鞋，用怪异的动作向人们展示他的鞋子。在一张照片中，一个年轻人穿着云中漫步牌运动鞋在理发店理发，鞋子放在了头上，鞋带像辫子似的垂下来和头发混在一起，理发师正在为他修剪。还有一张是一个身穿皮衣的女孩，手里举着光洁得可以照出人像的云中漫步牌运动鞋当镜子，正在抹口红。这些广告照片出现在广告牌、建筑工地的墙壁和杂志上。

随着云中漫步公司的不断壮大，兰姆西斯开始让广告走上电视。在其中一则早期电视广告中，摄像机镜头在卧室的地板上扫过，从满地被随手丢下的衣物上匆匆掠过，最后定格在床下。空气中充斥着床垫上下震颤发出的声音，镜头从床下移出，于是人们看到一个打扮得让人眼花缭乱的年轻人，手里拿着云中漫步牌运动鞋，在床上跳上跳下，想打死天花板上的一只蜘蛛。所有的广告都非常直接，目的就是吸引全世界的年轻人。整则广告细节丰富，非常引人入胜。广告塑造的都是富有活力的有点儿极客①特质的反英雄角色，他们以一种非常含蓄的方式引人发笑。

这是了不起的广告设计，在此之后，许多公司竞相模仿，也希望能够“酷”一把。但是兰姆西斯广告策略的高明之处还不仅仅停留在人们所看到的层面，云中漫步之所以流行起来，完全是因为它的广告设计思路与流行法则相符。

中转员的关键作用

要理解兰姆西斯的做法，最好的办法恐怕还是借助于被社会学家称为“扩散模型”（diffusion model）的概念，对流行的观念、产品或创新进行详细的、系统的观察。

最著名的扩散研究要算 20 世纪 30 年代，研究人员布鲁斯·瑞安与尼尔·格罗斯在艾奥瓦州格林县所做的玉米杂交种子的分析了。[1] 新的玉米种子是于 1928 年被引进的，它在各方面都比农民们用了几十年的种子好，但是农民们并不能一下就接受。到 1933 年为止，在布鲁斯·瑞安研究的 259 位农民当中，只有几个人开始试用新种子。到了 1934 年，有 16 人加入。1935 年，又有 21 人加入，接着又有 36 人。在随后的一年里，加入的人突然多了起来，有 61 人加入。然后又有 46 人、36 人、14 人、3 人，直到 1941 年，259 位农民全部用上了新种子。用扩散研究的语言来说，在 20 世纪 30 年代初最早开始

① 极客是美国俚语“geek”的音译，含有智力超群和努力的语意，又被用于形容对计算机和网络技术有极大兴趣并花大量时间钻研的人。——编者注

尝试使用杂交种子的少数人叫作“革新者”，他们是些敢闯敢干的人；受到他们影响，随后加入的那一小部分人叫作“先期采纳者”，他们是群体当中的观念引领者，他们有想法，受人尊敬，在观望和分析那些革新者的所作所为之后才开始效仿；1936年、1937年和1938年跟上来的大批农民叫作“早期大多数”和“晚期大多数”，他们凡事都要深思熟虑。没有那些受人尊敬的农民的率先尝试，他们不会贸然做任何事。他们接受了种子，最后影响到那些“落后者”——最保守的一群人，他们从来看不到改变的迫切需要。如果我们把这一过程用图来表示，那恰好就是一个流行潮的曲线图——缓慢地开始，慢慢爬升（“先期采纳者”们开始试用种子），然后骤然上升（大多数农民开始效仿），最后上升势头减缓（那些“落后者”稀稀落落地加入）。

这里的信息也就是新种子，它非常具有感染力和吸引力。毕竟，一个农民只有在经历了春种和秋收以后，才可以亲眼看到新种子是如何优于旧种子的。很难想象这样一种革新会不成气候，但新观念的传播在许多情况下是内含微妙之处的。

杰弗里·穆尔是一位商业顾问，他曾经援引高科技的例子来说明，在首创时尚和思潮的那些人和最终接受别人创意的大多数人之间存在着巨大差异。[2]这两群人可能在口头信息传播的连续体上彼此相连，但是他们沟通得并不是特别好。“革新者”与“先期采纳者”这两群人是空想家，他们想要革命性地改变，以使自己与其他竞争者从素质上区别开来。他们会购买全新的技术，即使该技术有待完善，效果有待证明或未来价格有可能下降，他们也毫不犹豫。他们拥有自己的小公司，因为刚刚起步，所以他们敢于冒较大的风险。相反，“早期大多数”拥有大公司，他们必须考虑，如何使各种变化适应他们公司原有的复杂格局，以及与供应商和批发商的关系。“如果说空想家的目标是寻求大的突破，那么实干家的目标则是做出部分改进——一种渐进的、可衡量的、可预见的有把握的过程。”穆尔这样写道，“如果他们要安装一个新产品，他们就想知道别人尝试的结果是怎样的。在他们的词汇表里，冒险是个贬义词，它完全不意味着机会和兴奋感，只是意味着时间和金钱上的浪费。如果有需要，他们也会冒险，但他们会首先布置好安全网，然后小心翼翼地去避开那个险滩。”

穆尔认为，“先期采纳者”与“早期大多数”的态度是互不相容的。任何改革创新都不会毫不费力地从一群人传播到另一群人那里，他们中间有距离，有空隙。高科技产品常常只能抵达“先期采纳者”手中，因为没有什么方法能使“先期采纳者”理解和接纳的那些观念也被“早期大多数”理解和接纳。

穆尔的书所关注的完全是高科技领域。但毫无疑问，他的理论同样适用于解释社会上的其他流行现象。就说暇步士鞋吧，纽约市中心曼哈顿的几个年轻人在发现了暇步士鞋之后，穿上了该款休闲鞋，因为这个牌子意味着过时、庸俗和20世纪50年代的风格。他们之所以要穿这款鞋正是因为别人都不会穿。他们要寻找的时尚就是一种革命宣言，他们为了把自己和别人区别开来而乐于冒险。但是我们大多数人——不管属于“早期大多数”还是“晚期大多数”——都不愿意去发表什么革命宣言或者冒时尚之险。暇步士是如何跨过那段距离和空隙的呢？兰姆西斯公司在盛行滑板运动的南加州接到了一种鞋的广告设计需求，他们的任务是让它火爆起来，并且吸引全世界的青少年——甚至是那些没有玩过滑板的孩子，那些不认为滑板运动有多酷的人，那些不需要厚鞋底、不需要在空中玩杂耍的人。这可不是件容易的事，他们又是怎样做的呢？如何使原本只有酷少年才会做的个性的、另类的事情被主流社会接受？

我认为，正是在这里，联络员、内行和推销员的角色起了重要作用。在关于个别人物法则的那一章里，我已经探讨了他们能够使流行潮真正被引爆的特殊才能。不过，在这里我们仍然可以具体地分析一下他们的作用，是他们使改革创新得以克服距离和空隙问题。他们是“中转员”，他们能把高度专业化的观念和信息转换成普通大众能够明白的语言。

例如得克萨斯大学的马克·阿尔珀特教授，我把他称为内行，他是那种可以亲自到你家帮忙安装、修理或操作复杂软件的人；汤姆·高是一个典型的推销员，他对晦涩难解、鲜为人知的税法和退休计划进行了一番重新包装和解释，就使他的客户从情感上接受了那些东西；洛伊丝·韦斯伯格是个联络员，她属于好多不同的领域——政治、戏剧、环境保护、音乐、法律、医药等，她所做的一件重要事情，就是充当不同社会领域之间的中间人。

兰姆西斯公司有个关键人物叫迪蒂·戈登，她是该公司前市场调研部经理，她认为在年轻人当中不时兴起的时尚潮流所经历的过程都是相同的。革新者尝试新事物，然后，角色相当于内行、中间人或推销员的某位青少年注意到该新事物并且开始效仿。“那些孩子使得事物变得容易被主流社会的人接受。他们在看到别人的怪异行为之后会将其稍加改进。他们会开始跟着效仿，但他们会把它修改得更具可行性。也许有个孩子会卷起牛仔裤腿，在屁股周围贴上布基胶带，因为他是学校里骑车送信的。好了，这一切被中转员看在眼里，但他们不会选择用胶带，他们会去买维克罗①尼龙搭扣。我们再来看看娃娃装的流行过程：一个女孩子开始穿缩水的T恤衫，而且她会去玩具反斗城买芭比T恤来穿。其他人就说，那样很酷哦。但是他们可能不会把T恤衫改得那么小，也可能不会让芭比图案出现在T恤上。他们在看到那个穿着芭比T恤的女孩后会说，有点儿怪，但是我改一改就行了。于是娃娃装就流行起来了。”

对这种转变过程的最详尽的分析恐怕来自对流言的研究，因为流言应该算是所有社会信息中最具传染性的了。

社会学家戈登·奥尔波特在他的《谣言心理学》（*The Psychology of Rumor*）一书中提到，1945年夏天，在日本于“二战”中投降前夕，一位中国教师在缅因州度假。他随身带着旅游指南，指南上说，站在当地某座山的山顶上可以把乡村美景尽收眼底，于是，他就停下来在一个小镇打听方向。这次问路引发了后来的种种流言。人们开始传言说：“一个日本间谍登上了山头拍照。”“在这个谣言中，简单朴素的事实构成了‘真相的核心’，”奥尔波特写道，“这一事实从一开始就在三个方面遭到扭曲。”[3]

首先，整个事件被简化了，了解这一事件的真正含义所需要的细节都被省略了。奥尔波特指出，谣言中没有提及“这个外来者在向当地人询问路线时谨慎和彬彬有礼的样子；外来者的真实国籍并不清

---

① 美国维克罗公司（Velcro）是一家生产维克罗牌钩和毛圈搭扣的历史悠久的企业。——译者注

楚；一路上这个外来者竟然不怕别人猜疑他的真实身份”。

其次，事件被渲染夸大了。保留下来的细节变得更加具体了。一个男人变成了间谍，一个亚洲长相的人被当成了日本人，观赏景色变成了搞间谍活动，那位教师手里的旅游指南变成了照相机。

最后，这中间发生了同化的过程。整个事件通过传播者的添枝加叶变得更加符合逻辑了。“一个休假中的中国教师对于当时的大多数农场主来说是相当陌生的概念，因为他们不知道一些美国的大学也会聘请中国学者来讲学，并且学者可以享受假期。因而这一陌生的情况不可避免地要被纳入人们原有的理解事物的参照框架。”那么，当时的参照框架是什么呢？在 1945 年，在缅因州的乡村，几乎每家都有个儿子或者亲戚加入了当时的战争，所以要使这件事情说得通，就只能把它放入战争的背景。于是，亚洲人就成了日本人，旅游指南就成了照相机，旅游观光就成了间谍活动。

心理学家发现，在谣言的传播过程中，这种对事实的歪曲现象是普遍存在的。有研究人员做过记忆实验，让实验对象读一篇故事或者看一幅图。隔了几个月以后，研究人员让他们叙述看过的内容，大家无一例外地严重扭曲了原来的故事和图案，除了几处细节，其余信息都被忽略了。但同时，有些细节被渲染夸大了。在一个经典例子中，实验对象看到的是被三条线分割的一个六边形，线上有 7 个相同大小的圆。几个月以后，一个实验对象记得的是由两条线分割开的一个正方形，图形的边上排列着 38 个小圆圈。“记忆中的任何图像和故事都有朝着实验对象熟悉的生活画面倾斜的倾向，反映了他的情感和生活，这一点非常明显。”奥尔波特写道，“在寻求意义的过程中，实验对象会压缩或填充内容，以此来获得更加完美的‘格式’——一个更完美、更简洁、更有意义的闭合结构。”

中转威力就是指这个意思。内行、联络员和推销员在传播思想的过程中所做的就是，省掉那些细枝末节，夸大某些细节，从而使得信息本身具有更深的意义。如果某个人想发起一场流行潮，不管是关于某一品牌的鞋还是某种行为方式或者某一软件，他必须聘用我们所说的联络员、内行和推销员这样的人，也就是说，他必须找到某个人或某种方法，把革新者的意图转变成普通大众能够明白的语言。

超级中介

我在本书的前面谈到过巴尔的摩市的毒品和性病问题，问题的解决过程就是成功应用这一策略的绝佳例证。在巴尔的摩，因为许多社区里有大量的瘾君子，所以政府每周会几次派出大篷货车到市中心贫民区的某些街角，车上备有上万支干净的注射器。这么做的目的是鼓励那些瘾君子把用过的旧注射器交上来，以换取一个免费的已消毒的注射器。原则上，针头以旧换新是防止艾滋病传播的好方法，因为在很多情况下，艾滋病的传播是由携带艾滋病病毒的针头引起的。但我们略微想一下就能看出这种做法的局限性。首先，那些瘾君子本来就不是爱干净和安全可靠的人，怎么能保证他们会主动定期到大篷车处换取已消毒的注射器呢？再者，大多数海洛因吸食者一天之内就要用坏一个注射器，一天少说也要注射五六次，直到针头钝得无法再用。这样算起来，政府得准备多少注射器才够呢？一周才来一次的大篷车怎么能应付得了24个小时都在吸毒的瘾君子呢？如果大篷车是星期二来的，到星期六瘾君子就把注射器用完了又该怎么办呢？

为了弄清针头以旧换新工作开展得究竟如何，约翰·霍普金斯大学的研究人员从20世纪90年代中期开始跟车研究，他们与交回旧注射器的人交谈。结果让他们大吃一惊。他们原以为瘾君子会把自己用过的旧注射器拿来换新的，而通过静脉注射毒品的人买新的注射器就像我们买牛奶一样：在店开着的时候前去购买一周的用量。可事实是，有那么几个瘾君子每周会背着装有三四百支旧注射器的鼓鼓囊囊的背包来换新注射器，这明摆着不是他们自己用得完的。这些人换回已消毒的注射器，然后会在街上以一美元一支的价格把它们卖出去。[4] 换句话说，供货大篷车倒成了注射器批发商了。那些人——超级中介——成了真正意义上的零售商，他们在街道和毒品注射场所游逛，拣拾用过的废弃注射器，然后靠出售换来的已消毒注射器过着寒酸的日子。刚开始，该计划的协调人还打算重新考虑一下。他们真的希望纳税人赞助提供注射器以便瘾君子继续吸毒吗？后来他们意识到，自己已经在无意之中找到了解决该计划中原有局限性的办法。“现在的运作方法要好得多。”约翰·霍普金斯大学公共卫生学院的教师汤姆·瓦伦特说，“有许多人在星期五和星期六晚上注射毒品，这样的时间不可能有已消毒注射器出售，在毒品注射场所里更是不可能。瘾君子出门前不可能还理智地想一想自己有没有已消毒的注射器。而这些超级中介恰好在瘾君子需要的时候出现了，他们提供及时的24小时服务，而且无须我们花一分钱。”

跟车的研究人员中有个叫汤姆·琼格的，他常常会拦住那些超级中介并对他们进行采访。他的结论是，那伙人代表了非常特殊的一个群体。“他们都是些人脉很广的家伙，”琼格说，“他们对巴尔的摩的大街小巷都非常熟悉，他们知道在哪里能得到什么样的毒品和什么样的注射器，他们对街道就像对他们的家一样熟悉。我得说他们都是相当有能耐的人，他们的社交圈子很大。他们背后的动机应该是金钱或经济因素，但是他们身上又确实存在着乐于助人的品格。”

这听起来是不是有点耳熟？那些超级中介正是巴尔的摩市毒品世界的联络员。约翰·霍普金斯大学研究人员做的就是利用那些超级中介来掀起反毒品浪潮。如果让他们带动一些和他们一样精明、关系多又无私利他的人上街分发避孕套，或者宣讲瘾君子迫切需要懂得的卫生知识，会怎样呢？那些吸毒者在能够拯救他们生命的机构之外孤独无助地生活着，而那些超级中介恰好显示了他们在医务工作者和吸毒者之间的沟通能力，他们显然具备那种把卫生知识转变成吸毒者可以接受的语言的能力。

兰姆西斯公司的营销策略

兰姆西斯广告公司正是要向云中漫步公司提供同样的服务。很显然，他们无法一下子就找到相应的内行、联络员和推销员，他们是一个很小的广告公司，却试图发起世界范围内的广告战。尽管如此，他们可以发起流行潮，让自己在其中扮演中转员的角色，即做革新者和其他人的中间人。如果这项任务完成得好，他们就可以修改、完善和吸纳年轻人文化中的前卫思想，使之为大多数人所接受。如此，他们就可以同时扮演联络员、内行和推销员的角色。

兰姆西斯做的第一件事是，启动一项家庭市场调研计划，面向云中漫步希望征服的年轻人市场。要想把革新者的观念转变成主流社会可以接受的语言，首先需要知道革新者的观念是什么。

兰姆西斯为此聘请了迪蒂·戈登。戈登曾经在匡威运动鞋公司工作。她本人很引人注目，具有一种不张扬的智慧。她住在好莱坞山上的一幢室内铺着长绒粗呢地毯，墙壁刷得雪白的现代化房子里，房子位于麦当娜和阿尔道斯·赫胥黎的旧宅之间。她的品位善变得令人难以置信：说不定星期几，她会突然间迷恋起一个不知名的 hip-hop（嘻哈）乐队，或者彼得·塞勒斯的一部旧影片，或者一款新的日本小电器，或者让她不知为什么突然认为非常酷的某种白色色调。

戈登还在匡威工作的时候，就注意到洛杉矶的白人女孩儿喜欢穿得跟墨西哥黑帮成员似的：上半身穿着被他们称为“打老婆装”（wife beater）的一种纯白色紧身吊带背心，内衣的带子露在外面，下面穿着长款短裤，搭配圆筒短袜和淋浴凉鞋。“那时我就对她们说，这样的打扮会流行起来的，”戈登回忆说，“这样穿的人太多了，我们得生产淋浴凉鞋。”于是，他们把匡威运动鞋的鞋底换成凉鞋底，结果这种鞋一下子售出了50万双。戈登有“第六感”，她知道该到哪些街区、酒吧或俱乐部，或者到伦敦、东京、柏林去发现最新的装扮和最新的时尚。有时，她会来到纽约大街上，花几个小时坐在那里观看苏荷区和东村人行道上的行人，看到什么不寻常的就拍下来。戈登就是一个内行——她了解我们认为酷的那种令人难以捉摸又无法解释清楚的东西。

在兰姆西斯公司，戈登培养了一批头脑灵活的年轻通信员，她把他们派往纽约、洛杉矶、芝加哥、达拉斯、西雅图和世界各地的大城市（如东京和伦敦等）。他们扮演的角色就是20世纪90年代初期在东村穿暇步士鞋的那些人，他们全部属于一个特殊群体——他们是革新者。

“这些青少年在某种意义上来说是被社会抛弃的人，”戈登说，“不管事实是否如此，他们自己多少是这样认为的。他们总是感到自己与众不同，与社会格格不入。如果你问他们有什么烦恼，这些喜欢开创新潮的孩子会回答说细菌战或者恐怖主义。他们会选择去关注重大的事情，而大多数普通青少年往往为体重增加、祖父母的去世和自己在学校的成绩而烦恼。在那些喜欢开创新潮的人当中有更多的实践主义者，他们更富激情。我就是要寻找一个完全独立的人，一个把自己和众人区别开来的人，一个与其他同龄人看上去不一样的人。”

戈登对这个世界有着执着的好奇心。“很巧，我碰到了一个叫乔的看上去特别正常的家伙，”她继续说道，“我看见他在一家俱乐部听硬核乐队的演出，我就对自己说，我的天哪，那家伙在这儿干吗？我完全被吸引了，于是，我走上前去对他说：‘嗨，你是真喜欢这支乐队呀。你好啊！’你明白我的意思吗？我对什么事情都感兴趣。如果我见到这样一个人坐在咖啡厅里，围着他的人都是蓝头发，我也会被吸引过去，因为，嘿，我会想，这样一个家伙在咖啡店里和一帮蓝头发的人在一起干什么呢？”

当戈登的通信员全部到位以后，戈登会一年两次或三四次地见他们，询问他们在听什么音乐，看什么电视节目，买什么款式的衣服或者有什么目标和抱负。她得到的回答并不总是一致的，需要解析，因为不同的地区流行着不同的想法。有时东部地区影响西部，有时西部影响东部。但从宏观上比较奥斯汀的数据和西雅图的数据、西雅图的和洛杉矶的、洛杉矶的和纽约的，再观察上个月和这个月的变化，戈登就能够对全美的时尚和流行状况有个大概的把握。3 个月、半年或一年之后，她再比较她手下的革新者与普通孩子在言行方面的异同，就基本可以判断哪些酷的东西又将流行起来。

“就拿男人化妆这种中性的事情来说，那位科特 · 柯本[①]，”戈登说，“你知道他经常给自己的指甲涂上神奇牌指甲油吗？我们最先在西北部见到这种情形，然后它慢慢渗透到洛杉矶、纽约和奥斯汀，因为这几个地方流行嘻哈音乐。后来这种情况又慢慢影响到其他地方。这历经了好长时间才被普通大众接受。”

戈登的发现成了云中漫步商业计划要遵循的样板。如果她发现了正有革新者在传播新的时尚、观念或想法，公司就在云中漫步的广告中传播同样的理念。当“007”系列谍战电影风靡全球时，兰姆西斯公司聘请“007”的导演拍了一系列的商业广告，全部是脚蹬云中漫步牌运动鞋的人疯狂地躲避身份不明的恶人的镜头；当开创新潮的人对乡村俱乐部文化表现兴趣，并且开始穿过时了的 Fred Perry[②] 和 Izod[③] 高尔夫球上衣时，云中漫步公司就用网球材料生产了一种鞋，此时兰姆西斯公司的平面广告上就是一只被扔到空中、被网球拍击中

① 科特 · 柯本，著名摇滚乐队 Nirvana 的主唱。——译者注

② Fred Perry，英国老牌网球服品牌。——译者注

③ Izod，英国知名休闲服品牌。——译者注

的鞋子。

“有时我们觉得未来的技术真了不起，”戈登说，“你问一个孩子他想发明什么，如果他真的能够发明出他想要的东西，那答案一定是能让生活变得更容易的东西。想象一下，把头伸进泡沫里，按下按钮，然后梦想就成真了。因此，我们就要求云中漫步公司制作这种鞋跟呈圆形、外底带有泡沫感的鞋子。我们开始把不同的材料——网丝、透气材料及戈尔特斯特殊面料——混合叠放在一起。”看看云中漫步公司在那一关键时期的所有广告，就能完全了解那个时代年轻人文化中存在的各种时尚、他们迷恋的东西和他们的兴趣所在，其中包括：一部仅有 30 秒武打镜头的功夫片；一部关于“‘垮掉的一代’诗人作品”的电视广告片；一部《X 档案》式的商业广告片，说的是一个青年驾车来到新墨西哥州的罗斯韦尔市，结果他脚上的云中漫步牌运动鞋被外星人抢走了。

这一策略之所以如此成功，有两种解释。第一个原因显而易见，兰姆西斯公司在各种不同的具有感染力的时尚还未成气候之时就抓住了契机。待他们新设计的广告和产品准备就绪，那种时尚恰好就在普通大众中间流行起来。换句话说，兰姆西斯公司搭了顺风车，借助于社会上流行时尚的势头，让云中漫步牌运动鞋打入年轻人文化。“关键就在于把握时机，”戈登说，“你要追随开创新潮的人，就要关注他们的言行。生产那些鞋子需要一年，一年之后，如果你的预测正确，那么在恰当的时候普通大众就会完全接受这种时尚。所以，如果你看好未来的技术，如果你看到很多城市中有很多时尚塑造者在购买那种在设计上能提高工效的产品，或者鞋底好像安了千斤顶装置的鞋子，或者掌上电脑，而且当你问他们想发明点儿什么时，他们回答说‘未来能飞的汽车’，你就应该相信，半年到一年内，每个人——包括他们的祖母——都会喜欢上那玩意儿。”

在这个过程中，兰姆西斯公司并不仅仅是被动的看客。他们的广告事实上也促进了他们在革新者身上发现的那些观念的传播。比如，戈登说，如果一件事没能打动开创新潮的某些人而进入主流社会，那往往是因为那件事本身并没有深深地根植于文化中。“这说明缺乏足够的提示，你无法从音乐、电影、艺术或时装里看出来。通常情况下，如果一样东西能火起来，你会在各处都见到它的身影：在人们喜欢的电视节目里，在人们想要的发明里，在人们喜欢的音乐里，甚至在人们喜欢穿的衣服上，它真是无处不在。但如果一样东西流行不起来，你可能只在上述的其中一个地方才能发现它的踪迹。”

兰姆西斯公司选择了某些理念，并将其到处散播，同时他们在至关重要的信息转换工作方面做得非常出色。他们把它稍做改变就用上了。革新者出乎意料地对乡村俱乐部文化有着浓厚的兴趣，于是兰姆西斯公司把广告制作得轻松有趣，他们把鞋子与网球融合，这样就显得不那么极端了，而且趣味性很强；革新者喜欢功夫片，于是兰姆西斯公司模仿功夫片设计制作了一则广告，让穿着云中漫步牌运动鞋的男主角在滑板上打败会功夫的坏蛋，兰姆西斯公司就这样把功夫主题融入了年轻人的生活。

在度假的中国教师一例中，奥尔波特认为，由于真实的情形是当地人所无法理解的，所以他们才会编造他们能够理解的一种解释，把那个学者说成间谍。而且，为了使新的解释说得通，“与该解释矛盾的细节就都被删掉了，他们还对某些细节进行了渲染，从而使之能够符合新的主题。而且，整个事件本身都被那些散布谣言的人编造得完全可以纳入他们自己的思想和情感世界。”兰姆西斯公司所做的也正是这些。他们从革新者那里获取文化信号，就是那些普通孩子看到了但是无法领悟的信号，然后加以删减、渲染，最后把它们融入比较浅显易懂的表达形式。他们赋予那些信号前所未有的独特含义，然后以鞋子的形式把新的意义包装起来。难怪1995年和1996年云中漫步牌运动鞋的“流言”传播得如此迅速。

引爆颓势的致命错误

云中漫步时尚潮持续的时间并不长。1997年，公司的销售额开始下降。公司出现了生产问题，供货发生困难，甚至在一些关键产地，厂家都不能满足学生返校季的需求量，那些曾经忠诚的经销商也背叛了它。与此同时，公司失掉了一直以来赖以成功的优势意识。

“云中漫步刚起步时，产品方向明确，理念富有创造性，非常前卫。”查德·法默说，“我们在市场上占据着引领潮流的地位，但是后来产品特质开始淡化。因为公司开始越来越多地听取销售人员的意见，产品一下子开始普通化、大众化了——大家都喜欢大众化的营销策略。与我们交谈的那些焦点人物，他们仍然在谈论他们是多么怀念云中漫步。人们最大的抱怨是：那么酷的产品到底怎么了？”兰姆西斯公司的营销战略是要把前卫、新潮的品牌鞋推向大众，但突然之间，云中漫步不再是前卫、新潮的品牌鞋了。

“我们还犯了一个致命的错误，”云中漫步公司前任经理李·史密斯说，“过去我们采用了市场细分战略，那些规模小、独立经营的滑板鞋专卖店——全美一共有300家这样的小型专卖店，正是它们成就了我们的公司——拥有特定、排他的产品线。他们不想让我们的鞋出现在大商场里，于是我们就细分产品，我们对专卖店说，你们不必与大商场竞争。这样做的效果很好。”专卖店里出售的都是专业运动鞋：有不同款式的，质地比较好的，加厚衬垫的，减震效果更好的，优质橡胶合成材料制成的，鞋帮造价比较昂贵的，等等。“我们还有一个标志性的滑板运动鞋款式叫‘托尼·霍克’①，它看上去非常结实耐穿，零售价为80美元。”而与此同时，云中漫步公司分销给基尼（Kinney）、钱普（Champ）②或者富洛克的产品，做工则没有那么精细，零售价为60美元。革新者的穿着必须与众不同，必须比其他任何人都独特，而一般的顾客则满足于和这些新潮小子穿一样的品牌。

可是，云中漫步在鼎盛时期错误地改变了战略。公司不再向专卖店提供特定的鞋。“从此那些开创新潮的人不再青睐这个品牌，”法默说，“他们开始去自己喜欢的专卖店买自己认为酷的鞋子穿，而且他们意识到其他人完全可以在杰西潘尼③买到一样的鞋。”于是，突然之间，在兰姆西斯公司为主流社会宣传主流产品时，曾经的流行潮退去了。

---

① 托尼·霍克（Tony Hawk），滑板运动有史以来最有名的选手。——译者注

② 二者均为美国运动品牌商店。——译者注

③ 杰西潘尼（J. C. Penny），全球500强企业之一，是一家拥有百年历史的大型零售企业。——译者注

“我的部门经理曾经问我究竟发生了什么事情，”史密斯说，“我跟他说，你看过电影《阿甘正传》吗？傻就是傻人的风格，那么，酷就是酷人的表现。酷品牌应该善待客户，而我们没有做到。我曾私下向那些小专卖店保证，我们会给他们提供独家产品，可是我们后来变卦了。这虽然只是开始，但在商业世界里，一切信息都有赖于口碑相传。当我们越做越大时，我们本该更加注重细枝末节，以保持良好势头。所以当人们说，你们背叛了自己制造专卖产品的承诺，你们骗人，你们的产品已经开始大众化时，我们本可以说，我们没有。我们曾经拥有极为宝贵的品牌，但我们却一点一点地使它大众化了。一旦我们完全失去自己的拳头品牌，”他停了一会儿才说，“那会怎么样？你已经买了一双我们的鞋，为什么还要再买一双呢？”

• 7

青少年自杀与吸烟现象的传染途径惊人地相似，只有找到引爆这两种不良现象的因素，才能找到有效对抗这两种现象的方法。

个案分析：自杀和吸烟流行潮

群岛上的自杀流行潮

不久之前，在南太平洋的密克罗尼西亚群岛上，17 岁的男孩西玛与他的父亲吵起架来，当时他正与家人待在祖父家中。[1] 这天，西玛苛刻而多事的父亲一大早就把他从床上叫起来，让他去找一把用来收割面包果的竹制小刀。西玛在村子里找了好几个小时，还是没找到，只好两手空空地回到祖父家中。西玛的父亲勃然大怒，他一边挥舞着一把大砍刀，一边责怪西玛让全家人饿肚子。他还对西玛吼道："滚出去，到别处去养活你自己吧！"

于是，西玛离开了祖父家，向自己家所在的村子走去。路上，西玛遇见了他 14 岁的弟弟，他向弟弟借了一支笔。两个小时后，西玛的弟弟因为对西玛的去向感到好奇，便开始四处寻找西玛。弟弟回到空无一人的家，从窗户向屋里看。在阴暗的房间中央，西玛一动不动地吊在套索上——他已经自杀身亡了。他在遗书中写道：

现在我的生命马上就要结束了。今天对我来说，是悲哀的一天，也是饱受折磨的一天。但今天对爸爸来说，是值得庆贺的一天。今天，爸爸把我赶了出来。谢谢您给了我这么少的爱。西玛。

我要向妈妈说再见了。妈妈，您将再也不会因为您的儿子而感到沮丧或烦恼了。我很爱您。西玛。

在 20 世纪 60 年代初，自杀在密克罗尼西亚群岛上是极为罕见的事情。但不知什么原因，自杀事件开始戏剧性地激增。每一年，自杀事件的发生率都以非常快的速度增长着，直到 20 世纪 80 年代末，密克罗尼西亚群岛上的自杀率超过了世界上的任何一个地方。在美国 15 岁至 24 岁的青年男性中，每 10 万人中有 22 人死于自杀；在密克罗尼西亚群岛上，该比例高达——每 10 万人中有 160 人，这一数字是美国的 7 倍多。这样的比例意味着自杀在此地已是司空见惯的事，哪怕是最琐碎的事也能引发自杀，比如，西玛就是因为父亲对他大吼大叫而轻生的。

在密克罗尼西亚群岛自杀现象蔓延的情况下，西玛自杀这件事并非特例，群岛上的青少年会因为发现自己的女朋友移情别恋而自杀，或因为父母不多给他们几元钱买啤酒而自杀。一名 19 岁的少年上吊自杀只是因为他的父母没有给他买一件毕业礼服，一名 17 岁的少年只因为他的哥哥责怪他弄出太多的噪声而上吊自杀。在西方文化中，自杀被看作罕见的、任意而为的且深度病态的行为。但在密克罗尼西亚群岛上，这样的行为却以它独特的规则和标志，成了岛上少年青春期的一种仪式。

事实上，群岛上的所有自杀事件，从本质上看都是西玛的故事的不同翻版。自杀身亡者几乎都是接近20岁、未婚、住在家中的男性青少年。引发自杀的原因无一例外都与家庭生活有关，即与家长或女朋友有争执。在这些自杀案例中，有3/4的自杀者以前从未尝试或威胁要自杀。自杀留言往往表达了一种自尊心和自我怜悯心理的受损，以及对遭受误解的抗议，而不是表达一种抑郁的情绪。按照惯例，自杀行为会发生在周末的夜晚，在自杀者与几个朋友喝过一轮酒之后。大多数案例中，自杀者往往按相同的步骤行事，他们似乎有一套严格且不成文的仪式来恰当地结束自己的生命。自杀者一般会找到一个僻静的地点或一所空房子。自杀者把带去的绳子做成绳套，但并不是按西方传统的上吊方法那样把自己悬吊在半空中，而是将绳套系在低处的树枝上，窗户上，或者门把上，然后将身体向前倾，这样身体的重量就会使绳套紧紧地勒住脖子，导致血液无法流向大脑，直至他的意识逐渐涣散，最后死于因大脑供血不足而引起的大脑缺氧。

人类学家唐纳德·鲁宾斯坦在其著作中写道，在密克罗尼西亚群岛，这种自杀模式已深深扎根于当地文化之中。随着自杀人数的上升，自杀的念头逐渐传播，甚至在更年幼的男孩中散布开来，而且改变了自杀这一行为本身的意味：使自杀从一件不可想象的事情变成了一件在某种程度上可以接受的事情。鲁宾斯坦在自己一系列出色的论文中，描述了密克罗尼西亚群岛上的自杀流行现象。他写道：

> 在密克罗尼西亚群岛的某些社区中，自杀观念广为传播：它出现在当地原创的流行歌曲中，出现在密克罗尼西亚群岛电台的

> 广播中，出现在T恤衫图案和高校围墙的涂鸦中。一些曾尝试自杀的男孩说，他们第一次看到或听到自杀事件是在他们8岁至10岁的时候，而他们尝试自杀的想法往往来自模仿或试验性的闹剧。例如，一名11岁的男孩曾把自己吊在屋里，他在被人发现时已失去知觉，舌头都伸了出来。事后，他解释说自己只是想“试”一下上吊。他说他并不想死，尽管他知道他在拿自己的生命冒险。
>
> 近来，特鲁克电台报道了几起类似的模仿自杀事件，而模仿自杀的男孩只有5岁至6岁。密克罗尼西亚群岛最近发生的几起青少年自杀身亡案例，明显是此类“试验”的结果。自杀在这些社区中发生得过于频繁，以至于自杀这一行为本身对青年人来说，即使不是一件有吸引力的事，也是一件已经较为熟悉的事，而这一行为的致命性却显得微不足道。特别是对一些更年幼的男孩来说，自杀行为似乎包含着一种试验性的，甚至几乎是娱乐性的因素在内。

上面这段文字中，有些字句让人不寒而栗。自杀本不应被看得如此微不足道，但真正令人感到恐怖的地方是自杀竟变得如此平常。现在我们面临着一场自我毁灭的流行潮，青年人的试验、模仿与反叛的精神导致了它的蔓延。现在我们也在进行着一场失去理性的运动，而不知什么原因，它已成为青少年表达自我的一个重要方式。不可思议的是，密克罗尼西亚群岛青少年的自杀流行现象，在很大程度上与西方青少年吸烟泛滥的现象有相似之处。

放弃与香烟对抗

青少年吸烟是当代社会中严重而令人困惑的现象之一，没有人真正知道该怎样应对这一现象，甚至不能说清这一现象到底是怎么回事。禁烟运动的主要思想是：烟草公司对青少年撒了谎，通过把吸烟表现得比实际情况更诱人、更无害，来引诱青少年吸烟。为了解决这个问题，我们重新规范了香烟广告，并制定了相关政策，因此烟草公司现在撒谎就难得多了。我们还提高了香烟价格，并推行禁止向未成年人出售香烟的法律，希望通过这些方式使青少年不易买到香烟。而且，我们还在电视、广播和杂志等媒体上大力推送公共健康广告，以此向青少年灌输吸烟有害健康的概念。

然而，这一方法没怎么奏效。比如，我们凭什么认为，禁烟问题的关键在于要向人们推广香烟有害的知识呢？最近，哈佛大学经济学家 W. 基普·维斯克西让一群吸烟者估算一下，如果一个人从 21 岁开始吸烟，那么他的寿命平均会减少多少年。他们猜的是 9 年，而正确答案是 6 年至 7 年。[2] 烟民吸烟不是因为他们低估了吸烟的危害。而且，即使他们高估了吸烟的危险性，他们也照样会吸烟。同时，还有一个问题不甚明了，就是家长劝阻青少年吸烟的告诫究竟有没有发挥作用。正如任何一位家里有孩子正处于青春期的家长都会说的那样，处于青春期的孩子独有的乖戾个性会导致这样一种似是而非的情况出现：成年人越猛烈地抨击吸烟，越多地向青少年灌输吸烟的危害，青少年就越想尝试吸烟。你如果回顾一下过去 10 年来吸烟现象的趋势，就会发现情况的确如此。在过去 10 年中，禁烟运动的浩大声势是史无前例的。然而，所有的迹象都表明，在年轻人中发起的禁烟运动产生了适得其反的效果。1993 年至 1997 年，全美高校学生吸烟人数占总人数的比例从 22.3% 增至 28.5%。1991 年至 1997 年，全美高校学生中吸烟者的人数增加了 32%。实际上，1988 年以来，全美青少年吸烟总人数已经超乎寻常地增加了 73%。[3] 近些年来，几乎没有哪个公共健康节目是缺少反烟斗争题材的。

根据目前的状况，我们得到一个教训，即我们应放弃与香烟对抗的努力。问题的关键就在于我们以前寻找吸烟起因的方法没有多大意义，这正是密克罗尼西亚群岛上的自杀流行潮如此引人注目的原因，它与吸烟泛滥现象存在潜在的联系。密克罗尼西亚群岛的反常现象启发我们用另一种方式来理解青少年的吸烟问题。试想一下，如果引起吸烟的并不是市场环境下自然出现的合理规则，而是某种神秘而复杂的社会规则和仪式，就像主宰密克罗尼西亚群岛的自杀流行潮的力量那样，那么情况将会怎样？如果吸烟实质上是一种像密克罗尼西亚群岛自杀流行潮一样的“时疫”，那么这对于我们调整解决吸烟问题的方法又会有怎样的帮助？

自杀流行潮的引爆点

研究自杀现象的学者提出了一个重要观点，即在某些地方，在某种环境中，一个人的轻生行为可能具有传染性，一起自杀事件会引发更多的自杀事件。

来自圣迭戈市的加利福尼亚大学的社会学家戴维·菲利普斯是这

一研究领域的先驱。他对自杀现象进行了大量调查，得出的结论一个比一个令人困惑，从表面看来也一次比一次更不可信。他研究的第一步是，将20世纪40年代末到20世纪60年代末这20年间所有刊登在美国国内几家最有名的报纸头版上的自杀报道制成清单。然后，他将这些新闻报道与同期的自杀统计数据进行比较，他想知道这二者之间是否有联系。事实证明，二者确有联系。自杀事件一经报道，报纸发行范围内的自杀事件发生率便立即增高。如果是全国性的报道，则全美的自杀率就会提高（玛丽莲·梦露死后，全美国的自杀发生率在一段时间内上升了12%）。[4] 接着，菲利普斯又用同样的方法把交通事故与自杀统计数据进行比较，他把《洛杉矶时报》与《旧金山时报》中的头版自杀报道与加利福尼亚州的交通伤亡数据进行对比，然后发现了同样的规律。在一起自杀案件被高度曝光后的第二天，交通事故中死亡的人数要比预计平均高5.9%；自杀事件被报道2天后，交通事故中的死亡人数上升了4.1%；3天后，死亡率上升了3.1%；4天后，死亡率上升了8.1%（10天后，死亡率恢复到正常水平）。菲利普斯的结论称，人们自杀的方法之一是有意撞自己的车，而且这些人与那些用常规方式自杀的人一样，容易受某个被高度曝光的自杀事件影响。

菲利普斯所说的这种感染力是不合常理的，甚至不一定是有意义的。它不同于一场令人信服的辩论，而且要复杂微妙得多。“当我在路口等绿灯时，红灯正亮着，我有时会犹豫是否要在这时违反交通规则，穿越马路。”菲利普斯说道，“而如果某人这么做了，我也会这么做。这是一种模仿行为。我从某个正在做出越轨行为的人那里获得了模仿这种行为的许可。这是一个有意识做出的决定吗？我不知道。也许将来我会仔细考虑有意与无意之间的区别。但现在我不清楚我们中的任何一人能否在自己的决定中正确分辨，有多少是有意的，又有多少是无意的。人类做出决定的过程微妙而复杂，而且不易理解。”

菲利普斯认为，在自杀事件中，某位名人轻生的决定有同样的作用：这一举动无形中允许了其他人，特别是那些由于不成熟或精神上有疾病而易受暗示的人，做出和他一样的越轨行为。“有关自杀的报道可以说是一则天然的广告，它宣扬了对你所处困境的一种特别的解脱方法。”菲利普斯继续说道，“你会发现，所有这些人之所以不快乐、优柔寡断，是因为他们的情绪受到了压抑，他们生活在这种痛苦中。不同的报道宣扬着人们对于这种痛苦的不同反应。比如说著名牧师比利·格雷厄姆在某个周末发动了一场圣战，这是一种宗教性的反应。如果有人在宣传一部逃避现实的影片，这也是一种反应，而有关自杀的报道提供了另外一种选择。”菲利普斯所说的“许可给予者”与我在第 2 章中提到的“推销员”所起的作用是一样的。就像汤姆·高通过自己人格所具有的强大说服力而成为口头信息传播浪潮的引爆点一样，那些因自杀行为被大量报道的自杀者通过自己的举动，向其他人发出了自杀的“许可”，从而成为自杀流行潮的引爆点。关于这种“许可给予现象”，令人最为迷惑之处却是它异乎寻常的针对性。

菲利普斯在对汽车意外事故的研究中，发现了一个清晰的模式：个人自杀身亡的报道会导致单辆汽车碰撞事故的增加，事故中的遇难者是司机；个人自杀而同时造成他人身亡的报道会导致多辆汽车碰撞事故的增加，事故中遇难者包括司机和乘客；有关青年人自杀的报道会导致更多涉及青年人的交通伤亡事故；有关年长者自杀的报道会导致涉及年长者的交通伤亡事故的增多。上述模式已在许多情况下得到证明。例如，20 世纪 70 年代末，英国报道了以自焚的方式进行的自杀事件，此后的一年多，该报道引发了 82 起用自焚的方式进行的自杀事件。[5] 最初的自杀行为所给予的“许可”，换句话说，不是对所有脆弱者发出的一种普遍邀请，它实际上是一套极其详细的指示，专门针对生活在特定环境中，想要选择特定方式来结束生命的特定人群。它并不是一种姿态，而是一种语言。在 20 世纪 60 年代的另一项研究中，英国的一个研究小组对 135 名自杀未遂者进行了分析。这 135 个人都曾在一家中央精神病院接受治疗。研究人员发现在他们这个团体中，成员之间有很强的社会联系，他们中的许多人拥有同一个社交圈子。研究人员认为这一现象并不是巧合，正是这一现象证明了自杀的实质：属于同一社会亚文化圈的成员之间通用的特有语言。这一论断值得我们引用研究人员所得结论的完整原文：

> 许多试图自杀的病人均来自某个社会阶层，在这个社会阶层中，自我攻击通常被看作传递某种特定信息的方式。在这个团体中，自杀被看成可以理解的，而且与这一文化模式的其他部分相符的举动……如果情况属实，那么我们可以推断出：在某些特定情况下，处于困境中的某个人希望通过这种传递媒介，把他处于困境的信息传递给别人，而不必重新发明另外一种传递媒介……在“企图自杀亚文化”中的个体能做出具有预定含义的举动，他需要做的只是去表现这个含义。从本质上说，这个过程与某人在口语中使用某个词是相似的。[6]

这正是密克罗尼西亚群岛上所发生的情况，只不过其范围要大得多。如果将西方社会的自杀行为比作一种粗鲁的语言，那么在密克罗尼西亚群岛上，自杀已成为一种表现力强得让人难以置信的交流方式。这种方式内涵丰富而又微妙，并且是由那些最有说服力的“许可给予者”来表达的。

鲁宾斯坦在其著作中提到，密克罗尼西亚群岛中有一座岛叫艾贝耶，在该岛上有一个团体，人数大约为 6 000，该团体里有一种奇怪的自杀模式。从 1955 年到 1965 年，整个岛上没发生过一起自杀案件。1966 年 5 月，一名因偷窃自行车而被捕的 18 岁男孩在监狱中上吊自杀了，但这个案子看起来似乎影响不大。随后，在 1966 年 11 月，岛上某个最富有家族的年轻成员 R 自杀身亡。R 是个极其有魅力的人，他同时与两个女人来往，并与她们俩各有了一个刚满月的孩子。由于无法在二者间进行取舍，R 在浪漫的绝望中上吊身亡。在 R 的葬礼上，他的两位爱人才第一次发现对方的存在，双双晕倒在他的墓前。

R 死后 3 天，岛上发生了另一起自杀事件。一名正面对婚姻纠纷的 22 岁男子自杀了。他的死使岛上的自杀事件在一周内变成了两起，而在这个社会团体中，最近的一起自杀事件发生在 12 年前。岛上的医生写道：“R 死后，许多男孩梦见了他，并说他在召唤他们，让他们结束自己的生命。”在随后的 12 年间，岛上又发生了 25 起自杀事件，其中大部分是集中在一定时间范围内发生的，一般是在几周内连续发生三四起。

1975 年，一名来访的人类学家这样写道：“一些自杀身亡者和一些企图自杀的人曾说，他们在幻觉中看到了一艘载着所有自杀身亡者的小船在绕着小岛航行。这些逝者在邀请潜在的自杀者加入他们的行列。”一次又一次，R 演绎过的主题不断地重演。一名高校学生在寄宿学校和在艾贝耶岛的家中各有一个女朋友，当他那个在寄宿学校的女友从学校返回家中时，这种两个女友共存的复杂情况，在艾贝耶青年人亚文化中立即成为轻生的背景。这名年轻人在自杀留言中写道："向 M 和 C（他的两位女友）献上我最衷心的祝福。和你们俩在一起的日子很快乐。”这就是他全部想说的话，因为他这一举动的背景早已被 R 创建好了。在艾贝耶自杀流行潮中，R 成了引爆点，他扮演了推销员的角色，以自己的行为“复写”了追随者的行为。R 的人格力量及其自杀所营造的氛围使他的行为成了别人的榜样，而且这种影响在他死后数年丝毫没有减少。

吸烟流行潮中的个别人物法则

青少年吸烟现象也是以这样的逻辑发展的吗？为了挖掘青少年吸烟现象背后的更多诱因，我在几百人中开展了问卷调查，我让他们描述一下他们最早接触香烟的经历。这并不是一项科研调查，因为我所抽查的人没有代表性，他们大多数是生活在大城市里的 30 岁左右的年轻人。而调查的结果令人震惊，因为这些人的经历都惊人地相似。吸烟这一行为似乎总是和一段特定的童年记忆联系在一起的，而这种记忆生动、清晰，饱含感情。一位女士记得她小时候非常喜欢打开她祖母的钱包，她每次打开，都能闻到一种“淡淡的温斯顿牌廉价香烟和皮革的气息，还混合着药房润唇膏和肉桂味口香糖的味道”。另一个人回忆道："坐在克莱斯勒轿车的后座上，一种无比美妙的硫黄和烟草的混合味道，轻轻飘到驾驶座的窗外，飘进我的鼻孔。"吸烟对每个人来说几乎都必然会与一样东西有关联，那就是"成熟"。这甚至对那些讨厌吸烟或认为吸烟是肮脏而危险的人来说也是如此。吸烟语言与自杀语言一样，听起来有惊人的一致性。下面是两则童年回忆：

> 我的妈妈吸烟，尽管我讨厌这一点，我讨厌烟味，但她有着纤长的手指和丰满略皱的嘴唇，唇上经常抹着口红。在她吸烟的时候，她看起来是如此优雅，如此漫不经心，以至于我觉得毫无疑问有一天我也会吸烟。我的妈妈认为不吸烟的人没有胆量。"吸烟会使你身上气味难闻，也能使你思考。"她总是一边说，一边颇为这句难听的话而得意。
>
> 我最好的朋友苏珊是一个爱尔兰人。她的父母与我的父母不同。他们年轻、宽容而开明，他们在晚饭前就喝鸡尾酒。奥沙利文先生留着胡子，穿着高领套头毛线衣。奥沙利文夫人穿着不带后跟的拖鞋和与她那乌亮黑发相衬的显瘦的黑色衣服，慢悠悠地走来走去。她涂着颜色很深的眼影，肤色偏棕色。在她那指甲被精心修过的手上总是晃着一支长得危险的香烟嘴儿。

这就是吸烟者的通用语言，和自杀通用语言一样，其含义丰富，富有表现力。在这场吸烟流行潮中，同样有引爆点人物、推销员和许可给予者。一次又一次，回应调查的人都描述这样的情景：总有一个

特定的人，以极其类似的方式，让他们见识了吸烟行为。下面是几个例子：

在我9岁或10岁那年，我的父母接来了一位英籍女互惠生[①]，她叫玛吉。她将与我们共度一个夏天。玛吉当时大概20岁，她十分性感，常穿着比基尼出现在坎贝尔的游泳池边。由于她能穿着比基尼倒立，因此她在当地成年男子群体中十分出名。而且据说她有一次跳进水里时，比基尼的上半部分脱落了，而每当她跳进水里时，卡彭特先生都会潜入水下。玛吉吸烟，而我曾经请求她让我抽一口。

我结识的第一个吸烟的小孩是比利。我们在五年级时成了朋友，那时在我们新泽西州的市郊小镇上，主要的等级划分——如乡下佬、前卫人士、老板等——开始形成。比利简直太酷了，他是孩子堆里最早与女孩约会，最早抽香烟和吸大麻，最早喝酒精饮料，最早听迷幻音乐的。我甚至记得我们曾一起坐在楼上他姐姐的卧室里——他的父母离婚了（我们之中头一个有这种经历的也是他），而且他的妈妈从来不在家——把花盆里的种子挖出来倒在一张感恩而死乐队[②]的唱片封套上……这件事之所以吸引我，是因为它代表坏事，它代表成熟，以及它能让你立即变成另一个人。

---

① 互惠生（au pair），为学习语言而寄宿在某一家庭并帮助照看孩子的年轻外国人。——编者注

② 感恩而死乐队（Grateful Dead），美国知名迷幻摇滚乐队。——译者注

在我的记忆中，我认识的第一个吸烟者是个叫帕姆的女孩。我认识她时，我们都在读十年级，我们一起在长岛的格雷特奈克区乘坐校车。我记得当时我觉得她酷极了，因为她一个人住在公寓里（当时格雷特奈克的公寓并不多）。帕姆看上去比她15岁的真实年龄成熟得多。我们曾一起坐在巴士的后部，往车窗外吐烟。她教我怎样吸气，怎样把一件男式衬衫系在腰间而显得酷，以及怎样涂唇膏。她还有一件皮夹克。她的父亲很少在家。

有许多证据表明，烟民的人格中存在共同之处。英国权威心理学家汉斯·艾森克认为，有烟瘾者与不吸烟者可以根据十分简单的人格分界线来区分。艾森克说，典型的烟鬼一般性格外向，这类人具有以下特点：

热爱交际，喜欢聚会，交友广泛，需要与人交谈……他们渴望兴奋，喜欢碰运气，凭一时冲动行事，而且一般是个容易冲动的人……喜欢不断地活动和做事情，有闯劲，容易发脾气，他们不能有效地控制情绪，而且并不总是可靠之人。[7]

自艾森克提出奠基性的论述之后，无数其他研究得出的结论使吸烟者的“形象”丰满起来。研究显示，烟瘾大的人比不吸烟者的性冲动更强，他们性成熟得早，对性有更强的“需求”，而且他们对异性有更强的吸引力。例如，在不吸烟的19岁白人女大学生中，有15%的人有过性行为，而在吸烟的19岁白人女大学生中，这一比例高达

55%。[8] 根据艾森克的调查，男性的情况也是如此。在心理学家所谓的“反社会”指数评估中，吸烟者的排名比不吸烟者高得多，他们倾向于做出更多的不良行为，表现得更加叛逆，更有反抗性。他们会做出轻率的判断，冒较大的风险。有吸烟成员的家庭比无吸烟成员的家庭平均多消费 73% 的咖啡和一倍到两倍的啤酒。有趣的是，吸烟者似乎比不吸烟者更忠实于自我。戴维 · 克罗在其著作《为什么吸烟》（*Smoking: The Artificial Passion*）中也谈到了这一点。心理学家在他们称为“撒谎”的测试中，插入了一些确定无疑的论断——如“我说的不都是真话”或者“我有时对我的配偶态度冷淡”等，如果测试对象连续否认这些论断，那么他们就被认为不够真诚。吸烟者在这些测试中表现得比不吸烟者更加真诚。克罗写道：“从理论上说，他们对别人缺少敬意，又容易蔑视别人，这两点使他们相对来说不太在乎别人如何看待自己。”[9]

当然，这些衡量标准并不适用于所有的吸烟者，但作为吸烟行为的预兆，它们非常准确。一个人吸烟越多，他就越符合上面的描述。克罗写道：“我以科学的精神邀请读者做下面的实验，以此来证明这种（吸烟与人格之间的）联系。请你将演员、摇滚音乐家和美发师大致地归为一类，将土木工程师、电工和电脑程序员归为另一类，然后观察他们的吸烟情况，然后你就会发现这两类人的差别会有多大。”

下面是我在发出问卷后收到的另一则回答。看了之后，你是否更加肯定吸烟者拥有外向的性格呢？

在我很小的时候，我的祖父是我身边唯一吸烟的人。他是伟大的鲁尼恩式[①]的人物，爱变些小魔术，他是我的偶像。当他还是个孩子的时候，他就从波兰移居到了这儿，干了大半辈子的装玻璃工。我妈妈过去常喜欢回忆她第一次与祖父共进晚餐时的情景，她觉得祖父似乎随时都可能将桌布从桌子上一把抽走，而上面的摆设依然在桌子上，他这样做只是为了取悦客人。

我觉得，我们不能轻视吸烟型人格的重要性。如果你将所有这些性格外向者的特点集中在一起，例如不顺从、性早熟、诚实、冲动、对他人的意见毫不在意、寻求感官刺激等，你就会发现这是大多数青春期少年的完美写照。互惠生玛吉、校车上的帕姆和听感恩而死乐队的比利，他们都是极端前卫的人。他们不是因为吸烟才性格前卫，而是因为性格前卫才吸烟。他们具有与上述特征相同的性格特点：反叛、冲动、爱冒险，对他人的意见无动于衷，而且早熟。这些个性使他们在同龄的青春期少年中显得如此格格不入，以至于他们必定会寻求一种对青春期反叛、冒险、冲动、对他人无动于衷和早熟的极端表达方式——吸烟。

这一点看起来也许很浅显，但它是理解禁烟斗争进行得极其困难的关键。在过去10年中，禁烟运动都在谴责烟草公司宣扬“吸烟很酷”的行为，而且为说服青少年“吸烟不酷”又花费了数百万美元的财政费用。但问题的关键不在于此。吸烟本身并不酷，酷的是吸烟

---

① 鲁尼恩式（Runyonesque），意指美国记者及短篇小说家达蒙·鲁尼恩（Damon Runyon）笔下塑造的人物形象特征，这些人物包括底层人民、体育明星及生活在大都市的人，他们惯用轻快活泼的俚语。——编者注

者。吸烟泛滥与密克罗尼西亚群岛自杀事件盛行，口头信息传播浪潮，艾滋病疫情开始的方式完全相同，都源于帕姆、比利和玛吉这类人——他们正相当于吸烟者版本的R、汤姆·高和盖藤·杜加斯——超乎寻常的影响力。无论是吸烟泛滥，还是其他恶习泛滥，都是因为一个很小的群体，即特定的一小群人，在其中起了推动作用。

吸烟流行潮中的附着力因素

然而青少年吸烟泛滥不只验证了个别人物法则，还有力地验证了附着力因素法则。毕竟，许多青少年为了与同龄人交流而尝试吸烟的事实，就其本身而言，并不那么可怕。问题是上述那些年轻人中的大多数人尝试吸烟直到吸烟成瘾为止，正是这个事实使吸烟成了大众健康的头号敌人。吸烟的经历是如此的难忘和富有影响力，以至于有些人无法停止吸烟，这样养成的吸烟习惯就具有附着力。

有一点很重要——我们要把“传染性”与“附着力”这两个概念区分开来，因为它们有着极为不同的模式，这暗示着针对它们有极为不同的对策。洛伊丝·韦斯伯格是一个具有“传染性”的人。她认识许多人，属于许多团体，她能同时以1 000种不同的方式来传播一则信息或某种观点。另一方面，莱斯特·旺德曼和《蓝狗线索》的创作者是研究附着力方面的专家，他们在制造令人难忘并能改变人们行为的信息方面具有天分。传染性在很大程度上是信息传播者的作用之一，而附着力从根本上说是信息本身所具有的特性。

吸烟现象也不例外。青少年吸烟习惯的最初养成取决于他们是否与某位推销员接触过，是否从推销员那儿获得了做出违规行为的许可。但是青少年是否会吸烟成瘾，则取决于一套完全不同的标准，例如，在密歇根大学最近的一项调查中，一大批人被问及他们第一次吸烟的感受。该项目调查员之一奥维德·波默洛说："我们发现，几乎每个人在第一次品尝烟草时感觉都不好。但能够吸引准烟民，并把他们与那些此后不再接触香烟的人区分开来的因素，却是准烟民从体验中获得的某种总体快乐，比如晕乎乎的感觉和醉酒般的愉悦感。"下面的数字是惊人的：在那些试过几次便从此不再碰烟的人中，只有 1/4 的人觉得从第一次吸烟体验中得到了某种愉快的"兴奋感"；在那些吸过烟但已经戒烟的人中，约有 1/3 的人获得过愉悦的眩晕感；在那些烟瘾小的吸烟者中，约有一半人对第一次吸烟感觉良好；在那些烟瘾大的吸烟者中，有 78% 的人刚吸几口烟就获得了舒适的眩晕感。[10] 对个人来说，吸烟有多大的附着力，很大程度上取决于他对尼古丁的第一次反应。

在不断升温的有关吸烟的论战中，我们常忽略了关键问题，例如，烟草行业多年来因为否认尼古丁会使人上瘾而备受公众抨击。当然，他们的立场是荒谬的。但是反吸烟者所持的反对观点，即尼古丁像个致命的监工一样奴役着所有接触它的人，是同等荒谬的。在所有尝试吸烟的青少年中，只有大约 1/3 的人继续频繁吸烟。尼古丁也许极易让人上瘾，但它只对某些人，在某些时候有效。更重要的一点是，甚至那些频繁吸烟的人对吸烟的依赖性强弱也是有很大区别的。吸烟问题专家曾经认为，在所有烟民中有 90% 至 95% 的人频繁吸烟。但几年后，联邦政府的全国健康调查对吸烟设置了更详细的问题，由此调查者十分震惊地发现，1/5 的吸烟者并不是每天都吸烟。也就是说，有数百万美国人虽然频繁吸烟但并未上瘾，对他们来说，吸烟具有传染性，但没有附着力。在过去几年中，这些绰号为“奇普斯”（chippers）的人被专门研究过，其中匹兹堡大学的心理学家索尔·希夫曼对此做了大量的研究，希夫曼对“奇普斯”的定义是：一天吸烟不超过 5 根但一周至少 4 天吸烟的人。希夫曼写道：

> 奇普斯每天的吸烟情况都不同，常有一整天不吸烟的情况出现。奇普斯认为，保持这种随意停烟的行为并不难，而且他们几乎不会因停烟而感到不适……不像那些频繁吸烟者，他们早上一醒来就需要立即补充前一晚已消耗的尼古丁，而奇普斯要在好几个小时后才吸一天中的第一支烟。简而言之，每一项研究数据都表明奇普斯并未对尼古丁上瘾，他们吸烟不是为了缓解不适或避免不适。[11]

希夫曼把奇普斯与社交饮酒者列为同一类人，他们都是能够控制自己习惯的人。他认为：

> 这些烟民中大多数人的烟瘾从来就不大，我认为他们是逐步发展成这样的。每个烟民在开始的一段时间内都只是奇普斯。但渐渐地，他们对烟越来越依赖。当我们在搜集有关早期吸烟情况的材料时，我们发现奇普斯刚开始看起来似乎与其他人没有什么不同。区别在于，一段时间之后，有的人烟瘾开始变大，而奇普斯却维持原样。

那么是什么因素把奇普斯与烟鬼区分开来的呢？可能是基因。例如，科罗拉多大学的阿伦·柯林斯（Allan Collins）在最近的一项实验中，给几组不同品种的老鼠注射尼古丁，并逐渐加大剂量，当尼古丁在老鼠体内多到使其中毒的程度时（尼古丁实际上是种毒素），老鼠会突然发病：它的尾巴变得僵直，它开始在笼子里疯狂乱窜，头开始猛动，最后它会突然翻身仰面倒地。柯林斯想要证明不同品种的老鼠对尼古丁的抵抗力不同，结果证明他的想法是对的。基因中抗尼古丁能力最强的老鼠发病前承受的尼古丁剂量，是抵抗力最弱的老鼠所承受剂量的两到三倍。“这与酒精的情况是相同的。”柯林斯说道。随后他把不同品种的老鼠都关在一个笼子里，笼子里放两个饮水瓶，一瓶是纯糖精溶液，另一瓶是混有尼古丁的糖精溶液。这次他想看看不同品种基因中的抗尼古丁能力与老鼠自愿摄入尼古丁的量是否有联系，结果再一次证实了他的猜测。实际上，二者之间有着近乎完美的联系。老鼠对尼古丁的基因抵抗力越强，它自愿饮用的含有尼古丁的糖精溶液就越多。柯林斯认为老鼠的大脑中有控制尼古丁发挥作用的基因，它控制着毒素的释放速度，控制着尼古丁给老鼠带去的愉悦感和眩晕感。某些老鼠品种的基因能够很好地控制尼古丁，并从中提取出最大限度的快感，而有些基因则把尼古丁当作毒药对付。

显然，人类不同于老鼠，点燃一支万宝路香烟也不同于在笼子中喝瓶子里含有尼古丁的水。但是，尽管我们大脑的活动与老鼠的大脑活动相似之处很少，这些研究成果仍可与波默洛的研究成果媲美。那些没有从第一支烟中获得快感，而且觉得整个经历非常糟糕而不再吸烟的人，很有可能是因为他们的身体对尼古丁过于敏感，对最小的剂量都无法应付。奇普斯可能拥有从尼古丁中获得快感的基因，但不具有应付大剂量尼古丁的基因，而烟瘾大的人的基因则有可能同时具备这两种能力。这并不是说，一个人的吸烟量完全取决于基因。例如，由于人们认为尼古丁有助于排解无聊情绪和压力，因此，处于无聊和压力大的状态的人比处于正常状态的人更容易吸烟。我们很容易发现吸烟的附着力与传染性的成因是完全不同的，但如果我们要找到吸烟之战中的引爆点，那么我们就需要判断，在这场吸烟流行潮中哪一方面更值得我们攻击。我们是否应该通过阻止推销员传播“吸烟病毒”的方式，来尝试缩小吸烟的传染范围呢？还是应该想办法把所有的吸烟者变成奇普斯，以此来减小吸烟的附着力呢？

如何阻挠吸烟“推销员”的企图

首先让我们解决传染性的问题。有两种可能的方法来阻止吸烟的蔓延。第一种策略是先阻止玛吉和比利之类的“许可给予者”吸烟。很明显，这是最困难的一步，因为这些独立、早熟、叛逆的青春期少年几乎最不可能接受这种说教式的健康建议。另一种策略是说服那些向玛吉和比利寻求“许可”的人，让他们从其他人那里寻找扮酷的信息，比如让他们把目光转向成年人。但这也并非易事。实际上，这甚至比第一种策略更困难。原因很简单：家长对孩子不具有这种影响力。

当然，这个事实令人难以相信。人们总认为家长拥有塑造孩子人格和行为的巨大影响力。朱迪斯·哈里斯在她 1998 年所著的《教养的迷思》一书中对这一点做了精辟阐述，她认为这种观念严重缺乏证据。[12]心理学家为测出父母对孩子究竟有多大的影响力而付出了多年的努力。父母将基因遗传给后代，因此，基因在很大程度上决定了我们将成为什么样的人。父母在我们年幼时给予我们许多爱与关怀，如果这些早期的感情关怀被剥夺，我们将会受到难以弥补的伤害。父母还为子女提供了食物、住所和人身保护，以及日常生活必需品，使子女能平安、健康、快乐地成长。做到这些并不太难。但如果你是个焦虑而没有经验的家长，而不是一个权威能干的家长，这是否会对孩子的个性产生永久性影响呢？你让家里堆满书，是否就更有可能培育出求知欲强的孩子呢？你一天只见孩子 2 个小时而不是 8 个小时，是否就会影响孩子的人格呢？换句话说，我们在家里创造的特定环境会对孩子的成长过程有重大影响吗？

在一系列针对双胞胎子女，特别是针对那些一生下来就被分开抚养的孪生子女进行的规模庞大而精心策划的研究中，遗传学家已发现，我们大部分的性格特征，如友善、外向、神经质、坦率等，一半由我们的基因决定，另一半则由我们周围的环境决定。而我们却一直以为，家庭环境对我们生活的影响最大，但心理学家无论如何都找不到这种养育方面的影响。

例如，此类研究中以规模最大、程序最严格著称的“科罗拉多收养工程”（Colorado Adoption Project）就证实了这一点。这项工程是在 20 世纪 70 年代中期，由一组科罗拉多大学的研究人员，在行为遗传学权威专家罗伯特·普洛明的带领下开展的。他们在丹佛地区招募了 245 名想把孩子送给别人抚养的怀孕妇女。后来，他们对这些被送入新家庭的孩子进行跟踪调查，在他们的整个孩童时期对他们进行了定期的人格与智商测验，并对他们的养父母也进行了相同的测验。出于对比的需求，调查小组还对另一个由245名家长及其亲生孩子组成的团体进行了相同的一整套测试。在这个被用来进行对比的团体中，孩子与他们亲生父母在智力和人格的某些方面十分相像，该研究结果正如人们所预料的那样。但那些被领养的孩子与他们的养父母则毫无共同之处，尽管他们的养父母16年来一直在抚养他们，保障他们衣、食、住、行，让他们读书，教他们知识，给他们关爱，但是这些孩子与养父母的相同之处并不比他们与街头任意一对夫妇的相同之处多。

如果想一想，你就会觉得这个研究结果有违常理。许多人认为孩子之所以像父母，是因为二者在基因和抚养方面存在着联系，而后者则更为重要。在很大程度上，父母是按照自己的形象来抚养孩子的。但如果事实真是这样的，那为什么养子完全不像他们的养父母呢？科罗拉多大学的这项研究的结果并非表示基因能解释一切，而环境就无关紧要。相反，所有的研究结果都有力地证实了：在人格和智力的塑造过程中，环境起了很大的作用，即使这个作用并不比遗传作用强。但这里要强调的是，不论是哪一种环境影响，都不来源于父母，而是来源于其他事物。朱迪斯·哈里斯认为这种影响实际上来源于同龄人。

哈里斯提出疑问：为什么新移民的孩子的口音几乎从不保留他们父母的外地口音呢？聋哑人士的孩子是怎样像那些正常人士的孩子一样又快又好地学会说话的？答案通常是：语言是一项需要通过后天努力才能学会的技能。因此，在语言的学习过程中，孩子们从其他孩子那儿所学到的东西，与他们在家中学到的是同等重要或更重要的。哈里斯认为从更广泛的角度来看，情况也是如此，是孩子们的同龄人帮助塑造了孩子的个性与人格，同龄人圈子才是重要的环境因素。

不难理解，这样的观点引起了公众的争议，他们对这个观点的合理性进行了讨论，不论是对它的适用范围，还是对它的适用程度。但毫无疑问，这个问题与青少年吸烟问题有很大相关性。吸烟者子女吸烟的可能性是不吸烟者子女的两倍多，这是广为人知的事实。但是，按照哈里斯的逻辑，这并不意味着，父母如果在孩子面前吸烟，就成了孩子模仿的榜样。这只能说明，吸烟者的子女从他们父母那儿遗传了容易对尼古丁上瘾的基因。实际上，对被领养孩子的研究表明，养父母吸烟，其孩子成为吸烟者的可能性，并不比那些养父母不吸烟的孩子成为吸烟者的可能性大，换句话说，抚养环境的差异（如养父母是否吸烟、是否在家吸烟等）对孩子成长的影响几乎为零。心理学家戴维·罗在 1994 年出版的《家庭影响的局限》(*The Limits of Family Influence*) 一书中，对上述问题的研究进行了归纳总结。他写道："家长扮演了一个被动的角色，他们将具有吸烟倾向的基因传给后代，但不能在社会方面影响后代。"[13]

以罗和哈里斯的观点来看，青少年完全是在同龄人中染上吸烟习惯的，他不是在模仿成人的举动，这也是成年吸烟者减少的同时，青少年吸烟者反而增多的原因。青少年吸烟是因为他们正处在青春期，要分享情感经历，他们需要表达性的语言和青春期的特有仪式，而这一切与密克罗尼西亚群岛上的青少年自杀仪式一样，被局外人认为是无法理解的和不理智的。在这样的氛围里，我们怎么能指望成年人的干预发挥作用呢？

“告诫孩子吸烟有害健康？这只会让你皱纹增多！会使你变得无能！会让你气死！总之，这点根本行不通。”哈里斯做出了这样的结论，“这是成年人的宣传，这些都是成年人的观点。正是因为成年人不赞成吸烟，正是因为吸烟具有危害性，而且听上去不是什么光彩的事，青少年才要吸烟。”

找到吸烟流行潮的薄弱点

如果说阻挠推销员的企图，即介入青少年的内心世界，并不是制止吸烟的一项特别有效的途径，那么从附着性入手会怎样呢？此时我们寻找的引爆点完全不同。我在上文提到过，我们认为有些人在第一次吸烟后就不再吸烟而有些人终身有烟瘾的原因之一是，人们对尼古丁的内在承受能力差别很大。最好的方法是，我们让烟瘾大的人服一片药，这种药能使他们对尼古丁的承受力下降，比如降到奇普斯的水平，那么我们就能减少吸烟的附着力了。不幸的是我们还没有发明出这样的药片，却已经发现了尼古丁贴片[①]，它能缓慢匀速地释放尼古丁，这样吸烟者不必非得承受吸烟的危害就能满足自己的烟瘾。这一抗瘾方法已帮助了上百万个烟民，但很明显，这种尼古丁贴片并不尽如人意。烟瘾大的人觉得最过瘾的方式莫过于一种被称为“撞击”（hit）的方式，即大剂量快速释放尼古丁，使感官受到极大刺激的方式。海洛因上瘾者并不以静脉注射的方式缓慢摄入海洛因，他们通常

① 尼古丁贴片（nicotine patch），又称戒烟贴。——译者注

一天注射两到四次，每次都是大剂量注射。吸烟者的情况也是这样，只不过他们的症状比较轻。他们从一支烟中得到一次刺激，然后间断一下，再寻找下一次刺激。而尼古丁贴片是在一天中缓慢匀速地释放毒素，这种摄入尼古丁的方式一点儿也不刺激。看起来，尼古丁贴片在抗烟斗争中所起的作用，与“速瘦”① 减肥奶昔对减肥所起的作用一样，都称不上引爆点。难道就没有更好的办法吗？

我认为还有两种方法可行。第一种方法源于吸烟与情绪抑郁之间的关系，这一关系是在最近才被发现的。1986 年，一项对明尼苏达州心理门诊病人的调查表明，他们中有一半的人吸烟，这个数字远远高于全美平均水平。两年后，哥伦比亚大学心理学家亚历山大·格拉斯曼在他的一项与此完全无关的研究中发现，在他所研究过的烟瘾比较大的人当中，60% 有重度抑郁症病史。随后，他对 3 200 名随机选出的成年人进行了专门调查，调查结果被刊登在 1990 年的《美国医学会杂志》② 上。研究表明，那些曾在某段时间内被诊断患有严重精神失常的人中，有 74% 吸过烟，14% 已戒烟，而在那些从未患精神疾病的人当中，有 53% 吸过烟，31% 已戒烟。随着精神问题的加重，它与吸烟的联系越来越紧密。约有 80% 的酒鬼吸烟，接近 90% 的精神分裂症患者吸烟。[14]

在一项调查中，几位英国精神病学家把一组 12 岁至 15 岁的精神

① 速瘦（Slim Fast），以减肥替食奶昔而闻名的减肥品生产公司，被联合利华收购。——译者注

② 《美国医学会杂志》（*Journal of the American Medical Association*），由美国医学会主办的综合性临床医学杂志。——译者注

和行为上有障碍的孩子，与另一组身心健康的同龄孩子在吸烟行为方面进行了对比，结果令人震惊。不正常的孩子中有一半人每周至少吸21支烟，尽管他们年纪还小，而正常孩子的这一比例只有10%，二者形成鲜明对比。也就是说，随着总吸烟率的下降，吸烟习惯越来越集中在那些有身心障碍的社会边缘成员身上。

许多理论解释了吸烟与精神障碍联系密切的原因。第一种理论认为，使人易被吸烟感染的因素，例如自卑、不健康和不幸的家庭生活，也会引起抑郁症。而更令人信服的是，初步证据表明，这两个问题也许具有相同的基因根源。例如，抑郁被认为是因为——或至少部分是因为某些重要的大脑化学物质的分泌出了问题，尤其是复合胺、多巴胺和去甲肾上腺素这些神经递质的分泌出了故障。这些化学物质能起调节情绪的作用，而且影响着人们的自信、优越感和愉快感的产生。郁乐复和百忧解这类药物之所以有疗效，是因为它们能刺激大脑分泌更多的复合胺，以此来弥补抑郁症患者体内缺少的复合胺。尼古丁似乎对其他两种主要的神经递质——多巴胺和去甲肾上腺素的不足发挥了同样的补偿作用。简而言之，这些郁郁寡欢的烟民实际上是把烟草当作一种廉价替代物，用来缓解他们的抑郁情绪，并促进大脑分泌能使他们的行为正常的化学物质。其疗效如此显著，以至于有精神病史的烟民一旦戒烟，就会面临抑郁症复发的极大风险。[15] 这形成了一种报复性附着力：一方面，吸烟者因对尼古丁有依赖性而难以戒烟；另一方面，他们如果离开了尼古丁，就有患上神经衰弱的风险。

这是个严峻的事实，但它也说明烟草具有其致命的脆弱之处，如果你能把吸烟者的抑郁症治好，你就能很容易地改掉他们的吸烟习惯。显然，这是问题的症结所在。20世纪80年代中期，一家公司（即后来的葛兰素威康公司的前身）的研究人员对一种新型抗抑郁镇静剂进行了试验，试验范围遍及全美，这种新药叫“布普品”①。令研究人员惊讶的是，他们开始从试验范围内听到如下有关吸烟情况的汇报。“我开始听到病人说‘我不再想吸烟了’‘我比以前抽得少了’‘烟抽起来不再像以前那么有味了’这一类的话。”制药公司的心理分部负责人安德鲁·约翰斯顿说道，“大家可以想象，处在我这个职位上的人会听到各种各样的反馈，所以一开始我并没太在意这些反馈。但我却不断地听到这类反馈，这使我感到实在不同寻常。”此事发生在1986年，当时人们对抑郁症与吸烟之间的联系还知之甚少，因此，制药公司起初也感到困惑。但他们迅速发现，布普品起着尼古丁替代品的作用。约翰斯顿解释说：“尼古丁促进释放的多巴胺会进入大脑皮层，这里是大脑的快乐中枢。人们认为这里负责产生人的快乐感和幸福感。这正是吸烟给人带来快感的地方，也是戒烟困难的原因之一。尼古丁还增加了去甲肾上腺素的分泌，因此，一旦你戒烟，去甲肾上腺素的供应就会不足，你就会感到焦虑、烦躁。”布普品具有双重功效，一方面它增加了多巴胺的量，因此，吸烟者便不再想吸烟；另一方面，它代替了一部分去甲肾上腺素，因此，吸烟者不会有焦虑之类的症状出现。

葛兰素威康在重度吸烟者（每天吸烟超过15支）身上试验了一种药物，结果发现药效显著。如今该药名叫“载班”（Zyban），在市

---

① 布普品（bupropion），又称丁胺苯丙酮，一种氨基酮，为多巴胺再摄取阻滞剂，是一种抗抑郁症药。——译者注

面上有售。研究表明，在上过戒烟课程和服用过镇静剂的人当中，有23% 的烟民在 4 周后戒了烟；在上过戒烟课程和使用过尼古丁贴片的人当中，有 36% 的人在 4 周后戒了烟；在服用过载班的烟民中，有49% 的人在 4 周后戒了烟；在服用过载班和使用过尼古丁贴片的重度吸烟者中，有 58% 的人在 4 周后戒了烟。[16] 有趣的是，郁乐复和百忧解这两种复合胺类药物似乎无助于戒烟。也就是说，服用这两种药物并不能使人振奋情绪，要像尼古丁一样起振奋情绪的作用，只有载班能做到。这并不是说该药就完美无缺，在所有戒烟方法中，它对烟瘾最大者来说疗效最小。但这种药的初步成功已证明，我们有可能找到解决吸烟问题的附着力引爆点，即在逐步征服抑郁症的过程中，我们能找到烟瘾形成的薄弱点。

我们回头重新审视一下青少年开始吸烟的情形，就会发现附着力问题中另一个潜在的引爆点。青少年在最初吸烟时都是奇普斯，他们只是偶尔吸烟，他们中的许多人很快便停止吸烟，并且从此不再吸烟。一些人在之后的许多年里，仍然是奇普斯式地间或吸烟，并未上瘾。约有 1/3 的人最后成为频繁吸烟者。而耐人寻味的是，在这段时间内，青少年从偶尔吸烟发展到频繁吸烟大概花了 3 年，差不多是在他们 15 岁到 18 岁，而且在接下来的 5 年到 7 年内，他们的烟瘾逐步加大。“当一名高中生频繁吸烟时，他不会一天抽一包烟。”来自旧金山市的加州大学烟瘾研究专家尼尔·贝诺维茨说，“等他们到了 20 儿岁的时候，他们的烟瘾就会达到每天抽一包烟的程度。”

因此，吸烟者对尼古丁的依赖并不是一朝一夕就能形成的。大多数人对烟上瘾都需要时间，青少年 15 岁开始吸烟并不意味着他们就一定会上瘾。我们还有大约 3 年来阻止他们。更有趣的一点是，该事实表明，吸烟者对尼古丁上瘾不是一个线性发展过程。也就是说，没有一个确切的数字来界定其上瘾与否。所以我们不能说，如果你每天要抽 1 支烟，这就说明你有点儿上瘾；如果你一天要抽 2 支烟，这就说明你的烟瘾又大了一点儿；如果你一天要抽 10 支烟，这就说明你的烟瘾是一天抽 1 支烟时的 10 倍。相反，这是在暗示我们，上瘾也有其引爆点。这个引爆点就像一个门槛，如果你的吸烟量低于特定数字，那就说明你根本没上瘾，而只要超过了那个神奇的数字，你就会突然间上瘾。这使我们对奇普斯的含义有了更加完整的理解，他们是从未越过烟瘾门槛的吸烟者；另一方面，那些老烟民是在某一刻越过这道门槛的人。

什么是烟瘾门槛呢？当然，谁也不会相信大家的门槛都一样高。但贝诺维茨和杰克·亨宁菲尔德——他们很可能是世界上最权威的尼古丁专家——已做出一些科学的推测。他们指出，奇普斯能一天吸 5 支烟而不上瘾（5 支烟中的尼古丁含量约等于 4 毫克到 6 毫克），这意味着一天 5 支烟很可能是接近烟瘾门槛的数量。因此，亨宁菲尔德与贝诺维茨建议，烟草公司应把香烟中尼古丁的含量降到即使是烟瘾最大者（如一天要吸 30 支烟的人）在 24 小时内的摄入量都不超过 5 毫克的水平。他们在著名期刊《新英格兰医学期刊》（*New England Journal of Medicine*）中论述道：“尼古丁的含量应控制在能阻止或限制大多数青年人上瘾的范围内，同时能保证香烟的味道和它刺激感官的作用。”[17] 换句话说，虽然青少年会继续因为各种理由而尝试吸烟，比如，因为吸烟具有传染性，因为前卫的青少年都在吸烟，因为他们想要和前卫的人一样，但由于尼古丁的含量已降到了烟瘾门槛之下，所以吸烟不再会使人上瘾。与其说吸烟像流感，倒不如说它更像普通感冒：来得容易，去得也容易。

重要的是，我们必须对这两个附着力因素有个正确的认识。反吸烟运动目前致力于提高香烟价格，减少香烟广告，在广播和电视上宣传公共健康，减少未成年人获得香烟的途径，对学生灌输烟草有害的概念等方面的工作，但在此期间，这场看上去规模浩大、雄心勃勃的综合运动却宣告无效，因为青少年吸烟的人数仍在急剧增加。尽管我们努力不懈地致力于改变大众对烟草的态度，但我们并未触及最需要改变观念的群体。我们一直致力于消除吸烟推销员的影响力，但这些推销员的影响却显得越来越坚不可摧。简而言之，我们竟相信自己应该一口气解决整个问题，而事实上我们根本就做不到。我们只需要找到具有附着力的引爆点，而且这些引爆点应该是抑郁症和尼古丁门槛的连接点。

附着力策略的第二个启示是，它能给青少年提供一种更加合理的尝试途径。反毒品斗争中绝对论者的观点是：尝试等同于上瘾。我们绝对不能让孩子们与海洛因、大麻或可卡因有任何接触，因为我们认为这些东西的诱惑力非常大，以至于少量接触也会使人上瘾。但你了解过尝试非法毒品的统计数据吗？在 1996 年的家庭毒品滥用情况调查中，有 1.1% 的被调查者承认他们至少服用过一次海洛因。但这 1.1% 的人中只有 18% 在之前的一年中服用过，只有 9% 在之前的一个月中服用了海洛因。这并不是某种易上瘾毒品的特例，有关服用可卡因的数字更加惊人。在那些服用过可卡因的人中，不到 1%（有

0.9%）的人是频繁服用者。[18] 这些数据告诉我们，尝试与上瘾是两件完全不相关的事情，而且一种毒品有传染性并不意味着它就自动具备附着力。实际上，至少尝试服用过一次可卡因的人数告诉我们，青少年几乎都有尝试危险事物的迫切愿望。这正是青少年的行为特征，也是他们了解世界的方式。而且在大部分情况（在可卡因例子中是99.1% 的情况）下，尝试并没有导致不良后果的产生。因此，我们不必强烈反对此类尝试，我们必须接受这些尝试，甚至欢迎这种尝试。青少年总是被诸如女学生玛吉、比利和帕姆这类人吸引，而且他们只有变得叛逆、好斗和不负责任才能体验青春期的幻想，因为这是体验生命的好方法，因此，他们必然会被这些人吸引。可见，我们应该做的不是阻止尝试，而是确保尝试不会产生严重后果。

我认为，本章开头引用的唐纳德·鲁宾斯坦说过的那段话值得我们重温一遍，这段话是他在描绘自杀怎样深深扎根于密克罗尼西亚青少年文化时所说的：

> 一些曾尝试自杀的男孩说，他们第一次看到或听说自杀事件是在他们 8 岁至 10 岁的时候，而他们尝试自杀的想法往往来自模仿或试验性的闹剧。例如，一名 11 岁的男孩曾把自己吊在屋里，他在被人发现时已失去知觉，舌头都伸了出来。事后，他解释说自己只是想“试”一下上吊。他说他并不想死，尽管他知道他在拿自己的生命冒险。

令人悲哀的不是这些小男孩的尝试行为，因为尝试正是小男孩们喜欢做的事情，悲哀之处在于他们选择的是他们不可以尝试的事情。遗憾的是，绝对不会有一种安全的自杀方式可以拯救密克罗尼西亚群岛上的青少年。然而，有可能存在一种更加安全的吸烟方式，通过对上瘾过程中那些引爆点的关注，我们有可能使吸烟变成一种更加安全、更加不易上瘾的行为。

8

要发起流行潮，就得把资源集中在引爆点上，换个视角看待这个似乎雷打不动、无法改变的世界。只要找对了一个点，轻轻一触，这个世界必然能够动起来。

结论：小动作能够引发大流行

不久前，一位名叫乔治娅·萨德勒的护士在圣迭戈市的黑人社区开展了一项运动，目的在于增进人们对糖尿病和乳腺癌的了解，提高人们的预防意识。她想在基层群众中开展这项运动以降低发病率，于是就在该市周边的黑人教堂里召开各种研讨会，然而结果并不尽如人意。“教堂里也许会有大约200个人，但我们只能留住大约20个人参加研讨会。而且这些留下的人本身已对这些疾病有所了解，他们只不过想了解更多。这真是太令人失望了。”萨德勒无法把自己的信息传播到那个小圈子之外。

她认识到自己需要一个新的环境。她说：“我觉得人们在接受此项服务后往往会感觉又累又饿。因为我们的生活都很忙碌，大家都想回家。”她需要找一个让妇女感到放松、乐于接受新观念的地方，在那里，有机会的话，她们有时间去了解一些新鲜事物。她也需要一个新的信使——一个有点儿像联络员，有点儿像推销员，又有点儿像内行的人。她需要一种新的、更具附着力的信息传递方式，而且她需要的这种信息传递方式，应该既能促使人们的思想发生变化，又能保证其成本控制在一定范围内，不超过她从各种基金会拼凑来的少量资金。她的解决方法是什么呢？答案是：将开展活动的场地从黑人教堂转移到美容院。

萨德勒说："这是一群无处可逃的听众。为了让发型设计师给自己梳发辫，她们可能会在美容院里等上 2 个小时至 8 个小时。"发型师与顾客之间有一种特殊的关系，一旦你找到一位能够很好地打理你的头发的发型师，你会愿意驱车 100 英里去找她。发型师是你的朋友，她愿意倾听你讲述自己的故事，例如你的高中毕业典礼、你的婚礼，以及你的第一个小宝宝的情况。那是一种长期关系，在美容院里你不仅美化了自己的头发，也放松了自己的心情。发型师这一职业还有一个特点，就是她们能吸引那些善于与人交流、广交朋友的人。萨德勒说："她们非常健谈，喜欢与人交流。她们的直觉很管用，因为她们总是注意观察对方，留意对方的反应。"

她从该市找来许多发型师，让她们参加一系列的培训班，还找来一位擅长讲民间故事的艺人，帮助她教这些发型师如何用令人信服的语气讲述她们对乳腺癌的了解。萨德勒说："我们想依靠传统的交流方式，因为美容院不是课堂。我们希望把这些知识变成女性喜欢分享并乐意传播出去的信息，而用讲故事的方式来传播知识，就能把事情变得非常简单了。"萨德勒将同乳腺癌有关的新闻、小报上的打趣专栏，以及沙龙中的话题不停地灌输给美容院的发型师，这样一来，每次当顾客惠顾时，发型师们总能找到跟乳腺癌相关的新话题与她们交谈。她把材料用大字印刷体打印出来，并贴在厚厚的纸板上，这样一来，在繁忙、嘈杂、混乱的美容院里，顾客也能对这些材料一目了然，且材料不易受损。她设立了一套评价方案，以便确定哪种方法最有效，并评估自己在改变人们的观念和使妇女接受乳房 X 光透视及糖尿病检查方面取得了多大成功。她发现自己设计的方案十分有效。可见，做一点微小的改动，就有可能取得很大的收获。

在《引爆点》整本书里，我们看到了许多这类故事，从纽约打击犯罪之战到莱斯特 · 旺德曼的哥伦比亚唱片公司的探宝小金盒，其共同之处在于他们都能从小事做起。萨德勒并没有去国家癌症研究所或加州卫生局申请数百万美元来推动一项复杂的、用以唤醒公众意识的多媒体运动。她并没有来到圣迭戈市的各个街道挨家挨户地提供咨询服务，或免费为妇女进行乳房 X 光检查。她没有利用广播或电视进行信息轰炸，呼吁女性防癌及做定期检查。相反，她非常聪明地使用了那些有限的经费。她改变了传播信息的环境，更换了信使，甚至修改了信息本身。她做到了集中有限的力量，全力以赴。

这是《引爆点》一书总结的第一条经验。要想发起流行潮，就必须做到把有限的资源集中用到关键的方面。个别人物法则认为，联络员、内行和推销员应该充当口头信息传播浪潮的发起者，也就是说，如果你对发起口头信息传播浪潮感兴趣，那么你的有限资源应当集中用到这三类人身上，其他人都无关紧要。告诉威廉 · 戴维斯英国人要来了，对于新英格兰殖民区的居民来说毫无意义。但是，如果告诉保罗 · 里维尔，这就有了事关成败的重大意义。《蓝狗线索》的主创人员制作出了一档高明而且深受儿童喜爱的电视系列节目，每集持续 30 分钟。但是他们当时认识到，孩子们如果只收看一次节目，根本就不可能把需要学会和记住的东西都学会并记住。于是他们采用了一种在电视行业前人从未用过的方法——将同一集节目连续放5遍。萨德勒并没有试图一次就把自己的信息传递给圣迭戈市的所有妇女，她把自己有限的资源集中用于一个关键的地方——美容院。

假如用挑剔的眼光来看待这些高度集中、目标明确的处理方式，你也许会把它们视为治标不治本的取巧之计。但是取巧之计这个词语并不包含轻视的意思，取巧之计是一种花费不多、方便、灵活但可以解决一堆问题的方法。取巧之计曾使数百万人能够继续工作、打网球、做饭或散步，如果不采用该方法，这些人就不得不停止做这些事情。取巧之计可以让人们投入最少的时间和成本，付出最小的努力来解决问题，因此它实际上是解决问题的最好方法。当然，大家会本能地轻视这种解决方案，因为我们总是觉得，解决问题的真正方案应该是综合性的，我们的努力应该是坚持不懈和不偏不倚的，只有这样才能体现人的美德，只有办事稳妥才能获得成功。可问题在于，不加选择地付出努力并非总是可行的，有时我们也需要走捷径，以达到事半功倍的效果，这正是《引爆点》一书的最终目的所在。

引爆点理论要求我们重新审视自己看待世界的方式。在本书中，我用了大量笔墨讨论人们如何接触新信息，以及人们相互之间产生联系的特有方式。我们很难预测那些戏剧性的、指数性的突变。我们无法想象一张折叠了50多次的纸，其高度竟相当于地球到太阳的距离。我们所认知的范畴、真正喜爱的人的数量、真正了解的朋友的数量毕竟是有限的。对于以抽象方式被表达出来的问题，我们束手无策，但如果它被重新表述成形象的社会问题，那么我们解决起来将毫无困难。这一切表明了人类思维方式的独特之处，驳斥了那种认为我们做事、交流和处理信息的方式直接而又透明的观点。事实并非如此，我们总是在杂乱与黑暗中行事。《芝麻街》和《蓝狗线索》之所以成功，在很大程度上是因为它们的创作者不走寻常路。谁能预先知道大鸟必须与成年人出现在同一场景中呢？谁能预料到工厂里工人的数量从100人增至150人不会有问题，而从150人增加到200人却会出现重大问题呢？在我设计的电话簿姓氏测试中，我想谁也不会预料到最高分能超过100分，而最低分却低于10分。我们相信不同的人会有差别，但我们不会想到差别竟如此之大。

世界并非如我们所愿，是我们直觉中的世界，这是《引爆点》一书得出的第二条经验。那些成功地发起社会流行潮的人，并非只做一些自认为正确的事情，他们会有意检验自己的直觉。如果没有那些干扰因素的证据在提醒他们，那么他们的幻想和直觉就都是错误的，《芝麻街》也许只是电视史上早已被人遗忘的脚注而已。莱斯特·旺德曼的金盒子起初听起来像是一个愚蠢的主意，而他用事实证明了金盒子比传统广告的效果更胜一筹。基蒂·吉诺维斯的尖叫没人理会，这听起来似乎只是一宗反映人情冷漠的普通案例，而细致的心理学研究却证明了环境的重大影响力。为了理解社会流行潮的来龙去脉，我们首先必须了解，人与人之间的交流有一套不同寻常且有悖直觉的规则。

成功发起流行潮最重要的因素是，要具备一个基本的信念，即：制造变化是可能的，人们是能够在一些特定力量的驱使下，骤然改变自己的行为或观念的。这也有悖于大家关于自己和人们相互之间关系的最为根深蒂固的观念。大家总觉得自己是自主的、深受内心支配的人，同时觉得自己的性格、行事方式已经被自己的基因和性情永远固定下来了。但是我们如果把那些推销员和联络员的例子结合起来，把保罗·里维尔的骑马夜行、《蓝狗线索》儿童电视节目、150法则、纽约地铁环境的成功治理和基本归因错误结合起来，就会发现它们对人的判定有着不同的结论。事实上，我们深受自己周围的大环境、小环境和周边之人的品格的影响。洗掉纽约地铁站内的所有涂鸦，就能把纽约人变成好公民；让那些神学院的学生快点赶路，则会把他们变成坏公民；密克罗尼西亚群岛上一个魅力超凡的青年的自杀，竟能触发岛上长达10年之久的自杀流行潮；把一个小金盒子放在哥伦比亚唱片公司广告的一个角落里，竟然能使唱片邮购变得一发不可收拾。我们如果仔细审视吸烟、自杀、犯罪这类复杂的行为，就会发现我们是多么容易受到自己所见所闻的影响，对日常生活中的细枝末节是多么敏感。这也解释了社会如此多变而且这些变化如此令人费解的原因，那正是我们的本性是如此多变和令人费解。

但是，如果说在引爆点世界里存在困难和多变性，也可以说在这个世界里同时存在很大希望。仅仅通过控制一个小组的规模，就有可能在很大程度上改善人们对新观念的接受能力；通过对信息传播方式的微小调整，就有可能大幅度地降低其传播难度；仅仅找到和接触那些有着极强社交能力的人，就有可能发起一场社会流行潮。引爆点最终再次证实了我们存在改变一切的能力，和采取明智行为的力量。看看周围的世界吧，它看上去似乎雷打不动、无法改变，但只要你找准位置，轻轻一触，它就有可能倾斜。

后 记

真实世界中的引爆点

李翔 译

《引爆点》出版之后不久，我碰巧遇到了一位流行病学家，这位流行病学家把他职业生涯中最好的时光都用在了同艾滋病的对抗上。他很有想法，但是人却显得很失意。你可以想象那种失意——好端端的一个人，却必须去应对艾滋病这样可怕的疾病，而这还是他的日常功课。他读了我这本书之后，我们坐在一家咖啡馆里谈论我的书。他的话让我大吃一惊："我在想，如果我们从来不知道有艾滋病这种疾病的存在，人类的状况会不会好一些？"我想，对于他这句话并不应该从字面意义上来理解，他并非后悔自己通过抗艾药或者艾滋病检测，参与拯救或者延长了无数生命。他的意思是，从根本上讲，艾滋病的流行是一种社会现象（而不是疾病现象）。它的传播是由于信仰的崩溃和社会结构的缺陷，是由于贫穷和不公，是源于社会中个别人的影响。有时候，精确地分析出致病的病毒仅仅是科学家的一种游戏，因为如果把力气用在信仰、社会结构、贫穷、不公和一些个别人物身上，艾滋病的流行就可以更有效地被抑制。他说这话时，我脑子里灵光一闪：这就是我在《引爆点》中试图表达的东西。

很久之前，在英语课上，老师说，一本书就像一个生物体，它能够呼吸，能够生长，每一次新的阅读都会使它更丰富。但是直到我写了《引爆点》，我才真的开始把这句话当回事。我在写这本书的时候，不知道谁会去读它，也不知道如果它真有点儿用处，它的用处会是什么。在写作时想这些事情，感觉就像很专横地塞给读者一本有特定用处的书。但是从它出版的那天起，我就被读者的评论淹没了。通过我的网站（www.gladwell.com），我收到了成千上万封电子邮件。我被邀请在各种座谈会、读者反馈会、售书见面会上发表演讲，跟互联网企业家、电影制片人等许多人聊天，每一次我都对我的这本书有了新的了解，了解它为什么似乎说到点子上了。

新泽西州的慈善家沙伦·卡马金买了300本《引爆点》，在该州的每个公共图书馆都放了一本。他承诺，所有被我的书激发的灵感都将获得资助。“别再老跟我说你想做什么之类的陈词滥调，用这本书里讲的思维方式去创造一些新的东西。”他对图书馆管理员们说。几个月之内，将近10万美元的“引爆点”特许资金被发放到21家不同的图书馆。在罗塞尔，公共图书馆坐落在城镇边缘的街道上，而且还被隐藏在一片灌木丛后，这家图书馆得到了一笔特许资金，用来在城镇四周挂标志，指引人们走到图书馆；另一家图书馆用它得到的特许资金来帮助老年读者中的联络员学上网，同时暗中打赌他们还能吸引到新的资助者；还有一家图书馆买了一些西班牙语教科书和教学材料，希望以此扭转其所在城镇服务不佳的现象。没有一笔特许资金超过1 000美元，图书馆管理员们的主意也并不惊人，但是这些资金却都用在了刀刃上。

在加利福尼亚州的萨克拉门托，加利福尼亚州立大学的教育学教授肯·福特尼科声称，因被《引爆点》激发了灵感，他找到了吸引教师到问题学校任教的方法。“这里有一个有趣的困境，好校长说，除非我有好老师，否则我才不会到问题学校去；而好老师说，除非有个好校长，否则我才不会到问题学校去。很多努力——比如减免贷款，都没有产生任何效果。”福特尼科对我说。福特尼科把自己的精力集中在奥克兰低收入地区的一些学校上。他说，这些学校40%的老师都没有签约，他们只是想在这里凑合待两年。“我问老师们：‘你们为什么愿意到这些学校工作？这个学校所在的地区收入低，单亲家庭多，治安也不好。’是薪水吗？老师们说，也许吧。是因为课程少吗？他们仍然说，也许吧。我开出的都是很有吸引力的条件，但是我并不认为这些条件就好到让人们愿意签下合约到这些学校工作。”这可能很容易让人得出这样的结论：老师们都是一些缺乏奉献精神的自私的家伙，他们根本不愿意到那些最需要他们的地方去工作。

但是如果改变一下开出的邀请条件会怎样呢？福特尼科想。他明年将在奥克兰实行的新办法是，他将给那些被邀请到问题学校的校长一年时间，用这一年建立一个教师团队，跟他们签署协议，团队中的教师是从好学校集体挖过来的。在战场和运动场上，对于个人来说难以克服的困难和挑战，对于一个紧密协作的集体来说可能就不算什么。人并没有变，只是呈现在他们眼前的挑战方式变了。福特尼科认为，这条定理对于课堂同样适用，如果老师们感觉自己的同事都是一些经验丰富的好老师，那么他们会愿意签一份很苛刻的合约。这是他从《引爆点》中得到的启示，我从没想到《引爆点》会在一个叫奥克兰的城市得到应用。

一个驱使我写《引爆点》的动力是口头信息传播之谜，所有人都认为这很重要，但是没有人说得清楚这个现象。在去年，关于这个主题，读者跟我谈得最多，我也想得最多。现在对我来说很明显，我们将进入一个口头传播的年代，尽管我在写《引爆点》时并不这样认为。新经济时代所有的强词夺理、巫术般的诡辩和通往信息的不计其数的道路，终将使我们越来越依赖原始的各种社会关系。在生活中，我们应对复杂的现代社会的方法就是依赖于联络员、内行和推销员。这是我们复杂多变的社会的一种功能。面对这纷繁多变的社会，我很乐于谈论以下三点：隔绝，尤其是青少年的与世隔绝；信息交流免疫力的上升；现代经济中内行的重要作用。

理解与世隔绝的一代

2001 年 3 月 5 日早上 9 点 20 分，15 岁的安迪·威廉森在学校浴室中，用一支点二二口径的长筒连发左轮枪向外开枪。这所高中位于加利福尼亚州桑地市。6 分钟内，他开了 30 枪，先是在浴室内开枪，接着遭殃的是紧挨浴室的院子，两名学生中枪身亡，另外有 13 人受伤。他是个身材矮小的新生，刚刚来到城镇，戴着一条银质的项链，上面刻有“MOUSE”的字样。后来，就像这类案子后通常会发生的那样，他的朋友和老师说，他们简直不能相信，这样一个安静温柔的人竟能做出如此暴力的行为。

我在《引爆点》中写到了青少年流行潮。我用了一个例子——在密克罗尼西亚群岛风行多年的青少年自杀流行潮。关于青少年的无理智倾向和具有传染性的仪式化的自我毁灭倾向，我再找不到一个更为戏剧化的样本了。密克罗尼西亚群岛自杀流行潮起源于一起闹得沸沸扬扬的自杀事件——卷入三角恋爱的出身高贵且富有魅力的年轻人，以及葬礼的戏剧性场面，随后，其他男孩为着一些琐碎而荒谬的理由，采用了同样的自杀方式。我认为最近西方社会青少年吸烟现象的严重化，是我们面临的同类型的流行潮，但实际上这种类推是不确切的。密克罗尼西亚群岛的年轻人的举动是符合他们独特的文化的，他们并不是在模仿成年人的举动，也不是在再现成人世界让他们难忘的事物。他们仅仅是在遵循当地文化中的独特风俗，而对成人的所作所为视而不见。但是青少年吸烟现象与之相比却有很大不同。恰恰因为这种举动根植于成人世界，这种成人举动在青少年看来才显得很酷。青少年吸烟，部分是对成年人向他们唠叨吸烟的害处的一种回应。第一种流行潮源于与世隔绝，第二种流行潮产生于对世界的模仿回应。我曾认为在西方世界的青少年中不可能出现第一种类型的流行潮。但是我错了，我们现在面临着校园枪击流行潮。

科罗拉多州利特尔顿市的科伦拜恩高中的校园枪击案，发生在1999年4月20日[①]，随后的22个月内，全美发生了19起毫无关联的校园暴力事件——幸运的是，其中有10起没有人员伤亡，每一起都像是对科伦拜恩枪击案的点缀。

---

① 1999年4月20日，美国科伦拜恩高中有两名学生持枪进入校园，在校内疯狂开枪，杀死12名学生和1名教师后畏罪自杀。这之后的6个月内，美国又发生多起16岁以下少年枪击事件。——译者注

1999 年 12 月，俄克拉何马州吉布森堡的七年级学生塞斯·崔科掏出一支 9 毫米半自动手枪，对着一群同学开了 15 枪。塞斯·崔科是科伦拜恩枪击案的受惑者，就在他枪击同学之前，他还在接受心理治疗。加利福尼亚州密尔拜尔的一名 7 岁男孩，因为在学校威胁着要来一场科伦拜恩惨案而被逮捕，警察在他家找到一个小型军火库，在其中发现 15 支手枪和来复枪。加利福尼亚州库比蒂诺市的约瑟夫·德古兹曼计划在 2001 年 1 月袭击他的学校，后来他跟警察说，只有科伦拜恩的枪手才是“唯一真实的东西”。紧接着的一个月，堪萨斯州的 3 个男孩被捕，警方在他们家中找到了制造炸弹的原料、来复枪和其他一些军火用品，他们的军火库中还有 3 件黑色军服，这正是科伦拜恩枪击案中枪手的穿着。两天后，在科罗拉多州的柯林斯堡，警方找到了另一处藏有枪和其他军火的秘密地。拥有这个隐蔽军火库的男孩们曾经声称要重演科伦拜恩惨案。

在媒体报道中，这波枪击案和蓄谋枪击案有时候被描述为更大犯罪浪潮的一部分。但这不是事实。从 1992 年到 1993 年，全美公立学校共发生了 54 起暴力袭击死亡事件。而在 2000 年，这一数字是 16。科伦拜恩惨案发生在犯罪浪潮下降之时，而不是上升之时。卷入其中的孩子们身处的社会环境也被人们广泛关注。安迪·威廉斯是一个孤独的孩子，经常被人欺负，父母离异，无人关心，这造就了他的性格。《时代》杂志将他生活的世界描述为“每天听着疯狂的摇滚歌曲如痴如醉，逃学，与雅利安兄弟会在溜冰场里打斗，这些也是家常便饭”，但是让孩子们在不满和孤独中成长可不能说是一项进步。成千上万个像安迪·威廉斯一样在情感上被忽略的孩子，本不会在某个早上拿着枪走进校园然后开枪，但不同之处在于发生了科伦拜恩枪击案。安迪·威廉斯受到了埃里克·哈里斯和迪伦·克莱博尔德[①]的传染，正如第一起戏剧性的三角恋自杀事件感染了整个密克罗尼西亚群岛一样。把这些事件的发生归咎于外部世界的传染——不断扩大的暴力倾向、社会结构的断裂——是不正确的。这是与世隔绝的流行潮：他们遵循自己内部独特的、谜一般的规则，这种规则只有在青少年自己封闭的世界里才能被理解。

跟这类流行潮最相似的，是在1999年夏席卷比利时几所公立学校的食物中毒事件。起初，比利时博尔内姆城的42个孩子在喝了可口可乐之后，出现了一种奇怪的病状，被送到医院救治。两天后，布鲁日的8名学生也病倒了，紧接着是哈勒尔贝克的13个孩子，3天后在洛克里斯蒂又有42个。病倒的孩子数量呈螺旋式上升，最后，超过100个孩子被送到医院，他们抱怨说自己恶心、头晕、头疼。这种情形迫使可口可乐公司进行了成立113年来最大规模的产品召回行动。经过调查，调查人员找到了一个明显的罪犯。在可口可乐公司位于安特卫普的一个工厂，已受污染的二氧化碳被用来制造那著名的“碳酸苏打糖浆”。但是事情也因此变得诡异了，因为检查发现，致使二氧化碳污染的是混合于其中的硫化物，但是这种硫化物的添加比例在十亿分之五到十亿分之十七之间，而比例只有在这个水平线的1 000倍以上才会致病。十亿分之十七，这个比例的硫化物只会产生难闻的臭鸡蛋味，这意味着比利时至多只会流行皱鼻子动作。更令人困惑的

① 这两人正是科伦拜恩校园枪击案中的两名高中生枪手。——译者注

是，在劣质可乐致病的5所学校中，有4所学校一半患病的孩子那天根本没有喝可乐。也就是说，比利时所发生的这一切，可能并不是可口可乐中毒。那这是什么？这是一种群体性歇斯底里，这种现象在学生中间并不罕见。

伦敦大学国王学院医学院的精神病学家西蒙·威斯利收集了近10年这样的歇斯底里案例，如今他手上已经有成百上千的案例了。这种现象可以追溯到1787年，当兰开夏的挤奶工被告知他们已因受污染的棉花而中毒时，他们突然集体感觉身体不适。对于威斯利而言，所有这些案例都遵循一定节奏。当有人看到他的邻居身体不适时，他就开始相信自己被一些看不到的坏东西感染了，在过去这些坏东西可能是魔鬼和妖怪，现在人们则倾向于认为是毒素和毒气，接下来，恐惧让他们焦虑不安，而焦虑则让他们恶心、眩晕，他们开始呼吸急促，最后病倒了。其他人听到了同样的说法，他们亲眼看到受害者虚弱下去，然后他们自己也变得焦虑不安，他们头晕，呼吸急促，最后也病倒了。在他们知道原因之前，房间中的每个人都已呼吸急促，接近崩溃。威斯利强调说，所有这些症状都是真实的。只不过这都是人体对想象中的威胁的反应。他说："这种事实在太普遍了，甚至可以说是正常的。这并不意味着你精神有毛病或者你疯了。"比利时发生的事情是一种非常典型的污染焦虑症。比利时人对已受污染的动物饲料的惊恐加重了这种污染焦虑症，学生们因可乐散发的臭鸡蛋味受到了过度惊吓，这就像直接取材于歇斯底里教科书。"这种情况大多数都是由一些奇怪但是好闻的气味引起的，"威斯利说，"一些奇怪的东西，比如空气中的奇怪味道。"事实上，学校中暴发的这一切也正是典型的歇斯底里案例。威斯利继续说："典型的案例通常都涉及学生。有这么一个著名的英国案例：1980年，参加诺丁汉郡爵士音乐节的数百名女学生病倒了。人们将这归咎于当地一个农场喷洒的杀虫剂。在过去300年间，有相关记载的校园歇斯底里案例超过115起。"

将像比利时可口可乐惊魂这样的歇斯底里看得过分严重不对吗?当然不是。它可以被视作更深层的潜在焦虑症的部分表现。进一步说，那些说自己身体不适的孩子可没有在撒谎：他们确实病了。但认识到这点很重要，有时在孩子们中流行的行为并没有确切合理的原因，一个孩子感觉不适仅仅是因为另一个孩子感觉不适。从这个角度来讲，科伦拜恩惨案后发生的一切有着同样的道理。一切之所以发生仅仅是因为这在科伦拜恩高中发生过了，仅仅是源于仪式化行为、戏剧性行为、自我毁灭行为。这些行为在青少年中具有特别的感染力，无论是自杀、戏言、带把枪到学校，还是在喝了一罐无害的可乐后感觉身体虚弱。

我的感觉是，青少年社群在这些年的发展，增加了这种隔绝的潜能。我们给孩子更多的钱，这样他们可以更轻易地建立自己的社群和物质世界。我们给了他们更多的时间让他们彼此相处，而不是和成年人相处。我们让他们使用电子邮箱，给了他们各种电子产品——其中最重要的是手机，有了手机，他们在一天中的每个时刻都能和同龄人联系，而这些时刻本来可以由成年人的话语来填充。但他们的世界被口头信息传播的逻辑统治着，被青少年之间口口相传的具有传染性的信息统治着。科伦拜恩案彼时掀起了与世隔绝的青少年中最红的流行潮，但它也不会是最后一个。

注意信息交流免疫力的提高

有一点我在《引爆点》中谈得不多，但在书出版后我却被问到很多次，那就是互联网——尤其是电子邮件——对我关于口头信息传播的观念的影响。当然，电子邮件似乎使联络员的角色过时了，或者至少它彻底改变了这个角色。电子邮件使任意一个人能够和不计其数的人保持联系，电子邮件使联系他人或顾客的方式变得越来越廉价而高效，尽管这些人你可能根本不认识。

新经济大师之一凯文·凯利[①]曾经写到的“传真机效应”（fax effect）可以被理解为这个争论的一个表现形式。第一台传真机的研发费用高达数百万美元，其零售价也要 2 000 美元。但是这台传真机其实毫无价值，因为世界上没有另外一台传真机可以同它联系。第二台传真机使第一台传真机有了价值，第三台传真机让前两台更有价值，以此类推。凯利写道：“因为传真机是要接入网络的，因此每一台新传真机都增加了在它之前已经在运行的传真机的价值。”你买了一台传真机，但其实你买的是一个传真网络——这个网络远比传真机自身值钱。

凯利将其称为“传真机效应”，或者“充裕定律”［the law of plentitude：加入网络的个体越多，网络（包括网络中的个体）的价值越高。这有点儿类似于梅特卡夫定律，该定律称：一个网络的价值与其用户数量的平方数成正比］。他认为这是一种非常新锐的观

① 凯文·凯利（Kevin Kelly），网络文化和新经济的领航者，《连线》杂志的创办人和前主编。——译者注

念。在传统经济中，价值来源于稀缺，传统的财富标准——如钻石和黄金——之所以珍贵，是因为它们非常稀有。但当一种稀缺物变得充裕时，它就不值钱了——就像20世纪八九十年代的石油。但是网络的逻辑正好与之相反，你的软件被拷贝得越多，加入你的网络的人越多，软件和网络就会更加有影响力。这就是为何电子邮件会如此强大：它最终能很容易地创造一个此类个人网络。

但事实真的如此吗？流行病同样创造了一个网络：病毒在群体中从一个人传播到另外一个人身上，感染病毒的人越多，流行病就越有威力，但这也正是流行病经常被彻底中止的原因。当你对流感或者麻疹有了特定应变能力之后，你对它就有了免疫力，当很多人对特定病毒拥有免疫力之后，这场流行潮也就结束了。我认为，当我们谈论社会流行潮时，我们对免疫力问题的关注远远不够。

举例来说，20世纪70年代末期，商人开始意识到电话是发掘潜在顾客最经济高效的方式。从此，针对目标客户家庭的电话推销增加了10倍。听上去这是凯利所谈论的那个定律的极好例子，这个极具经济潜力的交流网络，我们每个人都归属其中。只是在尊重使用者这个特定的基调上，电话使用率的激增使用一点儿也不像充裕定律描述的那样。理论上，每个人都拥有电话的事实让电话网络异常强大，但真相却是，在过去的25年中，电话推销的有效性大概降低了50%。那些价格在25美元到30美元的商品，比如杂志订阅，通过电话来做营销已经不再是种经济划算的方式。归属于一个大网络可能是一件很棒的事情，因为在理论上，网络越大，它就越有力量。但是还有一个现象是，网络在规模上扩大的同时，网络的成员所必须忍受的糟糕事物也增多了。这就是为什么人们不再同电话推销员交谈，我们中的大多数人装了电话答录机和来电显示——这些东西可以让我们不必接自己不想接的电话。我们对电话已经产生了免疫力。

电子邮件有何不同？我还记得，我第一次使用电子邮箱是在 20 世纪 90 年代中期。我会满怀期待地冲回家，用我那速率为 4 800 波特的调制解调器拨号上网，我会收到……4 条来自我最好的朋友的信息。而我会怎么做呢？我会马上写长长的第一流的回复信息给他们。现在，当然，我也会在每天早上起床之后打开电脑，我会收到 64 条信息，我曾经的期待已被恐惧代替。我会收到不受欢迎的垃圾邮件，以及我对其毫无兴趣的被转发来的大量故事和笑话，而我毫不关心的人会发来邮件请我做一些我根本不想做的事情。这让我怎么回复？我会写一封非常非常短的邮件，内容很少超过两行字，而且我经常在两三天后才给人答复，还有大量的邮件我根本就不会回复。我猜测，同样的事情会发生在世界各地的电子邮箱使用者身上：我们收到的电子邮件越多，我们的回复就越短，越有选择性，而且越滞后。这些也是免疫力的表现。

使电子邮件如此容易被免疫的正是最初使它对凯文·凯利这类人如此具有吸引力的东西：通过它联系别人，多么便捷而又多么容易！我举一个例子，在最近的一项研究中，心理学家发现，通过电子手段联系的群体和面对面交流的群体在对待不同意见上非常不同。在线交流的持不同意见的人经常持续争吵。“与此同时，面对面交流时，少数派能最大限度地接受积极的意见，也对多数派成员的个人观点和最终的集体决定有最大影响力。”这表明，当面表达不同意见具有更牢固的社会性，换句话说，就是对由集体来讨论自己的意见表达更多的信任。其他类型的交流也是相同的道理。任何人——只要他有我们的电子信箱，都能够毫不费力地发邮件给我们，这意味着他人能够持续、经常地发邮件给我们。但正是这点迅速造就了我们的免疫力，很简单，它让我们更珍惜面对面的交流，而且这种交流是跟我们已经认识和信任的人进行的。

我认为，“传真机效应”所犯的错误正在被商人和交流者一遍遍重复。广告代理商决定在哪家杂志或电视台投放广告所经常依据的是成本核算：他们购买最便宜又能让尽可能多的观众看到广告的时段。但是他们有没有考虑到免疫性呢？广告商的逻辑结果是，电视上的商业广告前所未有地多。因此，很难相信人们还在像从前那样密切关注这些商业信息，并认认真真看电视上的商业广告、刊登了成百上千条广告的杂志、马路边每隔几百步远就矗立着一块的广告牌。当人们被铺天盖地的信息淹没时，他们就对这些形式的交流产生了免疫力。作为代替手段，他们向生活中自己尊敬的人、仰慕的人和信任的人征询意见，从他们那里获取信息。对于信息交流免疫症的治疗方法是——找到内行、联络员和推销员。

寻找内行

每次当我拿到一块没有拆封的象牙牌沐浴香皂时，我就会把它翻过来看产品介绍并忍不住大笑。在它的产品说明书中有这样一行字：“有什么问题吗？想发表评论吗？请致电 1-800-395-9960。”谁会对象牙牌香皂有不明白的问题？事实上，谁会有一个非常重要的关于象牙牌香皂的问题，以至于他认为必须马上给这家公司打个电话？当然，问题的答案是，尽管大多数人一辈子都不会去拨这个号码，但是却有少数令人不可思议的有心人随时都可能觉得非常有必要打电话问一个问题。这是一些对香皂充满热情的人，他们是香皂内行、香皂专家。而且，如果你在做香皂生意，可千万要好好接待这些香皂内行，因为他们的朋友可都是从他们这里获得关于香皂的建议的。

我把象牙牌香皂的800电话称为“内行陷阱”，这是找出特定领域内行的一个有效方式。如何设置内行陷阱则是现代市场营销面临的核心问题之一。在20世纪经济发展较好的那段时间，我们用地位来定义影响力。我们被告知，我们头脑中最有影响力的人是那些最能赚钱的人，受教育程度最高的人，以及生活在高档社区的人。这种定义的好处是，这类人很容易就可以找到。事实上，整个市场上的工业品都是为了迎合长长名单上那些拥有高学历、高收入和居住在高档社区的人对便利的需求而生产的。但是联络员、内行和推销员与之相比稍有出入。他们并不是靠社会地位和获得的成就被区分开来的，而是依靠他们在朋友圈子里的特殊地位才崭露头角的。人们尊敬这些人，并不是出于羡慕，而是出于爱戴。这就是这类人拥有打破隔绝、破除信息交流免疫症的能力的原因，但爱戴是很难被察觉的。究竟如何才能找到这类人呢？

这个问题我在1998年被人问了一遍又一遍，但是它没有直接的答案。我认为，联络员是那种不需要人们去寻找的人。他们把找到你当成自己的事情。但内行不同，我们需要找到他们，而且想找到内行还有些困难。这也就是为什么我认为寻找内行这么重要，甚至需要使用一些计策——内行陷阱。想一下雷克萨斯的经历。就在1990年，雷克萨斯在美国建立自己的豪华车生产线不久后，公司意识到LS400车型的生产线出了两个小问题，因此需要召回产品。用任何标准来衡量，当时公司的情形都是狼狈不堪的。雷克萨斯一开始想要围绕质量、做工和可靠性来建立良好声誉，但是现在，这个品牌进入市场才一年多，就要被迫承认自己的旗舰产品有问题，这未免太难堪。因此，雷克萨斯决定另辟蹊径。在大多数情况下，召回行动是通过在媒体上发布公告和给用户发邮件通知来进行的。雷克萨斯的替代方法是，在公布产品召回消息的当日，分别给每一位用户打电话。用户从经销商处开走检修完的车时，每一辆车都被洗过，而且油箱里加满了油。如果用户住得离最近的经销商超过100英里，经销商会派一个技工登门拜访。有一个例子是，一位技术员从洛杉矶飞到了安奇奥利奇[①]为用户做必要的检修。

有没有必要做到这一步？你可能会争辩说雷克萨斯反应过激了。车的问题是微不足道的，而且需要召回的数目也并不大，因为雷克萨斯进入市场的时间还很短，它还有很多机会去修正已造成的错误。但是，问题的关键并不在于被召回影响的客户的人数，而在于受到影响的客户是哪种客户。想想看，究竟是什么样的人才愿意冒险去买一个新牌子的豪华车型？正是汽车内行。可能当时也就只有几千个雷克萨

---

① 安奇奥利奇位于阿拉斯加州，此处强调该技术员飞了较远路程。——译者注

斯用户，但他们可都是汽车内行、汽车专家。这类人对待汽车认真严肃，他们热衷于谈论汽车，他们的朋友都向他们征询关于汽车的建议。雷克萨斯意识到自己俘获了一批内行，他们是关注着公司一举一动的观众，他们毫不费力就可以发起一场关于公司客户服务质量的口头信息传播浪潮——随后发生的事情正是如此！本来会成为一场灾难的事情，却让公司拥有了自己延续至今的关于客户服务的声誉。后来，一份汽车出版物称雷克萨斯的举措为“完美的召回”。

这是一个很棒的内行陷阱——在特殊的时间、地点，或在特殊的情况下，正巧聚集一群内行作为观众，然后很好地利用他们的赞誉。这里还有一个例子，它是《引爆点》的一个读者比尔·哈丁根在电子邮件中告诉我的。哈丁根在20世纪70年代初供职于ITT金融服务公司，当时正值后来不那么知名的个人退休金账户（IRA，全称为Individual Retirement Account）市场向整个行业开放的时期，但这个市场后来被ITT垄断了。为什么？因为ITT是第一个找到内行群体的公司，正如哈丁根所写：

> 在当时看来，你在快60岁时把自己的钱交给一家机构来打理，这似乎是一件奇怪而让人不安的事。对于个人退休金账户来说，这是个有意思的现象。即使到了20世纪70年代中期，税务减免仍然是为有钱人提供的服务，但个人退休金账户是个例外。了解到这一点是我们成功的关键。
>
> 要把富人作为目标客户吗？才不呢。社会上并没有很多富人，他们很难被找到，而且从个人退休金账户受益一事对他们的

吸引力很小。一个潜在的客户群体出现了，尽管很特别——他们是教师。

在当时（很不幸，现在也是）这个职业群体工作辛苦，但是收入却少得可怜。谈到税务减免和投资，没有人会想到他们。但是个人退休金账户却可以让教师享受到很多此前唯有富人才能享受到的简单收益，这使他们现在和将来都能受益。

就像伟大的体育作家雷德·史密斯曾经写到的“战士们战斗”。

教师们呢？他们应该有所反应。

他们很快就发现了个人退休金账户带给他们的收益。人类爱好宣扬的天性同样很快表现出来了，有史以来第一次，他们可以同约翰尼的父母谈论他们如何进行个人理财。

这种谈话为我们带来了整个市场。时至今日，它仍然是我所参与的最明智的市场营销策略。

有没有在所有市场中找到内行的方法？我不知道，尽管我确信，会有读者把《引爆点》作为灵感来源，进而自己去发现一种方法的。在一个受控于隔绝现象和免疫现象的世界中，理解口头信息传播这些原理的重要性也是空前的。

致谢

《引爆点》一书源自我在为《纽约客》做自由撰稿人时写的一篇文章。那时《纽约客》的主编是蒂娜·布朗，让我惊喜万分的是，她聘用了我。感谢蒂娜，她和后来接任其位置的戴维·雷姆尼克很慷慨地给了我大量时间，让我得以暂时脱离杂志工作，潜心创作这部作品。还有，特里·马丁给这本书的初稿提供了宝贵的意见，我们俩的家乡都在埃尔迈拉，马丁从十年级生物课开始便一直带给我很多知识性的启发，现在他已进入哈佛大学。另外，我还要特别感谢《教养的迷思》一书的作者朱迪斯·哈里斯，感谢她对此书做出了非凡的贡献，是她改变了我对这个世界的看法。还有，我一直以来最喜欢的作家是乔依丝·格拉德威尔，她正是我的母亲。此外，感谢朱迪丝·舒勒维茨、罗伯特·麦克拉姆、佐薇·罗森菲尔德、雅各布·韦斯伯格及德博拉·尼德尔曼抽空阅读我的手稿并分享他们的看法。感谢迪蒂·戈登（和塞奇）还有萨莉·霍乔在我漫长的创作期间慷慨地借房子给我，让我静心创作，希望有朝一日我能回报这份恩情。对于我的出版商利特尔 & 布朗出版社，我很高兴能与一支才华横溢、专注投入、无比出色的专家团队合作，他们分别是凯蒂·朗、贝蒂·鲍尔、瑞安·哈贝奇、萨拉·克赖顿，还有居功至伟的编辑比尔·菲利普斯。比尔把此书翻阅了许多遍，他也许都能背出来了，而每读一次，他的学识与智慧都会为这本书添砖加瓦。谢谢。最后，我还要向两个人致以我最深的谢意。第一位是我的经理人兼好朋友蒂娜·贝尼特，是她设计了这个项目并全程跟进。她保护我，指引我，帮助我，在这一路上不断地启发我。第二位是在《纽约客》担任我的图书编辑的亨利·芬德，他的付出无与伦比，我对他的谢意已无法用言语表达。我再一次衷心感谢所有人。

注　释

前言

1. 有关纽约市犯罪数据的总结，请参见 Michael Massing, “The Blue Revolution,” in the *New York Review of Books*, November 19, 1998, pp. 32—34。威廉·布拉顿和威廉·安德鲁斯对纽约犯罪率的异常下降也进行了讨论，参见 William Bratton and William Andrews, “What We've Learned About Policing,” in *City Journal*, Spring 1999, p. 25。

2. 研究打哈欠的代表性学者是马里兰大学的心理学家罗伯特·普罗文。他关于该主题的论文包括 Robert Provine, “Yawning as a Stereotyped Action Pattern and Releasing Stimulus,” *Ethology* (1983), vol. 72, pp. 109—122，以及 Robert Provine, “Contagious Yawning and Infant Imitation,” *Bulletin of the Psychonomic Society* (1989), vol. 27, no. 2, pp. 125—126。

3. 理解引爆点最好的方法是想象一下流感暴发。例如，假设某个夏天有 1 000 名游客从加拿大来到曼哈顿，他们携带着持续 24 个小时后才可被治愈的病毒。这种流感病毒的感染率为 2%，也就是说，与携带该病毒的人进行密切接触的每 50 个人中有 1 个人将被感染。假设 50 人恰好是曼哈顿居民每天在乘坐地铁和与同事相处的过程中接触的人数，那么这种疾病将处于平衡状态。这 1 000 名加拿大游客在抵达的那一天将病毒传播给另外 1 000 个人。第二天，这 1 000 名新感染的人又会将病毒传播给另外的 1 000 个人，就像最初使这种疾病开始流行的 1 000 名游客正在恢复健康一样，被感染的病人和恢复健康的病人达到了完美的平衡，流感在接下来的夏季和秋季中会以稳定但不引人注目的形式出现。

但是随之而来的是圣诞节。在这个时节，游客和购物者众多，地铁和公共汽车越来越拥挤，曼哈顿人平均每天的接触人数已不再是 50，而是 55。突然之间，平衡被打破了。现在，1 000 名流感病毒携带者每天要接触 55 000 人，感染率为 2%，第二天就会感染 1 100 人。相应地，这 1 100 人现在也将其病毒传播给 55 000 人，因此，到第三天时，会有 1 210 个曼哈顿人患上流感，到第四天时有 1 331 人，到该周周末则有将近 2 000 人被感染。依此类推，患流感人数呈指数级上升，到圣诞节那天，曼哈顿将会面临一场流感大暴发。普通的流感传播者每天接触的人数从 50 变成 55 的那一刻就是引爆点。在这一点上，普通而稳定的现象（低水平的流感暴发）变成了一场公共卫生危机。如果要绘制加拿大流感疫情进展的图表，则引爆点将是图表上的线突然开始上升的那个点。

引爆点具有高度敏感的特征，在引爆点上发生的变化可能会产生巨大的后果。当在纽约的流感病毒携带者每天接触的人数从 50 上升到 55 时，来自加拿大的流感将会开始在纽约流行。但是，如果朝着相反的方向发生同样的小变化，如果每日接触人数从 50 下降到 45，那么这一变化将使流感患者的人数在一周之内下降到 478，若能保持这一下降幅度，这场源自加拿大的流感就能在几周之内在曼哈顿销声匿迹。仅仅是曼哈顿人平均每日接触人数的下降——从 70 减少到 65，或从 65 减少到 60，抑或是从 60 减少到 55——是不足以结束这场流行病的，只有发生在引爆点的下降——从 50 减少到为 45——才能做到这一点。

社会学的几本经典著作已经对引爆点模型进行了描述，可参考如下著作。

Mark Granovetter, “Threshold Models of Collective Behavior,” *American Journal of Sociology* (1978), vol. 83, pp. 1420—1443.

Mark Granovetter and R. Soong, “Threshold Models of Diffusion and Collective Behavior,” *Journal of Mathematical Sociology* (1983), vol. 9, pp. 165—179.

Thomas Schelling, “Dynamic Models of Segregation,” *Journal of*

Mathematical Sociology (1971), vol. 1, pp. 143—186.

Thomas Schelling, *Micromotives and Macrobehavior* (New York: W. W. Norton, 1978).

Jonathan Crane, "The Epidemic Theory of Ghettos and Neighborhood Effects on Dropping Out and Teenage Childbearing," *American Journal of Sociology* (1989), vol. 95, no. 5, pp. 1226—1259.

1 流行三法则：个别人物法则、附着力因素法则和环境威力法则

1. 流行疾病机制的最佳疗法之一参见 Gabriel Rotello, *Sexual Ecology: AIDS and the Destiny of Gay Men*(New York: Penguin Books, 1997)。

疾控中心对巴尔的摩梅毒流行的解释参见 *Mortality and Morbidity Weekly Report*，"Outbreak of Primary and Secondary Syphilis — Baltimore City, Maryland, 1995," March 1, 1996。

2. Richard Koch, *The 80/20 Principle: The Art of Achieving More with Less* (New York: Bantam, 1998).

3. John Potteratt, "Gonorrhea as a social disease," *Sexually Transmitted Disease* (1985), vol. 12, no. 25.

4. Randy Shilts, *And the Band Played On* (New York: St. Martin's Press, 1987).

5. Jaap Goudsmit, *Viral Sex: The Nature of AIDS* (New York: Oxford Press, 1997), pp. 25—37.

6. Richard Kluger, *Ashes to Ashes* (New York: Alfred A. Knopf, 1996), pp. 158—159.

7. A. M. Rosenthal, *Thirty-Eight Witnesses* (New York: McGraw-Hill, 1964).

8. John Darley and Bibb Latane, "Bystander Intervention in Emergencies: Diffusion of Responsibility," *Journal of Personality and Social Psychology* (1968), vol. 8, pp. 377—383.

2 个别人物法则：联络员、内行和推销员

1. 关于保罗 · 里维尔的所有讨论参见 David Hackett Fischer, *Paul Revere's Ride* (New York: Oxford University Press, 1944)。

2. Stanley Milgram, "The Small World Problem," *Psychology Today* (1967), vol. 1, pp. 60—67. 关于"小世界现象"的进一步探讨，请参见 Manfred Kochen (ed.), *The Small World* (Norwood, New Jersey: Ablex Publishing Corp., 1989)。

3. Carol Werner and Pat Parmelee, "Similarity of Activity Preferences Among Friends: Those Who Play Together Stay Together," *Social Psychology Quarterly* (1979), vol. 42, no. 1, pp. 62—66.

4. 布雷特 · 扎登的项目现在由弗吉尼亚大学计算机科学系继续研究，被称为弗吉尼亚的"培根神谕"，可以在以下网站找到：www.cs.virginia.edu/oracle/。

5. Mark Granovetter, *Getting a Job* (Chicago: University of Chicago Press, 1995).

6. 有关超市促销的研究参见 J. Jeffrey Inman, Leigh McAlister, and Wayne D. Hoyer, "Promotion Signal: Proxy for a Price Cut?" *Journal of Consumer Research* (1990), vol. 17, pp. 74—81。

7. 琳达 · 普赖斯和其同事对"市场内行"现象进行了许多探索，其中包括：Lawrence F. Feick and Linda L. Price, "The Market Maven: A Diffuser of Marketplace Information," *Journal of Marketing* (January 1987), vol. 51, pp. 83—97.

Robin A. Higie, Lawrence F. Feick, and Linda L. Price, "Types and Amount of Word-of-Mouth Communications About Retailers," *Journal of Retailing* (Fall 1987), vol. 63, no. 3, pp. 260—278.

Linda L. Price, Lawrence F. Feick, and Audrey Guskey, "Everyday Market

Helping Behavior," *Journal of Public Policy and Marketing* (Fall 1995), vol. 14, no. 2, pp. 255—266.

8. Brian Mullen et al., "Newscasters' facial expressions and voting behavior of viewers: Can a smile elect a President?" *Journal of Personality and Social Psychology* (1986), vol. 51, pp. 291—295.

9. Gary L. Wells and Richard E. Petty, "The Effects of Overt Head Movements on Persuasion," *Basic and Applied Social Psychology* (1980), vol.1, no. 3, pp. 219—230.

10. William S. Condon, "Cultural Microrhythms," in M. Davis (ed.), *Interaction Rhythms: Periodicity in Communicative Behavior* (New York: Human Sciences Press, 1982), pp. 53—76.

11. Elaine Hatfield, John T. Cacioppo, and Richard L. Rapson, *Emotional Contagion* (Cambridge: Cambridge University Press, 1994).

12. Howard Friedman et al., "Understanding and Assessing Nonverbal Expressiveness: The Affective Communication Test," *Journal of Personality and Social Psychology* (1980), vol. 39, no. 2, pp. 333—351.

Howard Friedman and Ronald Riggio, "Effect of Individual Differences in Nonverbal Expressiveness on Transmission of Emotion," *Journal of Nonverbal Behavior* (Winter 1981), vol. 6, pp. 96—104.

3 附着力因素法则:《芝麻街》、《蓝狗线索》和教育“病毒”

1.《芝麻街》的历史参见 Gerald Lesser, *Children and Television: Lessons from Sesame Street* (New York: Vintage Books, 1975)，以及 Jim Henson, *The Works: The Art, the Magic, the Imagination* (New York: Random House, 1993)。

2. 实际上，每次《芝麻街》的教育价值都是经过检验的（该节目受到的学术审查比美国历史上任何电视节目都多），事实证明，它的确可以提高观众的阅读和学习能力。最近，马萨诸塞大学和堪萨斯大学的一组研究人员重新联系了他们在 20 世纪 80 年代追踪的近 600 名儿童，现在这些孩子都在上高中，但研究人员惊讶地发现，在四五岁时特别喜欢看《芝麻街》的孩子，如今在学校里的表现仍然比那些没有看过《芝麻街》的孩子好。即使控制了父母的学历、家庭规模和学前词汇水平等变量，比起没有看过该节目或看的时长较短的孩子，看过该节目的孩子的高中英语、数学和自然科学成绩也更好，而且他们倾向于利用休闲时间进行阅读。根据这项研究，每周多观看《芝麻街》1 个小时，高中的平均绩点就会提高 0.052，这意味着，一个在 5 岁时每周观看《芝麻街》5 个小时的孩子，其绩点平均比从未观看过该节目的背景相似的孩子高约 0.25。不知为何，一档最多被收看两三年的时长为 1 个小时的电视节目，在 12~15 年后仍然在产生影响。

马萨诸塞大学阿默斯特分校和堪萨斯大学（劳伦斯校区）的“再接触”（Recontact）项目在“幼儿媒体使用对青少年成就的影响”中对该研究进行了总结（1995 年）。

另请参阅 John C. Wright and Aletha C. Huston, “Effects of educational TV viewing of lower income preschoolers on academic skills, school readiness, and school adjustment one to three years later,” *A Report to Children’s Television Workshop*, University of Kansas (1995)。

3. 莱斯特 · 旺德曼撰写了一部精彩绝伦的自传，讲述了哥伦比亚唱片公司的故事及许多其他关于直接营销的故事，参见 Lester Wunderman, *Being Direct: Making Advertising Pay* (New York: Random House, 1996), chapters 10 and 11。

4. Howard Levanthal, Robert Singer, and Susan Jones, “Effects on Fear and Specificity of Recommendation Upon Attitudes and Behavior,” *Journal of Personality and Social Psychology* (1965), vol. 2, no. 1, pp. 20—29.

5. 有关电视的主动观看理论的精彩讨论参见 Daniel Anderson and Elizabeth Lorch, “Looking at Television: Action or Reaction?” in *Children’s Understanding* *of Television: Research on Attention and Comprehension* (New York: Academic Press, 1983)。

6. 爱德华·帕尔默的作品有很多，例如 Edward Palmer, "Formative Research in Educational Television Production: The Experience of CTW," in W. Schramm (ed.), *Quality in Instructional Television* (Honolulu: University Press of Hawaii, 1972), pp. 165—187。

7. 芭芭拉·弗拉格对"奥斯卡连字游戏"和"HUG 游戏"的眼动研究总结参见 Barbara N. Flagg, "Formative Evaluation of Sesame Street Using Eye Movement Photography," in J. Baggaley (ed.), *Experimental Research in Televised Instruction*, vol. 5 (Montreal, Canada: Concordia Research, 1982)。

8. Ellen Markman, *Categorization and Naming in Children* (Cambridge: MIT Press, 1989).

9. Nelson, Katherine (ed.), *Narratives from the Crib* (Cambridge: Harvard University Press, 1989). 参见杰罗姆·布鲁纳、琼·卢卡里罗、卡萝尔·弗莱舍·费尔德曼的论文。

4 环境威力法则 I：戈茨案和纽约犯罪潮

1. 关于戈茨枪击案可参见 George P. Fletcher, *A Crime of Self Defense* (New York: Free Press, 1988)，以及 Lillian Rubin, *Quiet Rage: Bernie Goetz in a Time of Madness* (New York: Farrar, Straus and Giroux, 1986)。

2. 有关纽约市犯罪统计数据的总结，请参见 Michael Massing, "The Blue Revolution," in *New York Review of Books*, November 19, 1998, pp. 32—34。

3. William Bratton, *Turnaround: How America's Top Cop Reversed the Crime Epidemic* (New York: Random House, 1998), p. 141.

4. Malcolm Gladwell, "The Tipping Point," *The New Yorker*, June 3, 1996, pp. 32—39. 该文章可见网站 www.gladwell.com。威廉·布拉顿和威廉·安德

鲁斯对纽约犯罪率下降的异常现象也进行了讨论，参见 William Bratton and William Andrews，“What We’ve Learned About Policing,” in *City Journal*, Spring 1999, p. 25。

5. George L. Kelling and Catherine M. Coles, *Fixing Broken Windows* (New York: Touchstone, 1996), p. 20.

6. 关于菲利普 · 津巴多的监狱实验的描述来自 Craig Haney, Curtis Banks, and Philip Zimbardo, “Interpersonal Dynamics in a Simulated Prison,” *International Journal of Criminology and Penology* (1973), no. 1, p. 73。看守员和津巴多的话出自 *CBS 60 Minutes*, August 30, 1998, “The Stanford Prison Experiment”。

7. 关于小学生作弊实验的讨论可参见 Hugh Hartshorne and Mark May, “Studies in the Organization of Character,” in H. Munsinger (ed.), *Readings in Child Development* (New York: Holt, Rinehart and Winston, 1971), pp. 190—197。

他们的完整发现可见于 Hugh Hartshorne and Mark May, *Studies in the Nature of Character*, vol.1, *Studies in Deceit* (New York: Macmillan, 1928)。

8. 关于长尾黑颚猴和纸牌智力游戏的研究可参见 Robin Dunbar, The Trouble with Science (Cambridge: Harvard University Press, 1995),chapters 6 and 7。

9. 关于基本归因错误的总结可参见 Richard E. Nisbett and Lee Ross, *The Person and the Situation* (Philadelphia: Temple University Press, 1991)。问答比赛实验的描述可参见 Lee D. Ross, Teresa M. Amabile, and Julia L. Steinmetz, “Social Roles, Social Control, and Biases in Social-Perception Process,” *Journal of Personality and Social Psychology* (1977), vol. 35, no. 7, pp. 485—494。

10. 关于出生顺序影响性格的说法可参见 Judith Rich Harris, *The Nurture Assumption* (New York: Free Press, 1998), p. 365。

11. Walter Mischel, “Continuity and Change in Personality,” *American Psychologist* (1969), vol. 24, pp. 1012—1017.

12. John Darley and Daniel Batson, "From Jerusalem to Jericho: A study of situational and dispositional variables in helping behavior," *Journal of Personality and Social Psychology* (1973), vol. 27, pp. 100—119.

13. Myra Friedman, "My Neighbor Bernie Goetz," *New York*, February 18, 1985, pp. 35—41.

5 环境威力法则 II：150，一个神奇的数字

1. George A. Miller, "The Magical Number Seven," *Psychological Review* (March 1956), vol. 63, no.2.

2. C. J. Buys and K. L. Larsen, "Human Sympathy Groups," *Psychology Reports* (1979), vol. 45, pp. 547—553.

3. S. L. Washburn and R. Moore, Ape into Man (Boston: Little, Brown, 1973).

4. 罗宾·邓巴的理论在很多文章中都有描述，最好的学术总结可能是 R. I. M. Dunbar, "Neocortex size as a constraint on group size in primates," *Journal of Human Evolution* (1992), vol. 20, pp. 469—493。他还写了一部出色的科普著作：Robin Dunbar, *Grooming, Gossip, and the Evolution of Language* (Cambridge: Harvard University Press, 1996)。

5. Daniel Wegner, "Transactive Memory in Close Relationships," *Journal of Personality and Social Psychology* (1991), vol. 61, no. 6, pp. 923—929. 关于该话题的另一讨论可参见 Daniel Wegner, "Transactive Memory: A Contemporary Analysis of the Group Mind," in Brian Mullen and George Goethals (eds.), *Theories of Group Behavior* (New York: Springer-Verlag, 1987), pp. 200—201。

6 个案分析：流言、运动鞋和转变力量

1. Bruce Ryan and Neal Gross, "The Diffusion of Hybrid Seed Cornin Two Iowa Communities," *Rural Sociology* (1943), vol. 8, pp. 15—24.

这项研究（及有关扩散理论的其他内容）可参见 Everett Rogers, *Diffusion of Innovations* (New York: Free Press, 1995)。

2. Geoffrey Moore, *Crossing the Chasm* (New York: HarperCollins, 1991), pp. 9—14.

3. Gordon Allport and Leo Postman, *The Psychology of Rumor* (New York: Henry Holt, 1947), pp. 135—158.

4. Thomas Valente, Robert K. Foreman, and Benjamin Junge, "Satellite Exchange in the Baltimore Needle Exchange Program," *Public Health Reports*.

7　个案分析：自杀和吸烟流行潮

1. 人类学家唐纳德·鲁宾斯坦在几篇论文中都详尽地讲述了西玛的故事，其中包括 Donald H. Rubinstein，"Love and Suffering: Adolescent Socialization and Suicide in Micronesia," *Contemporary Pacific* (Spring 1995), vol. 7, no. 1, pp. 21—53，以及 Donald H. Rubinstein, "Epidemic Suicide Among Micronesian Adolescents," *Social Science and Medicine* (1983), vol. 17, p. 664。

2. W. Kip Viscusi, *Smoking: Making the Risky Decision* (New York: Oxford University Press, 1992), pp. 61—78.

3. 这些关于青少年吸烟率上升的统计数据有多个来源，并且根据"新吸烟者"的标准而有所不同。例如，根据 1998 年 10 月美国疾控中心发布的一项研究，每天吸烟的美国年轻人（18 岁以下）的人数从 1988 年的 70.8 万增加到 1996 年的 120 万，增长了 73%。成为吸烟者的青少年的比例也有所增加。1996 年，每 1 000 名原本不吸烟的青少年中有 77 名染上烟瘾。1988 年，这一比例是 5.1%。有记录的最高吸烟率是 1977 年的 6.7%，而最低吸烟率是 1983 年的 4.4%。（"New teen smokers up 73 percent"，Associated Press，October 9, 1998.）（年龄稍大的）大学生的吸烟率也在增加。一项发表于 1998 年 11 月 18 日的《美国医学会杂志》、由哈佛大学公共卫生学院进行的研究，对过去

30 天内至少抽过一支烟的大学生所占的百分比进行了统计。1993 年，这一数字为 22.3%；到了 1997 年，该数字已增加到 28.5%。

4. 在名人自杀的新闻报道之后，戴维·菲利普斯写了其第一篇关于自杀率的论文：D. P. Phillips, "The Influence of Suggestion on Suicide: Substantive and Theoretical Implications of the Werther Effect," *American Sociological Review* (1974), vol. 39, pp. 340—354。该论文的摘要及有关玛丽莲·梦露的统计资料可以在他关于交通事故的论文的开头找到，参见 David P. Phillips, "Suicide, Motor Vehicle Fatalities, and the Mass Media: Evidence toward a Theory of Suggestion," *American Journal of Sociology* (1979), vol. 84, no. 5, pp. 1150—1174。

5. V. R. Ashton and S. Donnan, "Suicide by burning as an epidemic phenomenon: An analysis of 82 deaths and inquests in England and Wales in 1978—1979, *Psychological Medicine* (1981), vol. 11, pp. 735—739.

6. Norman Kreitman, Peter Smith, and Eng-Seong Tan, "Attempted Suicide as Language: An Empirical Study," *British Journal of Psychiatry* (1970), vol. 116, pp. 465—473.

7. H. J. Eysenck, *Smoking, Health and Personality* (New York: Basic Books, 1965), p. 80. 戴维·克罗在其专著《为什么吸烟》第 107 页也谈到了这一点。

8. 有关吸烟和性行为的统计数据来自 H. J. Eysenck, *Smoking, Personality and Stress* (New York: Springer-Verlag, 1991), p. 27。

9. David Krogh, *Smoking: The Artificial Passion*. (New York: W. H. Freeman, 1991).

10. Ovide Pomerleau, Cynthia Pomerleau, Rebecca Namenek, "Early Experiences with Tobacco among Women Smokers, Ex-smokers, and Never-smokers," *Addiction* (1998), vol. 93, no. 4, pp. 595—601.

11. Saul Shiffman, Jean A. Paty, Jon D. Kassel, Maryann Gnys, and Monica Zettler-Segal, "Smoking Behavior and Smoking History of Tobacco Chippers,"

Experimental and Clinical Psychopharmacology (1994), vol. 2, no. 2, p. 139.

12. Judith Rich Harris, *The Nurture Assumption.*

13. David C. Rowe, *The Limits of Family Influence* (New York: Guilford Press, 1994). 戴维 · 罗对双胞胎和收养工程的研究做了很好的总结。

14. Alexander H. Glassman, F. Stetner, B. T. Walsh et al., "Heavy smokers, smoking cessation, and clonidine: results of a double-blind, randomized trial," *Journal of the American Medical Association* (1988), vol. 259, pp. 2863—2866.

15. Alexander H. Glassman, John E. Helzer, Lirio Covey et al., "Smoking, Smoking Cessation, and Major Depression," *Journal of the American Medical Association* (1990), vol. 264, pp. 1546—1549.

16. Wendy Fidler, Lynn Michell, Gillian Raab, Anne Charlton, "Smoking: A Special Need?" *British Journal of Addiction* (1992), vol. 87, pp. 1583—1591.

17. 尼尔 · 贝诺维茨和杰克 · 亨宁菲尔德的策略在以下两篇论文中都有描述：Neal L. Benowitz and Jack Henningfield, "Establishing a nicotine threshold for addiction," *New England Journal of Medicine* (1994), vol. 331, pp. 123—125，以及 Jack Henningfield, Neal Benowitz, and John Slade, "Report to the American Medical Association: Reducing Illness and Death Caused by Cigarettes by Reducing Their Nicotine Content" (1997)。

18. 有关吸毒和成瘾的可用统计数据的总结可参见 Dirk Chase Eldredge, *Ending the War on Drugs* (Bridgehampton, New York: Bridge Works Publishing, 1998), pp. 1—17，以及 Rubinstein, "Epidemic Suicide Among Micronesian Adolescents," p. 664。